法務の技法
［OJT編］

Technique of legal affairs
On the Job Training

チューリッヒ保険・チューリッヒ生命
ジェネラルカウンセル
弁護士
芦原一郎 ［編著］

中央経済社

はしがき

　本書は，私がJILA（日本組織内弁護士協会）で主宰している，『芦原ゼミ』（社内弁護士実務スキル研究会）や『労働法ゼミ』（労働法研究会）の参加者たちが執筆し，私が取りまとめました。一部は，「ビジネス法務」2014年11月号から約1年間，「社内弁護士のシゴト場」として連載されたものの再録です。

　執筆者のみなさまにお願いしたのは，「自分に後輩ができて，仕事を教えるための資料を作る」というコンセプトでの執筆です。このような経緯から，本書には次のような特色があります。

1．実務紹介

　各執筆者は，それぞれの会社で業務上重要と考えることを事例にし，解説しました。それが，合計執筆者29名，33事例になりました。いずれのテーマも，編集者が割り当てたのではなく執筆者自身が自主的に選んだことが，ポイントです。内容が偏ったらどうしようかと心配していましたが，意外とうまくバラけたように思います。

　したがって，本書は，社内弁護士の実務を最もリアルに紹介した書籍です。

2．最新の法務情報の鳥瞰

　他の業界ではこんなことが問題になっているという情報は，わざわざ勉強するには重要性が低いが，かといって知らないと，法務として恥ずかしいという情報です。

　実際私も，ちょうど会社業務でプリペイドカードが話題になり，基本的な問題点を本書の原稿で把握していたことが，とても役に立ちました。

　したがって，本書は，手軽に最新の法務情報のポイントを把握できる書籍です。

3．演習教材

　本書は当初から，『芦原ゼミ』の次期テキストとして企画されました。その

ため，指導者である私だったらこんな質問もするだろう（1問目），こんな宿題を出すだろう（2問目），という演習問題を付け加えました。当事者の視点と，一般的な社内弁護士の視点の両方から，事例を分析できるのです。

したがって，本書は，社内弁護士の実務を学ぶための最良のテキストです。

4．ノウハウ

本書は，芦原著『法務の技法』，芦原他著『国際法務の技法』と連係しています。これらの書籍で紹介したノウハウが，どのような会社のどのような事例でどのように活用されるのか，という観点からも楽しめるはずです。

したがって，本書は，社内弁護士のノウハウの実践例を学べる書籍です。

5．読み物

本書は，事例解説を全て6頁に収めました。解説で論ずる内容と形式も揃えました。特に，社内弁護士の業務では，訴訟事案のように事実が十分吟味できない，流動的な事案が多く，その場合，実体法的な視点だけでは適切に対応できません。そのため，執筆者には「組織法・手続法的な視点」からも検討するよう指示し，構成を統一しました。

このように，読み手の負担を減らして，楽に知識やノウハウを吸収できるようにしたのです。

他方，息抜きのおまけ小説もつけて，各章ごとのテーマを，気楽に再確認できるようにしました。また，何人かの執筆者にはコラムも作成してもらい，社内弁護士の本音を実感してもらえるようにしました。

したがって，本書は，気楽な読み物として楽しめる書籍です。

6．留意点

なお，本書についてご留意いただきたい点です。

各事例解説は各執筆者に責任を持ってもらいますが，①いずれの事例も，実際の業務を参考にしているものの，当然のことながらフィクションです。②いずれの解説も，各執筆者が所属してきたいかなる団体の意見と関係なく，各個人の見解です。また，③体裁，文体，分量を揃えるために，私が手を加えまし

たが，そのために分かりにくくなった部分は，全て私の責任です。

7．読者層

　本書がお役に立てば嬉しいと思うのは，①社内弁護士を職業の選択肢として考えている方々や，②現役の社内弁護士，法務担当者だけでなく，③社内弁護士を雇うかどうか検討していたり，実際に同僚に社内弁護士がいるビジネスマンの方々，④ビジネスにおける法務の機能を研究したいと考えている方々など，幅広いたくさんの方々です。

　本書は，社内弁護士の業務を体系立てて説明するものではありませんが，神は細部に宿るといわれます。本書の中に，読者のみなさまがヒントを見つけてくだされば，編著者として，各執筆者に無理をいってきた甲斐があります。

　本書は，若手の社内弁護士たちの熱意と，適切にアドバイスしていただいた中央経済社の和田さん・前任編集者さん（退職されたので，お名前は控えます）のサポートがなければ，まとまりませんでした。

　ありがとうございます。

2017年3月　吉日

チューリッヒ保険・チューリッヒ生命
ジェネラルカウンセル　芦原　一郎

※ 本書中,「事例解説」「ヒント」「おまけ小説　法務の小枝ちゃん」等の記述において,既刊姉妹書である『法務の技法』(芦原一郎著,平成26年)および『国際法務の技法』(芦原一郎ほか著,平成28年)の関連項目を注記(上付き文字)しています。

凡　例

A＝『法務の技法』／B＝『国際法務の技法』

(A1.6) ……『法務の技法』　第1章1－6を参照
(B2.3) ……『国際法務の技法』　第2章2－3を参照

※ 「実体法」「組織法」「手続法」の意味については,「おまけ小説　法務の小枝ちゃん」第1章をご参照ください。

目　次

はしがき

第 1 章
ビジネスモデル

事例 1　新規事業開始時の法的リスク検討 ―プリペイドカード事業
　　　　（上野陽子） ———— 2

事例 2　新規サービス企画の支援 ―アプリ開発（貝原怜太） ———— 8

事例 3　法律違反になる前に！―広告メールを送信する際に押さえて
　　　　おくべきルール（柳由香里） ———— 14

事例 4　法務によるビジネスのかじ取り ―ビジネススキームの先取り
　　　　（松谷　亮） ———— 20

事例 5　防犯カメラのプライバシー問題 ―鉄道会社（齊藤玲子） ———— 26

第 1 章　演習問題／32　　ヒント／34

【おまけ小説　法務の小枝ちゃん】第 1 章　ビジネスモデル　　40

第 2 章
取　引

事例 6　ECにおける 1 クリック購入導入の法規制（石原一樹） ———— 46

事例 7　想定外の使用者による製品の使用（寺尾博行） ———— 52

事例 8　企業向け保険商品の責任割合・手続き（芦原一郎） ———— 58

事例 9　契約手続の適正化 ―スポーツ選手・用品（吉田重規） ———— 64

事例10　ビジネスにおける著作権―パンフレットに他者作成のグラフ
　　　　等を使えるか（片柳真紀） ———— 70

事例11　IRへの関与 ―適時開示規制（鳥越雅文） ———— 76

第2章　演習問題／*82*　　ヒント／*84*

【おまけ小説　法務の小枝ちゃん】第2章　取　引　　*92*

第3章
取引上のトラブル

事例12　委託先による法令違反 ―医薬品情報資材の印刷ミス
　　　　（西原以久美）――――――――――――――――― *98*

事例13　ネットモール運営者は，出店者と利用者間のトラブルについて責任を負うか？―モール運営者の責任・契約関係
　　　　（柳由香里）
　　　　―――――――――――――――――――――――― *104*

事例14　継続取引における商品返品対応（金子裕子）――――― *110*

事例15　仲介手数料を支払わなければいけないか（永盛雅子）― *116*

事例16　真偽の怪しい過去からの手紙 ―文書管理（森　正弘）― *122*

第3章　演習問題／*128*　　ヒント／*130*

【おまけ小説　法務の小枝ちゃん】第3章　取引上のトラブル　　*137*

第4章
苦情対応

事例17　保険の解約 ―監督官庁，顧客，担当者それぞれへの対応
　　　　（笹川豪介）――――――――――――――――――― *142*

事例18　製品苦情対応の考え方（西川正樹）――――――――― *148*

事例19　女性専用車両における男性客トラブル（齊藤玲子）――― *154*

事例20　会社名，ロゴマークの不正利用 ―ネットによる営業妨害
　　　　（明石幸大）――――――――――――――――――― *160*

事例21　口コミサイトの投稿への対応 —営業妨害か，内部告発か
　　　　　（河井耕治）————————————————— 166
　事例22　外部向け文書の法務チェック（丸山修平）——————— 172

　第4章　演習問題／178　　ヒント／180

　【おまけ小説　法務の小枝ちゃん】第4章　苦情対応　189

第5章
労働法

　事例23　パワハラ事案への法務的アプローチ（岩田　浩）——— 194
　事例24　障がい者へのパワハラ —合理的配慮の提供義務（国本聡子）
　　　　　———————————————————————— 200
　事例25　裁量労働制の導入と運用（美馬耕平）————————— 206

　第5章　演習問題／212　　ヒント／213

　【おまけ小説　法務の小枝ちゃん】第5章　労働法　217

第6章
経済法

　事例26　入札公告前のコミュニケーション（山本晴美）———— 220
　事例27　談合リスク—競合他社との情報交換（池谷明浩）——— 226
　事例28　下請法 —IT企業の委託案件（丸山修平）——————— 232
　事例29　継続取引の解消（重富智雄）————————————— 238

　第6章　演習問題／244　　ヒント／246

　【おまけ小説　法務の小枝ちゃん】第6章　経済法　250

第7章
国際事業

事例30 社内弁護士に必要な経営的視点（柴田睦月）────── *256*

事例31 海外労働法の理解（柴田睦月）───────────── *262*

事例32 ライセンス契約のひな形作成（出橋徹也）─────── *268*

事例33 国際展開と贈賄対策 ─ファシリテーション・ペイメント
　　　（吹屋響子）────────────────────── *274*

第7章　演習問題／*280*　　ヒント／*282*

【おまけ小説　法務の小枝ちゃん】第7章　国際事業　*286*

コラム

- Law in Style（柴田睦月）　*7*
- はじめての海外出張（吹屋響子）　*25*
- 弁護士将来悲観論に怯むことなく（鳥越雅文）　*81*
- 社内の井戸端会議（西原以久美）　*115*
- インハウスのライフスタイル（丸山修平）　*171*
- 協議条項を置く意味とは？（出橋徹也）　*177*
- 辞書登録の技法（匿名）　*205*
- "素朴な疑問"受け付け中！（永盛雅子）　*243*

イラスト　モリタ・ヒサコ

第1章

ビジネスモデル

事例1 新規事業開始時の法的リスク検討
プリペイドカード事業 （上野陽子）

事例　事業部門から法務部に対し，新たな顧客サービスについて以下の相談があった。
　「顧客の囲い込みのため，自社の店舗で利用できるプリペイドカードを作りたいが，調べてみると法律や規制への対応やいろいろな手続きが必要となりそうだ。そこで，法律や規制等について，何をどのように検討していくべきか教えてもらいたい。なお，このプリペイドカードは，トラブル防止のため，いつでも払い戻せるようにしたい。」
　法務部はどのように対応すべきか。

◆ 事例解説

1　はじめに

　法務部には，自社の新たな商品やサービスについて，企画の初期段階から相談を持ち込まれることがある。この段階では，事業部門の担当者自身，商品やサービスのざっくりとしたアイデアはあるものの，何をどのように実現できるのか，明確な方針や方法を把握できていないことも多い。相談の内容も抽象的なものになりがちである(A1.1)。

　この場合法務部は，丁寧にヒアリングを実施して相談内容を把握し(A1.13, A2.31)，当該商品やサービスに関し，どのような法律が適用され得るかを検討する必要があるが，法務部の担当者にとっても未知の法分野の場合があろう。具体的には，書籍やインターネットで当たりをつけながら，適用可能性のある法律を把握していく。例えば，所轄管庁や業界団体等のホームページには，法律や制度に関して，事業者や消費者向けの分かりやすい情報が掲載されていることが多い。

　なお，日頃から新聞記事やニュースを，どのような法律やルールが関係しているかといった点に着目して接するようにする等，未知の分野の法律についてもアンテナを張っておくことも有用である（本書もその一助となると思われ

る)。特に，金融やIT情報の分野は，現在法改正等の動きが活発な分野であり，要注意である。

適用可能性のある法律を確認できたら，その仕組みやポイントを分かりやすくかみ砕いて事業部門に理解させることも，法務部の重要な業務の1つである(A2.4)。さらに，法的な部分に限ったアドバイスにとどまるのではなく，事業部門と一体となって企画全体を主導していくように，積極的に関与したい(A2.1)。

2 実体法的な視点
(1) プリペイドカードの規制法

昨今，Fintechの広がりもあり，新たな決済や融資等の金融サービスの導入が盛んである。その中でもプリペイドカードは，顧客の囲い込みを目的としてさまざまな業態の企業で採用されている。キャッシュレスの利便性やポイントの魅力等などから，広く世の中に浸透している決済手段の1つである。

プリペイドカードとは，簡単にいえば，前払いのカードのことであり，顧客が先に現金等により支払いを行い，その後で商品やサービスを購入できる仕組みである。前払いの際に，商品購入等に利用できるポイントが付与されることもある（なお，対価性のないポイントサービスは，法的には「景品・おまけ」として整理されており，現状は規制されていない）。例えば，昔からある紙タイプの商品券や，ICカード乗車券（Suica等），ギフトカード，IDのみで形がないもの等，一口にプリペイドカードといってもさまざまな種類・形態，利用場面等が存在する。

プリペイドカードは，法律上の名称を前払式支払手段といい，資金決済法によって規制されている。同法の目的は，資金決済に関するサービスの適切な実施を確保し，その利用者等を保護することで資金決済システムの安全性，効率性，利便性の向上に資する点にある（資金決済法1条）。

前払式支払手段とは，①金額等の数量が記載・記録されていること（価値の保存），②対価が支払われていること，③証票等や符号等が発行されていること（②③を合わせて，対価発行），④証票等や符号等が使用されること（権利行使），の全ての要件を満たすものをいう（3条1項）。この3つの要件を満た

す組み合わせはさまざま考えられ，プリペイドカードの内容を任意に設計することができる法の作りとなっている。

前払式支払手段には，自家型（前払式支払手段の利用対象となる商品・サービスが発行者の提供するものに限られるもの）（3条4項）と第三者発行型（自家型以外のもの）（同5項）とがあり，前者は届出（5条），後者は登録（7条）が必要となる等，決済機能の違いから規制の内容が異なっている。本件は，自社店舗での利用を想定しているため自家型である。

(2) **自家型前払式支払手段にかかる規制**

自家型の場合，発行までに必要な手続きはなく，発行後，顧客の未使用残高が1,000万円を超えたときには，所定の届出を行う必要がある（5条，同内閣府令9条）。

自家型前払式支払手段を発行し届出を行った場合，資金決済法上の義務を遵守しなければならない。具体的には，表示・情報提供義務（13条）[1]，発行保証金制度（14～19条）[2]，情報の安全管理義務（21条）が挙げられる。

また，金融庁の監督に従う必要がある。具体的には，帳簿書類の作成・保存（22条），報告書の作成・提出（23条），行政による立入検査や報告徴求（24条），業務改善命令（25条），業務停止命令（26条）等の規定がある。

さらに，銀行法や貸金業法等の金融庁所管の法令と同様に，資金決済法についてもガイドライン（事務ガイドライン—第三分冊5：金融会社関係「前払式支払手段発行者関係」）に発行業務を行う上での留意事項等が定められている。具体的な発行業務の実施方法の検討には，このガイドラインの参照が不可欠で

---

[1] 前払式支払手段発行者は，それぞれの発行形態に応じて，前払式支払手段や書面等に一定の事項を表示しなければならない。前払式支払手段は，利用者からの信用供与を受ける仕組みであるため，利用者保護の観点から，供与された信用についての情報を明らかにさせる趣旨である。
[2] 前払式支払手段発行者は，一定の発行保証金を供託しなければならない。また，供託の代替方法として，一定の要件を満たす銀行等との保証契約の締結等が認められている。前払式支払手段発行者の破たん等により前払式支払手段の権利を行使することができなくなった場合は，他の債権者に先立って発行保証金から弁済を受けることができる。これらは，利用者から預かった資金を保護するために定められた義務である。

ある。他に，パブリックコメントや資金決済業協会が定める自主規則も非常に重要である。

(3) 払戻しの原則禁止

前払式支払手段の発行を廃止する等，法が払戻しを義務として定める以外は(20条1項)，利用者による任意の払戻しは原則として禁止されている（同2項）。払戻しを自由に認めると，資金を預かって返還するという預り金[3]に近づいてしまうためである。

もっとも，払戻金額が少額である場合等，前払式支払手段の発行業務の健全な運営に支障が生ずるおそれがない場合として内閣府令で定める場合には，例外的に払戻しが認められている（同2項但書，同内閣府令42条）。

内閣府令42条では，払戻しが認められる場合として，払戻金額の総額が一定の割合に達するまでの場合と，利用者のやむを得ない事情により前払式支払手段の利用が著しく困難となった場合が規定されている。前者は一定の数値として算出可能であるが，後者は明確な基準が存在しない。法の規定や制度趣旨に鑑みつつ，当該プリペイドカードの機能等から運用の基準を確立する必要がある。このような法律の解釈と業務の運用をつなぎ合わせる検討も，法務部の重要な役割といえる。

(4) 関連する法律

プリペイドカードを発行する場合，顧客等の個人情報を取得することが考えられるが，その場合，個人情報保護法，ガイドライン等を確認し，個人情報の適正な取扱いが可能な社内態勢を構築しなければならない。

その他にも，例えば，プリペイドカードにクレジットカードのチャージ機能

---

[3] 出資法は，一般大衆を保護し，社会の信用制度と経済秩序の維持・発展を図るため，私人が業として預り金の受け入れを行うことを禁じている（出資法2条1項）。預り金とは，①不特定かつ多数の者を相手とすること，②金銭の受け入れであること，③元本の返還が約されていること，④主として預け主の便宜のために金銭の価額を保管することを目的とすることの全ての要件を満たすものをいう（預り金ガイドライン2-1-1(2)）。前払式支払手段は，商品の購入等のために前払いを行うことから，原則として③に当たらないと考えられている（実務解説資金決済法30頁）。

を付ける場合には、クレジットカードを規制する割賦販売法が関連する場合もあるし、プリペイドカードの券面のデザインには著作権法や商標法等が、プリペイドカードの無線通信技術には電波法等が関連することもある。また、カードの利用約款等については、消費者契約法にも注意すべきである。

このように、プリペイドカードは、多種多様な法律の組み合わせにより構成されていることから、1つ1つの論点を丁寧に確認していくことが重要である。

3　組織法・手続法的な視点

(1)　プリペイドカードの発行についての検討

まず、どのようなプリペイドカードを作るのか、プリペイドカードの利用方法や機能等の仕様を検討し、発行業務の実施方法を確定することが必要となる。これは、事業部門の考えるニーズと法の仕組みの中の選択肢とを双方から検討していく作業となる。法務部は、規制内容や手続きを正確に伝達し、事業部門とすり合わせを行っていくこととなる (A2.8, A1.4, A2.31)。

またその際、できる限り早い段階から、システム部門や財務部門、内部監査部門等と連携しておくことが有用である。プリペイドカードの発行や運用には、システムの利用や財務管理、発行業務に対する監査制度が必須となるためである（なお、システム等について、外部に業務委託を行うことも法律上可能である）。予め各部門と連携・調整を図ることにより、迅速かつ効率的に、地に足のついた検討を進めていくことができる (A2.5, A2.6)。

(2)　発行後のフォローアップ

上記のように、プリペイドカードを発行・運用するには、行政との調整を行う場面も想定されることから、法務部としては、発行したら事業部門任せとするのではなく、業務の内容が法令を遵守したものとなっているか、継続的に把握・管理していくことが必要な場合もあると思われる。なお、行政対応については、法務部やコンプライアンス部門が所管する場合や、経営企画部門や総務部門が所管する場合等、企業によってさまざまのようである。

このように、行政対応のための組織や手続きの整備が必要である (A2.10)。

4 留意点

　新たな商品やサービスの導入にあたっては，これまで取り扱ってこなかった法律を検討することとなるため，当該法律の内容等に応じて，外部の法律事務所から導入可能性やリスク，注意点等の意見書やアドバイスを取得したり，社内体制やプロセスを検証したりしてもらうことも，法的リスクのコントロールにおける1つの手段として重要である。また，法律等の不明な点については，所管庁の担当に直接質問する方法もある（A3.5, A3.6）。

　法的リスクの有無については，法務部が適切に判断する必要があるため，不明点等を厳しくチェックしながら慎重を期して検討すべきである。

コラム　Law in Style　　　　　　　　　　　　　　　　　　　　（柴田睦月）

　弁護士会館等で若手弁護士をよく観察すると，企業内弁護士か事務所勤務弁護士か見分けがつくことがある。

　事務所勤務弁護士は，法廷に立つことを意識してか基本ダークスーツ。営業上の工夫か，シャツの色や時計等覚えやすい特徴を打ち出している人が多い。女性もスーツが多く，強みとしている分野により刑事系はパンツ，一般民事系はテーラードにスカート，企業法務系はノーカラージャケット。年次が上がってくるとハイブランド系ラップワンピが多い印象。

　他方，企業内弁護士は，所属企業のカラーがもろに反映されている。金融やメーカー等いわゆる大企業では，目立たないが鉄則。ここでは，さわやかに白シャツ，給料から逆算しハイブランドの持ち物も避けるべき。反対にベンチャー企業等では，私服可という企業もある。女性は，概してOLファッションが主流となる。あまり堅い格好をしているとキャリアを鼻にかけているとみられたり，可愛すぎると叱られたり。

　「会社員として職場になじめ」という明示黙示の指示を一度は受けたであろう若手企業内弁護士にとって，格好から馴染むという態度は，有効であると思う。そしてそれが，個々の企業内「弁護士」としてのスタイルになっていくだろう。

事例2 新規サービス企画の支援
アプリ開発
（貝原怜太）

事例 アプリケーション開発部門から法務部に対し，新規開発について以下の相談があった。

「フリーアドレスを採用するオフィス内での社員の位置を調べ，最適なコミュニケーション方法を提示するスマートフォン用アプリケーションの開発を検討している。SaaS[4]での構築を考えており，利用規約を作成してほしい。また，社員の氏名，部署，メールアドレス，電話番号，オフィス内での位置情報などの情報を扱うため，個人情報を扱うこととなるが，どのような点に注意すればよいか。」

このような相談に対し，どのような点に注意して利用規約を作成すればよいか。また，個人情報の取扱いについてどのような点に注意すればよいか。

◆ 事例解説

1 はじめに

近時IT業界ではクラウド化が進み，SaaSなどの形態が増加している。クラウドサービスの場合，同一サービスを多数の者に展開するため，利用規約の作成は必須である。

また，クラウドサービスは，ユーザーが，ベンダーがクラウド内に構築したソフトウェアサービスにネットワーク経由で接続する構造となっており，ユーザーの一定の情報がベンダー側の管理下に入ることは避けられない。その情報が個人情報であった場合，個人情報保護法への対応は必須である。また，莫大な損害を発生させる情報漏えいは何としても避けたいところであり，情報漏えいが起きる可能性を低下させる視点も必要である(A1.1)。

他方，個人情報でない場合，法令で要請されていない対応をどこまでするべきかの検討も必要である(A1.7)。

---

4 SaaS（Software as a Service）とは，ソフトウェアをベンダー側で準備し，ユーザーがネットワーク経由でそのソフトウェアを利用する形態。

その他，新規サービス開発については，特許，商標の問題点についても留意したい。

2　実体法的な視点

(1)　契約書と利用規約

クラウドサービスの多くは準委任契約や利用許諾契約となり，これらも契約である以上，申込みと承諾により成立する。その証拠として契約書や利用規約を作成し，必要に応じて記名押印を行う。

利用規約はBtoC（対消費者ビジネス）のウェブサービスに用いられることが多い。提供されるサービス内容だけでなく，その利用規約も画一的な内容とする必要があることから，ユーザーは利用規約に同意するかしないかの選択肢しかないのが通常であり，利用規約の個別修正はほとんど期待できない。

BtoB（対企業ビジネス）も，BtoCと同様に同じ内容のサービスを多数のユーザーに提供する場合には，画一的な内容の規約や約款が多く用いられる。ただし，BtoCと比較して高額なサービスもあり，利用規約の修正に応じるベンダーも見受けられる。この場合，画一的な内容を意味する名称であるものの，個別に内容が修正されることから，契約書と利用規約の違いは大きくない。

(2)　利用規約の内容

利用規約の内容はサービスによってさまざまであるが，共通するルールとして，利用規約の適用範囲，定義，利用料金，支払方法，禁止事項，サービスの停止，権利の帰属，損害賠償，規約変更手続，権利義務の譲渡禁止，準拠法，裁判管轄などが考えられる[5]。

利用規約のドラフト段階では，同種のサービスの利用規約を参考にすることが多いが，当該サービスの特殊性への配慮も必要である。事業部門への丁寧なヒアリングにより，想定されているサービス内容や問題点をルール化する。本事例では，スマートフォン用アプリケーションを想定しているので，利用規約

5　利用規約については，雨宮美季・片岡玄一・橋詰卓司『良いウェブサービスを支える「利用規約」の作り方』（技術評論社，2013年）が参考になる。

の禁止事項にリバースエンジニアリング6を列挙することが必須であろう。

　ここでは，特に損害賠償条項を検討する。ベンダーとしては，損害の範囲を狭めたいところである。しかし，全ての損害についてサービス利用料の1か月分を上限とする内容など，あまりにベンダーに有利な場合，契約締結段階でユーザーから反感を買うだけでなく，訴訟に発展した場合に条項自体の有効性が争われる可能性も高まる (B4.5, A1.1)。損害の範囲を狭めているか，ユーザーが受け入れられるか，当該条項が無効となる可能性はどの程度か，それでもあえて規定するべきかなど多角的な検討が必要となる。例えば，サービス利用料が安価なサービスであれば，損害賠償の上限をサービス利用料1か月分とする内容であっても反感を買うことは少なく，訴訟となることも少ないと予想され，無効となる可能性がある条項であってもあえて規定する意義がある (A1.3)。

(3) 個人情報

　本事例のサービスは，社員の氏名，部署，メールアドレス，電話番号，オフィス内での位置情報などを扱うため，個人情報保護法が定める「個人情報取扱事業者」に当たる可能性がある。

　「個人情報」とは，「生存する個人に関する情報であって，当該情報に含まれる氏名，生年月日その他の記述等により特定の個人を識別することができるもの（他の情報と容易に照合することができ，それにより特定の個人を識別することができることとなるものを含む）をいう。」(2条1項)。また，「個人情報取扱事業者」とは，「5,000人を超える『個人情報』をデータベース化して事業活動に利用している事業者のこと」7をいう（同2条3項)8。

　個人情報を取り扱う場合，個人情報保護法による各種規制9を受けるとともに，個人情報漏えいのリスクを負う。ところが，事業部門は個人情報保護法の

6　デコンパイルなどの手法によりアプリケーションを解析する行為。
7　GVA法律事務所『アプリビジネス成功への法務戦略　開発・リリース・運用に必要な法律知識』（技術評論社，2015年）173頁。
8　ただし，改正法ではこの範囲が拡張されており，注意が必要である。個人情報保護委員会事務局『改正個人情報保護法の政令等の検討状況について』（経済産業省，2016年）14頁。
9　規制への対応としてプライバシーポリシーの検討も必要である。

存在は知っていても，そもそも個人情報とは何かすら理解していない場合も珍しくない。逆に，サービス内容を工夫することで各種規制の対象外になる場合もあり，サービス内容を詳細に聞き出すことが重要となる。例えば，本事例のサービスで，個人情報を扱わずに同じ効果が得られないだろうか[A1.4]。具体的には，ベンダーはユーザーの社員にランダムの英数字を羅列した情報を割り振り，その羅列情報で各自のオフィス内の位置情報を管理する。そして，ベンダー側ではなくユーザー側のシステムで，その位置情報と個人情報を突合し，具体的な個々人のオフィス内の位置情報を表示することが考えられる。

このようにベンダーが保有する情報が羅列情報にすぎず，個人の識別が極めて困難であれば，個人情報には当たらないものと考えられる[A1.6]。ただし，オフィス内の位置情報が長年蓄積され，サービス拡大により他の情報も収集されれば，特定の個人の識別ができるようになる可能性もある。法務部としては，サービスが発展して新たなリーガルリスクが生じることに備え，継続的に注視すべきである。

また，他にリスクを回避，低減する方法がないかも検討したい。例えば，企業向け個人情報漏えい保険に加入するのも有効な1つの方法である。

(4) 個人情報以外の情報

個人情報を扱わないサービスについても，あえて個人情報保護法の規制と同じレベルで対応することも検討するべきである。

仮に，上記のように羅列情報を用いる場合でも，匿名の「誰か」のオフィス内の位置情報は保有することとなる。このことと，位置情報というキーワードから，スマートフォンのGPSが想起され，オフィスの外の位置情報まで逐一収集されていると誤解される可能性もある。そこで，プライバシーポリシーを活用することが考えられる[A2.10]。すなわち，個人情報を保有しないことや収集する情報がオフィス内の位置情報に限られること，情報の収集目的や利用目的など，サービス内容に関する情報提供と，一定の約束をすることによって，ユーザーやユーザーの社員が安心できる環境作りが期待できるのである[10]。

10　プライバシーポリシーについては，上記注7と注8記載の各文献が参考になる。

3 組織法・手続法的な視点

　BtoCのウェブサービスでは，ユーザーである個人が，スマートフォン上から利用規約を確認して同意できるスピード感が，ビジネス成功の重要な要素のようである。

　これに対してBtoBのサービスでは，ユーザー企業の機関決定のために社内手続が必要な場合も多く，BtoCほどのスピード感は重要ではない。そのため，利用規約について，インターネット上で同意を取るのではなく，従来の契約書と同様に記名押印をもらう形式が多い(A1.7)。

　記名押印の方法としては，①ユーザーのみ記名押印を行う方法，②ベンダーのみ記名押印を行う方法，③双方が記名押印を行う方法が考えられる。

　①の方法は，例えば，利用規約に同意する記載がある申込書にユーザーが記名押印を行い，それをベンダーに差し出す方法である。この場合，訴訟に発展した場合でも，ユーザーの同意が認定される可能性は高い。

　②の方法は，例えば，ユーザーの申込みに対し，利用規約に従った内容でサービスを提供する旨の承諾書にベンダーが記名押印を行い，それをユーザーに差し出す方法である。この場合，ユーザーの同意をベンダーが主張立証するのは，①と比較して困難になる。他方，ユーザーの記名押印は不要となり，サービス提供までのスピード感を重視する場合には有効な手法となる。

　③の方法は，例えば，従来の契約書と同様に利用規約を2通作成し，ユーザーとベンダーがそれぞれに記名押印を行い，各1通を保有する方法である。最も手堅い手法ではあるものの，契約書と何ら変わりがないため，事業部門やユーザーの社内手続は重いものとなる。

　サービス内容，利用料金，提供期間などから見て手続きを軽くするべきサービスもあり，そのような場合には，記名押印を行わずにベンダーがユーザーに利用規約を提供するに留める方法もあり得る。

　法務部としてはサービスに潜むリスクを勘案し，それに見合った適切な手続きを提案し，ビジネスを前に進めていくべきである(A2.8, B1.5)。

4 留意点

(1) 知的財産権について

　新規サービス開発であることから，特許に値する新規技術が生まれる可能性もある。そのため，事業部門や社内の知的財産部，弁理士と十分にコミュニケーションを取り，特許出願の可能性を確認すべきである[A3.5]。

　また，サービス名の商標出願の検討も必要である。類似サービス，競合サービスがある場合は，商標出願の必要性は高くなる。商標は，特許と比較して登録までの費用も安価であることも考慮要素の1つとなる。

　反対に，他社の特許や商標を侵害していないか，サービスインへの障害がないかについても，同様に留意したい。

(2) 新規サービスであること

　本事例のサービスは新規のサービスである。このような場合，事業部門も慣れておらず初歩的なミスや見落としの可能性もあるが，素人的な質問こそ有効な場合もあり，臆せず積極的に質問するよう留意したい[A1.13, A2.19]。

　また，事業部門自ら相談内容を絞って質問した場合であっても，質問の絞り込みが不適切な可能性もある。専門的な深くて狭い検討だけでなく，マクロ的な視点で取り組むことにより検討漏れを少なくすることができるであろう[A2.31, A1.11]。

5　おわりに

　IT業界の技術革新は目覚ましく，社内弁護士は法律以上に勉強が必要だが，最も重要なことは事業部門とのコミュニケーションである[A7.4]。それは，事業部門が用いる専門用語を使いこなすことだけでなく，事業部門が話しかけやすい社内弁護士，法務部になることである[A2.9, A2.13]。そうすることで，問題が早いうちに届き[A2.4]，コンプライアンスの向上に繋がり，会社の価値が高まるのである[B1.5]。

事例3　法律違反になる前に！
広告メールを送信する際に押さえておくべきルール　（柳由香里）

事例　X社では，自社の新しいBサービスのプロモーションのため，インターネットのウェブサイトや電子メールを使った広告を企画している。
　事業部門から，手始めにX社の既存のAサービスの利用者に対し，一律にBサービスのメール広告を送信しようと考えているが，送信して問題ないか，という相談があった。X社の法務担当者として，どのようなことに気を付ければ良いか。また，どのように対応すべきか。

◆ 事例解説

1　はじめに

　インターネット広告とは，媒体社が運営するウェブサイト，アプリケーション等に掲載されるバナー広告をはじめ，テキスト広告，動画広告，媒体社等が発行する電子メールに挿入されるメール広告など，インターネットを通じて広告主から消費者，ビジネス顧客等に向けて発信される広告のことをいい[11]，スマホ市場の成長や動画広告，新しいアドテクノロジーを活用した広告配信の浸透などで，大きく伸長している。その種類は多岐にわたり，広告の形状や配信方法等によって，問題となる法律もさまざまである。

　その中でも，メール広告は，事業者にとって手軽な広告ツールであり，メール広告を配信している事業者は数多く存在するが，意外と忘れがちになっているのが「特定電子メールの送信の適正化等に関する法律（以下「特電法」という）」である。そこで，本項では，メール広告の法的留意点について解説する。

2　実体法的な視点
(1)　メール広告

　メール広告とは，電子メールで送信される広告の総称をいう。例えば，メー

11　JIAA「インターネット広告倫理綱領及び掲載基準ガイドライン」（2015年3月改定）。

ルマガジン内に数行程度の広告を挿入する「メールマガジン広告」，事前に会員が承諾した分野に関連した商品やサービスの広告メールを配信する「オプトインメール広告」，広告メール受信を承諾した会員に対し，年齢や性別，収入，興味のある分野で対象者を絞り込んでから配信を行う「ターゲティングメール広告」など，掲載形態や配信条件によってメール広告の種類も多様化している。

(2) 特定電子メール

メール広告を送信する際，特電法の規制を守る必要がある。規制対象は，①営利団体や個人事業者が，②自己または他人の営業に関し，③広告宣伝のために送信する，電子メール（以下「特定電子メール」という）である（2条2号）。

これを本事例で企画している電子メールについてみると，①X社が，②自社のBサービスの営業に関し，③広告宣伝のために送信しようとするものだから，明らかに特定電子メールに当たる。

(3) 特定電子メールの非該当例

ちなみに，次のような電子メールは，広告宣伝の手段とは考えられず，特定電子メールに当たらない[12]。

第1は，①取引関係に係る通知であって，②広告宣伝を内容とせず，広告宣伝のウェブサイトへの誘導もない電子メールである。ここで，①取引関係に係る通知は，取引上の条件を案内する事務連絡や料金請求のお知らせなどである。

第2は，①単なる時候の挨拶であって，②広告宣伝を内容とせず，広告宣伝のウェブサイトへの誘導もない電子メールである。

(4) 送信者の義務

特電法では，特定電子メールを送信することそのものを禁止しないが，原則として，送信対象の事前承諾を必要とするほか，送信者には以下のような義務が課されている。すなわち，①事前同意を得ていない者への送信禁止（オプトイン規制）（3条1項），②事前同意記録の保存義務（3条2項），③一定の事項の

---

[12] 総務省・消費者庁「特定電子メールの送信等に関するガイドライン」（平成23年8月）1頁。

表示義務（4条），④送信拒否者への送信の禁止（オプトアウト）（3条3項），などである。

(5) **オプトイン規制**

　ただし，オプトイン規制には例外がある（3条1項2号～4号，同法施行規則6条）。

　まず，「以下の者」に対しては，特定電子メールを，同意なしに送信できる。すなわち，第1は，取引関係にある者[13]，第2は，名刺などの書面で自己の電子メールアドレスを通知した者，第3は，自己の電子メールアドレスをインターネットで公表している者（ただし，個人の場合は営業を営む者に限られる）である。

　次に，自己の電子メールアドレスを通知した者に対しては，「以下の広告宣伝メール」を，同意なしに送信できる。すなわち，第1は，同意の確認をするための電子メール，第2は，取引事項等を通知する電子メールであって，広告宣伝が付随的な場合，第3は，フリーメールサービスを用いた電子メールであって，広告宣伝が付随的な場合である。

　この例外の中でも，上三者の場合には個々の送信対象ごとの判断が必要になるが，下三者の場合には，（電子メールアドレスの通知の有無以外の）個々の送信対象ごとの判断が不要となる点に特徴がある。

(6) **本事例の検討**

　以上の規制を念頭に，本事例のメール広告送信の可否を検討する。

　まず，送信対象からのオプトインの有無・内容が問題となる。この点，事業部門から「オプトインを取っているので大丈夫です！」と言われた場合でも，具体的なオプトインの文言・範囲をヒアリングすべきである（A2.31, A1.1, A3.3）。特電法上は，送信する電子メールの内容まで特定してオプトインを取ることまでは求められていないが，実務上は，「Aサービス関連のお知らせメール」に

13　送信される電子メールが通信販売等の電子メール広告の場合には，特定商取引法が適用されるため，請求・承諾なしに送信することはできない。

限定したオプトインが取られているケースもあり，この場合，当然には「Bサービス関連のお知らせメール」のオプトインを取ったことにはならない。したがって，「Bサービス」のオプトインの有無を，慎重に確認しなければならない。

次に，Bサービスのオプトインがない場合，オプトイン規制の例外を検討する。例えば，Aサービスの連絡事項を通知する電子メールに，Bサービスの広告宣伝を挿入すれば，オプトイン規制の例外（付随的な広告宣伝）として，オプトインなしにメール広告の送信が許容される可能性がある。

けれども，この例外は，あくまで「付随的」な場合に限られる。では，「付随的」な広告宣伝といえるのは，どの程度だろうか。この点，特電法や総務省・消費者庁「特定電子メールの送信等に関するガイドライン」（平成23年8月）では明確な基準が定められていないが，同法の趣旨に照らすと，送信対象が量的にも質的にも迷惑に思わない程度と考えるのが望ましく，電子メール全体の分量にもよるが，数行程度と考えるべきであろう[A1.6]。

次に，送信可と判断した場合，電子メールの文面を確認する。すなわち，事業者の義務として記載しなければならない事項が記載されているか，景品表示法の不当表示となっていないか等，メール文面のチェックを行っていく[A1.1]。

3 組織法・手続法的な視点

(1) アウトプットのイメージに繋げるヒアリング

メール広告を送信する際，特電法の規制を念頭に，事業部門に対し十分なヒアリングを行い，どのような方法であれば，電子メールの送信が可能か，アウトプットのイメージに繋げていく必要がある。

特に，事業部門から「メール広告について相談したい」と持ち込まれた時点で，最初からこのようなイメージに繋げるためにヒアリングすべきであり，そのためにまず聞き出すべき内容は，主に以下の5点である。

① 送信主体（当社か，媒体社か）
② 送信対象
③ 送信目的・内容（広告宣伝のための手段か）
④ 送信手法（メールマガジンなど）

⑤ 送信対象からのオプトインの有無・内容（オプトインの範囲内か，オプトイン規制の例外か）

(2) 社内チェック体制の構築

　「企業の中の法務」は，個別案件への対応だけでなく，社内全体の制度設計にもかかわることが期待される(B2.2)。本事例を例にとると，事業部門が，自社の商品・サービスの販促プロモーションのため，今後積極的にメール広告を活用していくこととなった場合，法務部門が全てのメール広告の送信可否やメール文面のチェックをすることは不可能と思われる。

　そこで，社内のチェック体制の設計が必要となる。例えば，チェックを重ねていき事例を重ねる中で，法務部門の確認不要とできる領域を明確に決めながら関与を減らし，事業部門に任せていく方法などが考えられる。この場合も，特電法等の法的リスクをコントロールできるよう，事業部門に対しチェック項目を提示する，一定の項目は法務チェックを必要とする等，事業部門への委ね方を工夫して社内チェック体制を作り出していく必要がある。

　このように，「企業の中の法務」は，今後の制度や運用について検討し設計する視点も必要とされるのである(A2.6, A2.10, A2.8)。

4 留意点

(1) 特定商取引法

　インターネット上で商品等を販売する事業者は，特電法のほか，特定商取引に関する法律（以下「特商法」という）によっても規制されている（12条の3）。

　その違いは，「特電法」は，主に送信者に対する規制で，個人または他人の営業について広告宣伝メールを送信する場合に広く適用されるのに対し，「特商法」は，広告主に対する規制で，事業者が取引の対象となる商品等について，広告宣伝メールを送信する場合に適用される点にある。違反行為に対しては懲役刑・罰金刑などの刑事罰が導入されている点において，特電法より厳しい規制となっている。

　以上のとおり，特電法と特商法は，規制の観点と対象が異なるが，広告宣伝メールの内容などによっては，一部，両方の法律の適用を受ける場合がある点

に注意が必要である。

(2) 個人情報保護法

　メール広告の手法の1つである「ターゲティングメール広告」は，商品・サービスの内容に合わせ，事前に取得した属性情報（性別・年齢・居住地域・興味ある事柄など）によって対象者を絞り込んで広告を配信するメール広告手法である。例えば，「サラリーマン必見！働く男性の健康セミナー」を東京で開催するので集客したいと考えた場合，有効なターゲティングとしては，男性かつ東京近郊在住，会社員，さらに絞れば健康に興味がある，といった条件になるだろう。

　属性情報は，性別・年齢・居住地域・興味ある事柄など，それのみではプライバシーや個人情報との関係で直ちに問題となるものではないものの，他のユーザー個人に関する情報と紐付く形で取得・利用される場合などには，特定の個人を識別できるようになる蓋然性が高く，個人情報保護に関する法律上の整理が必要になると考える。

5　おわりに

　インターネット広告は，近年，2桁成長している広告手法といわれており，従来のいわゆるIT関連企業だけでなく，それ以外の産業分野の企業でもインターネット広告の利用が広がっている。このため，インターネット広告にかかわる法務は，IT関連企業だけとはいえない状況になってきていると思われる。

　インターネット広告は，日々，新たな技術や手法が開発され，関連する法分野も多岐にわたっている。したがって，インターネット広告にかかわる法務担当者は，日々のビジネスの進化や幅広い分野にわたる法律について理解し検討することが重要である。その意味で，国内法の調査ができるだけでなく，ヒアリング力や想像力・創造力が必要とされる領域であろう (B1.5, A1.13, A2.7)。

事例4 法務によるビジネスのかじ取り
ビジネススキームの先取り
（松谷　亮）

事例
アパレルやフィルムの製造・販売を行っているX社の事業部から法務部に対し，検討の進捗に応じて順次，以下のような相談が来た。X社の社内弁護士として，それぞれの事例に対しどのような回答を行うべきか。

事例①
　現在，自社工場で製造している栄養サプリメントAをX社自身のサイト上で販売しているが，安定した顧客がなく，X社サイトの認知度も低いことから売り上げが芳しくないため，A事業からの撤退を検討していたところ，Y社がA事業の購入を打診してきた。Y社にA事業の譲渡を行うためには，何をすればよいか教えてほしい。Y社の気が変わらないうちに早急に進めたいので，他案件対応中で忙しいのは承知の上で，急ぎ対応をお願いしたい。

事例②
　A事業譲渡のスキームについて，社内およびY社と協議して検討した結果，以下のような形にしたいと考えているが，事例①から何か差異は生じるか。
　(1)　Aの製造・販売はX社自身で実施し続ける
　(2)　X社サイトについては，Y社に対して，Aを引き続き販売できるような形とした上で，提供したい（Y社サイトとしてY社が運営する）

事例③
　さらにX社内の技術者やY社と協議した結果，新しいサイトを一から作った方が，X社サイトをY社向けにカスタマイズして提供するよりコストも工数もかからないということが判明したため，Y社はA販売用のサイトを外部へ制作委託し，完成したサイトを運用する。X社としてはX社サイト構築時のノウハウや，顧客の集め方，広告の方法についてのアドバイスなどを行うことになったが，事例②から何か差異は生じるか。

◆ 事例解説
1　はじめに
　事業譲渡はM＆Aの手法の1つであり，事業を譲渡する立場の会社から見れば，経営資源を主力事業に集中させる目的で実施されることが多い。本項は，

「事業譲渡の詳細な解説を行うことを目的とするものではなく，急ぎで相談をしてきた事業部からの相談が徐々に変化していき，それにつれて検討事項も変化していく例を紹介することを目的としている(A2.31)。事業譲渡の詳細な解説は，事業譲渡を専門に取り扱った書籍を参照されたい。

また，当初事案からの事実関係の変化に応じて検討内容がどのように変化していくのかを理解していれば，次回同様の相談が来た際に，事実関係の変化の可能性を先取り，事業部側に必要な検討を行ってもらうことができる。そうすることによって，法務側で本来実施すべき事項に集中することができる。このように，事実関係の変化の可能性を先取りすることによって事業部側に必要な検討を行ってもらえるよう誘導できるようになることも，本項の目的の1つである(A2.1, A1.9)。

なお，本件のように当初急ぎの検討依頼で相談が来，事情が変化してしまった場合には，急いで対応したのに何だったんだ…と落胆するのではなく，色んな事例を検討する機会を与えてくれた事業部に対して感謝の気持ちを持つような謙虚さが大事である(A2.19)。

2 実体法的な視点

(1) 事例①

事例①は典型的な事業譲渡の事例を想定している。

事業譲渡とは，会社（譲渡会社）が事業の全部または一部を他の会社（譲受会社）に譲渡する行為であって，合併や会社分割といった組織法上の行為とは異なり，契約という取引行為によって資産や負債等が個別に移転・承継されるものであり，契約によって譲渡の対象とする資産，負債等を比較的高い自由度をもって選別できることが利点である[14]。

事業譲渡が，会社事業の重要な一部の譲渡[15]に該当する場合，株主総会によ

---

14 八木啓介「各種のM&A」柴田義人ほか編『M&A実務の基礎』（商事法務，2015年）6頁参照。
15 判例（最判昭和40.9.22民集19巻6号1600頁）は，有機的組織的一体性と，競業避止義務の発生を，判断のメルクマールとする。なお，当該譲渡により譲り渡す資産の帳簿価額が当該株式会社の総資産額として法務省令で定める方法により算定される額の5分の1（これを下回る割合を定款で定めた場合にあっては，その割合）を超えないものを除く。

る決議（特別決議）が必要になる（会社法467条1項2号，309条2項11号）。また，反対株主に買取請求権が与えられており（同469条1項），通知・広告を行う必要がある（同条3項，4項）。

また，事業譲渡が単に資産の処分として行われる場合には，譲渡会社と譲受会社の間で競業避止義務など，譲渡された事業の価値を譲渡側が毀損しないような義務を求められる可能性があり，事業譲渡が譲受会社との業務提携の一環で行われる場合には，さまざまな協力義務など，業務提携関係を強化するような義務が求められる可能性があるなど，事業譲渡そのものだけでなく，譲渡会社と譲受会社の関係まで視野に入れたルール作りが必要になってくる(A1.7)。

したがって事業部には，事業譲渡に必要な手続きだけでなく，X社とY社の関係まで視野に入れた場合に望ましいルールは何か，という視点から検討してほしい旨回答することになる(B2.1)。

(2) 事例②

事例②は，X社がAの製造は続け，Y社がAを販売し，そのためにX社サイトをY社に譲渡する，というもので，①の回答に基づき，X社とY社の関係を視野に入れて検討した結果，その手段であるAに関するスキームが見直されたのである。

ここでも，X社サイトの譲渡が事業譲渡に該当するかが問題になるが，通常，サイトだけで有機的組織的一体性は認められない[16]から，この譲渡は事業譲渡ではないといえる。

また，製品の販売委託と，サイトの譲渡が組み合わされた契約なので，例えば，X社サイトに利用されているソフトウェアのライセンス，ドメイン[17]，社名や商品名の移転可能性やその取扱いに関するルールが，製品の販売委託の条件や継続期間などの問題とどのように関係するのか，などの固有の問題が生じる。

---

[16] 前記注15参照。
[17] ドメインとは，インターネット上の住所のようなものであり，たとえば「http:www.○○.com」というアドレスがあった場合の○○に該当する部分を指す。

したがって事業部には，特殊な製品の販売委託であるという本質を理解させ，そこで生じる固有の問題として，どのようなものがあるか，その問題に対応するためのルールは何か，という視点から検討してほしい旨回答することになる(B2.1)。

(3) 事例③

事例③は，X社がAの製造を続け，Y社がAを販売し，そのためにX社サイトは譲渡しないが，X社がY社に対してサイト構築や運営のアドバイスをするというもので，②の回答に基づき，X社サイトの譲渡のルールを検討した結果，サイトに関する部分についてだけスキームが見直されたのである。

ここでは，何も譲渡されないので，もはや事業譲渡は問題にならない。

他方，サイトの譲渡がサイト構築などに関するアドバイスに変わったものの，製品の販売委託に付随して，一部の取引先にだけアドバイスなど，特別なサービスを提供することになるので，他の販売先との関係や，特別なサービスと本来の製品の販売委託の諸ルールとの関係などの固有の問題が生ずる。

したがって事業部には，②と同様，特殊な製品の販売委託であるという本質を理解させ，ここでの固有の問題も理解させた上で，取引に合ったルールは何か，という視点から検討してほしい旨回答することになる(B2.1)。

3 組織法・手続法的な視点

(1) 社内意思決定

会社法の規定だけ見れば，事例①について株主総会決議が必要な場合があると定められている他は，意思決定を行うべき機関やプロセスは明らかでない。

しかし，Xが小さな会社で全ての案件を会社代表者を含む役員会で決するような場合でなければ，組織である以上，事案の規模や会社に与えるインパクトの大きさなどに応じて，適宜，担当役員や担当部門に権限が委譲されている。このような権限移譲のルールや，実際にそれに基づく各個別事案ごとの意思決定プロセスは，会社や事案に応じて異なるが，法的なリスクコントロールの観点から，適切なルールと運用になっている必要がある。

すなわち，実体法的な対策だけでは，多くの場合リスクコントロールは十分

でなく，そのため，意思決定（リスクを取る決断）の過程を適切にし，デュープロセスを尽くすことによって，リスクを少しでも減らす努力が必要なのである。本件では詳細な検討は行わないが，このように，会社の意思決定過程のルールや運用が適切であることは法的な問題でもあるので，法務部は各案件について，組織法的，手続法的な視点からも，会社をサポートすべきである(A2.6, A2.10)。

(2) 当初スキームからの変更の可能性

急ぎの依頼であればこそ，他のスキームも検討したかを事業部に問うことで，最終的に落ち着くスキームへスムーズに整理される。

例えば①の段階で，念のため事業譲渡以外にも②，③，あるいはその他のスキームが想定されることを事業部に対して伝え，他のスキームの検討も行ったか事業部に確認することで，早急に案件を進めようと熱くなっている事業部を冷静にさせ，本来落ち着くべきスキームによりスムーズに行きつくことが期待できる(A2.7, A1.9)。

(3) 社内の他部門での活用を検討したか

同様に，本事例で譲渡可能な資産として登場する，A製造ライン，ブランド名，X社サイト，当該サイト名，ドメイン名などを自社の他の部門で活用することについても，事業部に対して助言をすることで，選択の幅が一層広がるのである(A2.18)。

4 留意点

上記のとおり，法務から事業部へのアドバイスは，相談された事項について法的にできるかできないか，法的にどのような手続きが必要か，といった画一的，批評家的なものではなく，相談者の具体的な状況や組織全体を見た上で，ビジネスの意思決定をスムーズかつ有効なものに導くようなものである。

たしかに仕事が比較的少ない法務部では，まず事業部から相談がきた場合には手取り足取り業務を行ってあげることで，次の仕事の依頼をもらえるような対応をすることがあり，この場合の事業部はお客様のような面もあるが，これ

はあくまでもビジネスパートナーとして信頼関係を構築するための行為であって、お客様に対して行うものとは根本的には異なると筆者は考えている。

事業部に対してアドバイスする際も、法律事務所に相談に来たクライアントに対する法務回答のように隙のないものにするよりも、一緒に所属する企業の価値を最大化するべく、それに向けたアドバイスとなるように意識すべきである (A2.4, A7.3)。

5 おわりに

検討の視点が広がるにつれて、①事業譲渡⇒②サイトの譲渡⇒③業務委託契約と、Y社との取引スキームが変化していった。

法務部として各段階で事業部から求められた検討を緻密にかつ完璧に実施すべきであることはプロフェッショナルとして当然であるものの、法務部も事業部とともに企業価値を高めるパートナーであるという視点からすれば、受け身で検討を行うのみではなく、事案の変化を先取りして事業部に逆に検討を行ってもらい、ビジネスをよりスムーズに進めるようにできるようにすることも重要と考えている (A2.9, A2.1, B1.5)。

今後さらに企業内弁護士が増えていく中で、自分から積極的に事業部に対して価値提供できるかどうかということは、他の企業内弁護士と差別化できるかどうかにつながる重要なスキルとなると筆者は考えている。

コラム　はじめての海外出張　　　　　　　　　　　　　　　（吹屋響子）

企業内弁護士の役割は日々の法務相談や訴訟案件の管理だけではない。従業員のコンプライアンス意識向上のための活動も重要な役割の一つである。そのために効果的な方法として、法務部門が講師となり社内研修を行うことが挙げられるだろう。企業内弁護士が積極的に支店や子会社に赴けば、疑問を直接ぶつけてもらえるし、本社の法務部門をより身近な存在だと感じてもらえる。

そこで、私も初めて海外出張（バンコク）に行くことになった。参加者が日常業務においてどのような悩みを抱えているか聞くのが楽しみである。その一方で、最近の昼休みは、出張の空き時間で何を観て何を食べるか…ネットサーフィンが日課に。本場のパッタイが楽しみだ。

事例5 防犯カメラのプライバシー問題
鉄道会社
（齊藤玲子）

事例 鉄道利用者から次のような書面が届いた。

「最近，電車内に防犯カメラが増えたように感じる。防犯上必要なのかもしれないが，勝手に自分の姿を撮られるのは気持ちが良いものではない。また，テレビの『実録！ 電車内の迷惑行為特集』などで，車内の映像が使われていることもあるが，撮影した画像をマスコミに売っているのか？ これらの行為は問題ないのか？」

対して，次のような書面も届いている。

「昨今，子どもが行方不明になる事件が多く，治安が悪くなっている。事件の早期解決や犯罪の抑制という意味でも，電車内にもっとたくさんの防犯カメラを設置してほしい。」

社内弁護士として，どのような見解をとるべきか。

◆ 事例解説

1 はじめに

近時，銀行やコンビニ，スーパーなどさまざまな店舗に防犯カメラが設置されており[18]，鉄道もその例外ではない。鉄道には毎日不特定多数の人が乗車するため，設置されている防犯カメラでの撮影やデータの保管，警察など第三者への提供等が，プライバシー侵害等に当たるのではないかが問題視されている。鉄道は，いつでも自由に出入りできる店舗等に比べて密室性が高く，一旦乗車すると次の駅に停車するまで原則として降車することは不可能である。そのため，カメラから逃れにくい状況にあり，プライバシー保護の要請が高いとも考えられる。反面，密室性が高いがゆえに犯罪が起こった場合の犠牲者が多数に

---

[18] 日本全国の防犯カメラ設置台数は，2012年3月末現在で300万台以上あるといわれている（2012年7月9日付日本経済新聞）。また，防犯カメラとその周辺機器も含めた映像監視装置の2014年度の国内推定市場規模は約1,688億円，前年比109.3％，前年増＋143億円と推定され，増加傾向にあると見られる（日本防犯設備協会「防犯設備機器に関する統計調査」平成26年度版35頁）。

及ぶことが予想され，犯罪を抑止する必要性も高いといえよう(A1.7)。
　以下，考察する。

2　実体法的な視点
(1)　防犯カメラによる撮影
　防犯カメラの設置・撮影には，「肖像権」やプライバシーの問題がかかわってくる。公共空間を利用する者は「個人の私生活上の自由の1つとして，何人もその承諾なしに，みだりにその容ぼう，姿態…を撮影されない自由」を有しており[19]，その者が公共空間にいても，権利放棄とはいえない。
　これにつき，コンビニの防犯カメラによる撮影と撮影データの警察への提供が争われた裁判例[20]（以下「裁判例①」という）が参考になる(A2.7)。
　裁判所は，一方で，利用客について「商品の選択，店内における行動態様について，他人に知られることを欲しないことも認められる」として，無断撮影は「肖像権の侵害にとどまらず，個人の上記利益も侵害するものとして許されない」とし，他方で，店舗側について「身体の安全を確保し，また，その財産を守るため，店内において一定の措置を採ることが許される」とし，両者の利益を認めた(A1.7)。
　その上で，利用客には店舗を選ぶ際に「大幅な選択の余地がある」ことなどから，店舗側には，「どのような措置を採るかにつき広範な裁量権を有する」と評価し，具体的な判断基準として，ビデオ撮影の可否は「目的の相当性，必要性，方法の相当性等を考慮」するという判断基準を示した(A3.2)。
　結論として，防犯カメラ設置の目的は，コンビニ内で発生する万引きなどの犯罪に対処することであり，相当かつ必要性を有するとした。撮影方法も，ビデオカメラは店内の上部に固定され，特定の客を追跡して撮影するようなものではないこと，店内に「特別警戒中　ビデオ画像電送システム稼働中」との掲示がされていることなどを理由に相当であるとした(A3.1)。
　これについて，鉄道の場合も同じように考えられるか，以下検討する。

19　最大判昭和44.12.24刑集23巻12号1625頁。
20　名古屋地裁平成16.7.16判時1874号107頁。

まず，両者の利益である(A1.7)。

乗客は電車内で，携帯電話を操作する，読書をする，睡眠をとるなど，各々リラックスして過ごしており，その態様を他人に知られたくない，という利益も認められるであろう。一方，鉄道事業者も乗客および乗務員等の安全確保等のために一定の措置をすることは認められよう。

次に，判断基準である(A3.2)。

鉄道は，コンビニ等に比して乗客に広範な選択肢があるとは言い難く，鉄道事業者も同様の「広範な」裁量権を有すると評価されない可能性がある。しかし，バス，タクシー，自家用車等の代替手段の存在も認められるため，ビデオ撮影の可否は，同様の基準，すなわち目的の相当性，必要性，方法の相当性を検討して判断できるだろう。

次に，あてはめである(A3.1)。

鉄道事業者が防犯カメラを設置する目的は，犯罪抑止，電車内で発生する迷惑行為や犯罪への対処であり，相当性と必要性が認められる。

撮影方法は，密室かつコンビニ等に比し自由な出入りが難しく，より保守的に検討すべきであり，当該措置の相当性に加え，代替手段の有無も考慮すべきであろう。相当性については，防犯カメラの存在を明らかにし，ことさらに特定の人を追随するような撮影方法でなく，固定カメラで車内を俯瞰的に撮影するのであれば認められるだろう。代替手段としては，鉄道の利用者数が2014年度で年間約236億人である[21]ことから，空港のように全員に手荷物検査を実施することは非現実的であり，合理的な代替手段はないと評価されよう。

(2) 第三者へのデータ提供

防犯カメラによる撮影が相当としても，そのデータ画像を第三者に提供することは，一般的に被撮影者が容認しておらず，別途検討する必要がある。

① 警察に対して

これについても，裁判例①が参考になる。

裁判例は，一方で，捜査協力依頼に応じることは「国民として当然の義務で

---

21 国土交通省「鉄道輸送統計年報No.28平成26年度分」2頁。

あり，公益に資する行為」としつつ，他方で，「無断で個人を撮影した写真やビデオテープ」の提供については，「違法の評価を受けることがあり得る」とし，具体的には，防犯カメラ設置の「目的を著しく逸脱するものであるとき」がこれに該当するとしたが，結論として，警察の求めに応じてビデオテープの提出に応じたコンビニの行為を適法とした。

鉄道についても，例えば，逃走中の犯人が鉄道を利用した可能性がある場合にデータを提供することは適法であるが，その可能性がない場合にまで求められるがままにデータを提供することは，「目的を著しく逸脱するもの」として違法と判断されることもあるだろう。

② マスコミに対して

マスコミに対しては，犯罪捜査という公益性に欠けるため，警察の場合より慎重に検討すべきであろう。これにつき，芸能人が映っているビデオ店の防犯カメラ映像が写真週刊誌に無断で掲載された裁判例[22]が参考になる。

裁判所は，店舗内の撮影が許されるのは，犯罪予防や犯罪捜査などの「防犯目的に限られる」とし，撮影が許されても「その撮影映像を公開することを許諾することとは別問題」であるとした。

その上で，顧客が「撮影された映像の流出の危険性を覚悟して入店すべき」ことは「過大な負担」であり，プライバシーや肖像権を侵害する，と判断した。

鉄道についても，上記裁判例と同じように考えられるだろう。

鉄道の防犯カメラは防犯目的で設置されており，マスコミへの協力は明らかにその目的から外れる。たしかに，その媒体や番組内容によっては，犯罪捜査への協力といえる場合があるかもしれないが，一旦提供した後はマスコミがデータを保管し提供者側に編集権限はないこと，使用後確実に削除させることも困難であること，等を考慮すると，保守的に考え，マスコミへの提供は一律不許可とする方が無難であろう (A3.1)。

---

[22] 東京地裁平成18.3.31判夕1209号60頁。

3　組織法・手続法的な視点

(1)　防犯カメラの設置・録画の周知

　防犯カメラ設置の際は，事前手続によってプライバシー保護を図ることも当然ながら重要となる。防犯カメラは，車両内の上部等，被撮影者が認識しやすい場所に設置し，合わせて防犯カメラが作動している旨を明示したステッカーなどを掲示することが必要であろう。警察が設置する街頭防犯カメラの管理・運行要綱では，カメラ設置場所・エリアであるという表示は全てにおいて義務化されており[23]，民間事業者も，慎重な手続きをとるべきである。

(2)　鉄道会社によるデータ管理

　まず，録画装置については，駅員室のような施錠された部屋等，不特定多数の人が自由に出入りできない場所で管理し，無関係の人が接触することがないよう注意すべきである。

　次に，撮影されたデータ画像等の取扱いについても，画像は記録かつ保管されることで，繰り返しの視聴や第三者への提供等，場合によっては被撮影者の意図しない利用がなされるおそれもある。そのため，防犯カメラ設置の目的とはもはや無関係といえるほど長期間保存しておくことは好ましくない。この点につき，裁判例①も，撮影方法の相当性を判断するにあたって，「万引きについては，犯行後に判明することが少なくないことによれば，ビデオテープに録画し，これを一定期間保管しておくことの必要性がある」とした上で，「録画したビデオテープは，被告によって1週間後に上書き録画され，定期的に消去されていること」を認定している。

　鉄道について考えると，平成26年に鉄道内で発生した刑法犯の認知件数は6,438件，そのうち約70％の4,510件がすり，仮睡者ねらい等の窃盗犯である[24]。これらの犯罪も，犯行後に判明することが多いといえ，防犯カメラによる録画および保管の必要性はあるだろう。そのため，録画したデータが定期的に消去

---

[23]　警察が設置する街頭防犯カメラに関する研究会　最終とりまとめ（案）平成23年3月67頁。
[24]　警視庁犯罪統計書「平成26年の犯罪」206〜207頁参照。

されていれば，管理も相当と認められよう。保存期間につき，警察が設置する街頭防犯カメラでは，1週間7日と定めている都府県が圧倒的に多く[25]，民間事業者も，1週間程度を目安に消去していくことが望ましい。

4　留意点

大きな枠組みは以上のとおりだが，1点細かい点を指摘しておく。

◆　駅構内の防犯カメラについて

本事例では，電車内の防犯カメラについて検討したが，駅構内も同様に考えてよいだろう。平成26年に駅で発生した刑法犯の認知件数は，10,167件であり，暴行・傷害などの粗暴犯が2,558件，自転車盗などの窃盗犯が4,737件，器物損壊等が1,360件である[26]。窃盗犯，器物損壊等は犯行後に判明することも多く，ビデオ撮影・データ保存の必要性がある。粗暴犯は犯行時に犯罪事実および犯人が判明することが多いものの，他人の生命・身体に直接的に危険を及ぼすため，犯罪抑止の必要性が極めて高い(A5.1)。

防犯カメラは，設置と作動を周知させることで，犯罪抑止の効果も期待できるため，駅構内における防犯カメラの目的は相当であるといえる。態様についても，撮影方法や第三者へのデータ提供，周知やデータ管理につき，電車内と同様の枠組みで行えば相当性が肯定されよう。

5　おわりに

今後，鉄道をはじめとする民間事業者が設置・管理する防犯カメラはますます普及していくと考えられ，他方，被撮影者のプライバシーを侵害しないという要請もより強まっていくだろう。防犯カメラに対する世間の意識も，時代の流れとともに変化していくことが考えられる。事業者は，自社で定めた防犯カメラのガイドラインを常に見直し，時代に沿った運用を心掛ける必要があろう。

25　前掲注23・67頁。
26　前掲注24・200頁。

第1章　演習問題

1.1

事業部門からの質問に関し，それが前提としている条件のうち，特に確認すべきポイントは何か。

1.2

当該部門からの質問に回答するため，プリペイドカード導入に関する法的な問題点を整理した資料を，Ａ４用紙一枚で作成せよ。

2.1

利用規約のアップデートを検討している。どのような点に留意すべきか。

2.2

事業部門に対して情報管理対応の構築の重要性を説明する資料を，Ａ４用紙一枚で作成せよ。

3.1

インターネット広告の規制や運用に関する最新の事情を常に入手するために，どのような工夫がなされるべきか。

3.2

インターネット広告のあり方について，事業部門と共有すべきルールを簡単に整理した資料を，Ａ４用紙一枚で作成せよ。

4.1

事業部門による検討や交渉を支援するために，他にどのような方法が考えられるか。

4.2
　最初の事業部門からの質問（質問①）に対し，回答内容をＡ４用紙一枚で作成せよ。また，回答を文書にすることのメリットとデメリットを示せ。

5.1
　防犯カメラなどの設置場所や設置方法について，社内で誰がどのように決定すべきか。社内ルールを考えよ。

5.2
　本事例の２つの意見に対する共通の当社見解を，Ａ４用紙一枚で作成せよ。

ヒント

1.1

　顧客囲い込みのための自前のプリペイドカードを前提としている点は、特に確認が必要である（A2.31）。

　新たなシステムを導入する場合、自前で全て立ち上げることのコストや維持費など、ビジネス的な問題も重要であるが、法的にも、全て自前で検討するより、すでに導入されて実績もあるシステムに参加する方が、安全で低コストだからである。

　もちろん、規制の問題から、簡単に他社のシステムに参加できるとは限らないが、他社システムに参加することの可否や条件について、手間をかけずに調べられる程度で調べた上で、事業部門にその結果も踏まえて問題提起することで、事業部門の問題意識もより明らかになろう（A1.2, B1.5, A2.8）。

1.2

　まず、文書の目的やその影響である。

　これは、事業部門の検討資料として使われるだけでなく、さらに会社の機関決定の際の資料として使用される可能性も考えられよう。

　その場合、この資料が、法的な検討が適切に行われたこと、すなわちデュープロセスを果たしたことの証拠となる（A2.6, A2.12）。すなわち、もちろん事業部門や役員にとって分かりやすいだけでなく、この資料を見れば適切な判断がされたと証明できることも意識して、内容や記載方法を決めるべきである。特に、法的な問題を整理する資料だから、法的に重要なポイント、すなわち重要なリスクと、その程度やコントロールする方法などの記載が中心になる。

　本事例では、導入それ自体の問題だけでなく、導入後の社内体制に関する法的な問題点の整理も重要である。特に、顧客対応と行政（監督官庁）対応であろう（B1.2）。

　このうち前者は、これまでも一般顧客向けのビジネスを行っていたようであり、プリペイドカード発行に伴って新たに部署を設けるような組織法的な対応よりも、新たなプロセスの設計などのような手続法的な対応が中心になろう。

　これに対して後者は、特にこれまで規制事業を営んでおらず、行政対応の経験も浅い場合で、行政対応業務が質量ともに大きいと想定される場合には、例えばプリ

ペイドカード発行禁止などの処分が出されれば会社経営に多大な影響を与えることから，専門部署を作るなどの組織法的な対応も必要になり得る(A2.10)。

実際にどの程度の行政対応が必要で，どこまで対応すべきかという点については，本文記載のガイドラインの記載を注意深く読み込むだけでなく，本文記載の業界団体や，関係の深い会社で実際にプリペイドカードを発行している会社などに話を聞くなどの方法で情報収集することも考えられよう(A1.4)。

2.1

まず，文書の目的である。

本文中にあるように，そのまま修正を受け付けずに適用させる汎用性の高いものなのか，それとも先方との個別交渉に応じて修正することも想定される，契約書に近いものなのかによって，記載されるルールの内容も変わり得る。例えば，損害賠償ルールに関し，手数料を上限として一切例外を認めない，などのように，先方にとって厳しすぎるルールを，修正を受け付ける予定がない場合に記載してしまうと，事業部門の営業戦略に悪影響を与える可能性があるだけでなく，法的効力についてもリスクが高まりかねない。むしろ，取引先の納得を得やすく，法的リスクも小さい，例えば上限を設けない例外的な場合を予め合理的に定め，明記しておくような，すなわち最初から落としどころとなるべきルールを，最初から明記しておく方法も考えられる(A5.4)。

このように，文書の目的を明確にし，実際の用途を具体的に想像しながら，適切なルールを作り上げていくことが重要である(A2.31, A1.7, A2.8)。

次に，変更の可否である。特に，提供中のサービスに関する利用規約であれば，法的には契約内容の変更になるから，①全顧客の同意か，②変更権が会社にある旨の規定とそれに基づく変更手続のいずれかが必要となる。

このうち，①は現実的でないので，②のための規定を予め利用規約に入れておかなければならないことが，容易に明らかになろう。さらに，法的に可能であればそれで良しとするのではなく，顧客とのトラブルをできるだけ減らすための運用上の工夫も考えるべきである。

すなわち，利用規約の規定として，例えば「30日前までに通知することにより利用規約を変更できる」旨の変更の手続きを記載し，運用上は，実際に利用規約に則

るだけでなく，日にちに余裕をもった通知をすることや，顧客に対して詳細な説明を行うことなども検討すべきである (A2.28)。

なお，各種規制に沿った対応が必要なことも当然である。

例えば，利用規約を変更することにより個人情報の利用目的が変更される場合は，個人情報保護法の各種規制への配慮も必要になる。

2.2

まず，文書の目的である。

事業部門の担当者に対し，何がリスクであり，何に気づかなければならないか，を理解させることが最優先課題であり (A2.4, A2.8)，実際にどのように対応すべきか，というリスクコントロールの具体的な内容についてまで詳細に設定し，対応させることの優先順位は，その次であろう (A2.5)。

このように，リスクに気づいてもらう点が特に重要だが，事業部門の担当者に，「明確に個人情報に該当するわけではないのに，なぜそこまで気を使わなければならないのか」という疑問が残る限り，リスクのある状態に直面しても，リスクがあることに気づかず，会社としてリスクに気づかないまま業務が進行してしまう危険が残る。逆にいうと，それさえ気づけば，むしろ事業部門担当者の方が，情報管理上のトラブルについてさまざまな事態をイメージできるだろうから (A1.1)，ここでは，これをリスクであると納得させることがポイントになると思われる。

したがって，事業部門の担当者が，リスクの所在を納得できるようにする点を特に重視した内容の資料を作ることが重要である。

3.1

法改正だけでなく，規制や業界自主ルールの動向についても，ときどきネットで検索するなどして確認するほか，実際にどのようなインターネット広告がなされているのかを収集し，現状分析や法的検討，広告効果の検討などの勉強会を社内的に行う方法も考えられる。

さらに，当該分野に詳しい法律事務所からの情報提供を受ける（近時は，無料の情報提供も増えている）ほか，法律相談を兼ねた勉強会を開催してもらい，そこに事業部門からの参加も促すことで，事業部門の意識向上にも結びつけることも考え

られよう。実際にビジネスの現場にいる事業部門だからこそ気づく最新の状況認識や，問題意識も聞くことができ，会社全体のリスク対応力向上が期待される(A1.2, A2.4, A3.5)。

3.2

まず，文書の目的や影響である。

1つ目に重要なポイントは，事業部門側の感度を高めることである。

そのためには，例えばチェックリストのような方式，パワーポイントを使ったフロー図のような方式など，いずれも考えられよう(A2.3)。

ただし，現場の感度や判断力が未だ発展途上と思われるような場合には，詳細な問題まで無理に理解させようとするのではなく，まずはポイントだけを理解させ，怪しいと思えばすぐに相談に来るような内容を目指すべきである。すなわち，いきなり最初から「リスクコントロール」まで現場に委ねるのではなく，まずは「リスクセンサー」としての感度を高めることを心掛けるべきである。そうでなければ，自ら感じ，考えて行動する，という意識付けではなく，やれと言われたチェックをやっているだけ，必要な社内手続をこなしているだけ，という意識につながりかねないのである(A2.4, 2.5)。

2つ目に重要なポイントは，社内体制や社内手続の構築が適切に行われていることの証拠としての役割である(A2.10)。

したがって，教育的に，現場担当者の注意をひくために良かれと思って，会社の問題点を過度に強調するような表現をしないなどの注意も必要である(A2.25)。

4.1

より直接的な方法として，先方との交渉メンバーに法務部員や社内弁護士を加える方法がある(B2.3, A2.13)。

特に，提携契約の内容が複雑になる大掛かりな提携契約の場合には，両方の会社内部での検討や調整に時間がかかるが，法務担当者同士も交渉に直接加われば，社内調整に必要な時間を節約したり，社内調整の段取りをその場で確認しながら進めたりして，交渉のスピードを上げることが期待できる。法的な問題点の検討についても，軽度な問題であれば，参加した法務担当者で結論が出せるし，例えば社外の

法律事務所の見解が必要な案件であっても，そのような段取りを一方で進めながら，それ以外の論点についての検討を進めるなどの方法で交通整理することが可能である。交渉担当者としても，交渉の内容を一々詳細に再度説明する必要がなくなるだけでなく，交渉に参加する法務担当者が自ら直接疑問点を質問するなどして，メッセンジャーとしての役割も減らすことができる。さらに，法務担当者にも交渉の当事者として関与してもらうことによって，より積極的な交渉推進への協力が期待される。

他方，会社の法務は一切関与せず，指定する法律事務所のサポートを交渉担当者に与える方法も考えられる。

しかしこの方法は，個別事案の交渉としてだけ見ればともかく，会社の事業に与える影響を法的な観点からタイムリーに把握することを困難にしてしまうだけでなく，会社の現場や先端で行われていることについて法務部門の連携を困難にし，情報不足や現場感覚不足から，法務部門の対応力や発言力を中長期的に低下させることが懸念される。

両極端な例を出したのは(A3.7)，事業部門の自立や自覚の問題と，法務部門自身の関与の問題のバランスのとり方が重要なポイントになることを示すためであるが(A1.7)，いずれにせよ，実際にどのように業務が進行するのかを具体的にイメージし，役割分担の在り方を定めていくべきである(A1.9, B1.5)。

4.2

まず，文書の目的や影響である。

当然のことながら，質問に回答するのが主目的であるが，本文でも指摘されているとおり，単に質問に回答し，スキームの一部分だけ説明するのではなく，スキーム全体で考慮すべき問題や，それぞれの問題について考えられる対策なども示すことが好ましい。

さらに，これを文書によって回答すれば，担当部門がその文書を資料としてじっくりと検討することも期待できるし(A2.8)，事後的に問題になって振り返った場合でも，社内で十分な検討がなされたことの証拠として，社内の検討過程を記録に残すことにもつながる(A2.12)。

このように，質問事項だけに対する回答にとどまらず，より適切な提携スキーム

の構築に向けた有意義な情報提供になるような工夫がなされることが好ましい (A2.6)。

5.1

本文で検討したとおり，設置の必要性と合理性の両方を説明できることが必要である。

他方，1つ1つの防犯カメラごとに，例えば社外の法律事務所の見解をとることも現実的ではない。

そこで，本文で検討したような判断枠組みをルール化した設置基準を設け，さらに設置基準を満たすことの検証を行う手続きも設けることが考えられる。さらに，この基準や手続きについて，社外の弁護士にも検証してもらえば，ルールの合理性に対する期待も高まる。

このように社内ルールを定め，そのルールに従った運用をすること自体が，有効性の立証の際重要な機能を果たすことになる (A2.6)。

5.2

まず，文書の目的である。

文書の目的は，意見を表明してくれた顧客に対し適切に回答することにより，顧客を納得させ，当社の顧客対応の適切性を記録に残すことにある (A5.11)。

本件での問題は，その手法として，対立する異なる指摘に対し，一度に応える方法が，文書の目的に照らし，適切な方法といえるかどうかにある (A1.7)。

もちろん，事案によって不適切な場合もあるが，①対立する利害を示すことができること，②しかもその対立する利害を，会社が頭で考えだしたのではなく，実際に他の顧客から寄せられた意見であり，現実に存在する意見であることを示せること，③これらの指摘を踏まえ，会社はバランスを考えたルールと運用に努めている，という客観的で中立的な姿勢を明確に示せること，などのメリットがある。

● おまけ小説　法務の小枝ちゃん ●

第１章　ビジネスモデル

社長秘書の「お蝶夫人」からの内線電話を取った。
「小枝さん，今ちょっとよろしいかしら，社長室にお越しいただける？」
「はい，すぐ行きます，このメールを出してから。」

　ここは，埼玉の素材メーカーの工場兼本社。私は，父親の弁護士の顧問先のこの会社に社内弁護士として就職した。法律事務所勤務経験もないまま社内弁護士としてキャリアを開始したが，少し仕事のコツを掴めてきたような気がする。
　お蝶夫人は，緑川部長の力強さと違う，優雅さと余裕を感じさせる雰囲気を持っている。これもまた，同じ女性として憧れる。うちの会社には，大した男性がいないのに，素敵な女性が多いと思う。
　お蝶夫人と緑川部長は，たしか同期入社だったのではないか，２人の仲は良いのか悪いのか，などと考えながら，工場の中を見渡せる中二階の社長室に着いた。階段を上りながら，工場を見下ろすガラスの壁越しに，数名の役員が見えた。私の上司の青木法務部長もいる。
「失礼します。」
　扉を開けて中に入ると，青木部長が，お，待ってたぞ，そこに座れ，と指示した。
　隣にはすでに杉田茂が座っている。ちらりと私を見て，すぐに知らん顔をしているが，相変わらずこの女は来るのが遅いな，といっている顔つきだ。杉田は，去年まで人事課長だったが，今年からは営業企画部の課長だ。社歴が私より数年長いとはいえ，私と同い年，出世が早すぎる。しかし，ここまであからさまに「帝王学」を実践されると，さすがに文句をいう気にもならない。杉田は社長の息子だし，性格や口は悪いけれども，頭の回転の良さやフットワークの軽さは，さすがに将来の経営者と思ってしまうからだ。
　まだ来ていないのは誰だ，という社長の質問に，辣腕で有名な営業企画部の宗方部長が，うちの藤堂です，ちょっと大事なことを任せてるんで遅れてますが，あいつならすぐキャッチアップしますので，と受け答えしている。
　さて，そろそろ，と立ち上がった宗方部長が，説明を始めた。

「この会議は，杉田君，木ノ内君，藤堂君の3人に，これから取り組んでもらう仕事を説明するのが目的だ(B2.3)。各自忙しい中，無理して時間を作ってもらったことはわかっているが，大事な仕事なので，しっかりと話を聞いてほしい。」

音を立てないように，高い背を縮めて入ってきた藤堂先輩に，宗方部長は，そこに座れと顎で指示を出す。藤堂先輩の，肝心な話に間に合うところが素敵だ。爽やかなスポーツマンだし。あ，素敵な男性もいるじゃないか，この会社にも。

話はこうだ。

素材メーカーである当社は，現社長の時代になって，その素材の新たな活用の場をさまざまに提案し，その可能性を広げてきたが，いよいよ，新素材の開発に目途が立った。バイオ素材だ。

これまで油臭いあちこちの下町の工場（それはそれで好きなのだが）が取引先だったのが，都会的で近代的な工場が取引先になるかもしれない，という全社員の夢と希望の視線が集まっている話だ。

私も，一緒に飲みに行く技術部門の人たち(A2.9)から，何度も熱い話を聞かされている。技術者のひたむきさは，不器用だが，とても好きだ。

安い居酒屋で，開発の方向性について，私にとっては違いがさっぱり分からないことでやたら熱くなって口論する。仕事なんだし，割り切ればいいじゃない，と思うことに，涙を流しながら悔しそうに反論する。酒も肴も，同じものしか頼まない。同じ席にしか座らない。毎週木曜日と決まっている。お昼の席順も決まっているらしい。

新素材は，そんな彼らの熱い思いの結晶。とても大切なもの。

新素材，知ってるよ，だから何？

私の心の声をまるで聴いていたように，宗方部長は，

「つまり，この新しい素材を独占的に販売させて欲しいという会社が現れた。単に販売するだけでなく，商品開発のアドバイスや，ブランドイメージ構築の協力も提案している。その会社と，独占販売契約の交渉をまとめるのが，君たちの仕事だ。」

はい，と杉田が早速自分をアピールする。

その会社は，なんて会社ですか？

「鈴重商事だよ，医薬品と化学品で有名な商社だ。」

おお，かっこいいですね，報われますね。
うん，素敵じゃないか，いよいよ，って感じだな。
私と藤堂先輩が口々に喜んでいると，またしても杉田がでしゃばる。
「ちょっと待ってください，鈴重商事なんて大きな会社に独占販売権を与えたら，うちが飲み込まれませんか？　たとえ飲み込まれなくても，支配されてしまって，自由がなくなっちゃうんじゃないですか？　独占販売権は，もう決まったことなんですか？」
何だこいつ，せっかくの話に水を差して。うちみたいなちっぽけな会社が，鈴重みたいな立派な会社に振り向いてもらえる機会なんて，きっともう二度とないんだ。限られた素敵な恋の機会なんだから，ムードを壊さずに，早いうちに契約をまとめてしまった方が良いに決まってるじゃないか。社長が父親なんだから，アピールは家庭でしろ，会社ではちゃんと仕事しろ。

今晩，ちょっと付き合えよ，と藤堂先輩に初めて誘われた。
藤堂先輩は独身だよね，バツイチ？　どっちにしろ，たしかフリー。ラッキー。
渋谷だから，もしやと思ったけど，桜子といつも行くお店ではなかった。
タパス料理って，背伸びしたスペインの田舎料理，ってイメージ（失礼！）だけど，このお店は素敵。
ボトルでスパークリング入れようね。時間がかかるからパエリアを先に決めちゃうけど，パスタパエリアで良いかな？　お米のかわりにパスタがパエリアになっていて面白いよ，試してみなよ。
ニコニコと楽しそうに仕切る，仕切る，仕切る。宗方部長の右腕といわれていて，どれだけ怖いのかと思っていたけど，違った。ホッとする。
乾杯。藤堂先輩がニコニコとグラスを掲げる。
楽しい。キュッとする。
「あのさ，独占販売って，始まるまでに何を決めたらいいのかな？」
あ，お仕事の話ですね，そうですよね。何か違ったことを期待していたのですね，私．．．
「あ，はい，少し考えてたんですけど，最終的なビジネスモデルをどのような形にするのか，っていう契約交渉のゴールがあって，といってもビジネスにとってはそこがスタート地点なんですけど，その契約交渉のゴールに向けて，プロセスと，交渉に臨む体制を逆算して決めていくことかな，って思います。」

なるほど，テニスと同じだな，どんな球をどんな道具使ってどんな状況で打つのか，ということから逆算してフォームが決まるんだよ，小枝の説明，わかりやすいな。(A2.7)

ありがとうございます。

「法律の世界では，権利や義務といった中身に関するルールを実体法，プロセスのルールを手続法，会社体制や組織体制のルールを組織法といいます。ここでは，手続法や組織法的な体制をしっかり組んでから，実体法的な問題を解いていこう，という整理です。」(A2.6)

なるほど，あ，タパスがきた，タパスって，要するに前菜だね，熱いうちに食べよう，続けて続けて，僕が取り分けるから。

すみません，先輩にそんなことさせて。

「で，落としどころ(A5.4)の，実体法的な問題なんですが，むしろここは藤堂先輩に教えていただきたいところです。」

「ん，何？」

「独占販売だが，支配されるわけではなく，自分たちの自由を確保する，という杉田君の発言なんですけど，どう思いますか？」

「そこだよ。」

え，何？ 藤堂先輩？

「僕は最初，何だこいつ，と思ったけど，冷静に考えるとそのとおりだよね，押さえるべきポイントはここだ，と僕も思うよ。」

こういうのを帝王学，っていうんだよな，経営者目線だよね，といいながら，取り分けたお皿を渡してくれる。

パスタパエリアの前の腹ごしらえだよ。

「だからさ，独占販売だけど支配されず，自分たちの自由を確保するようなルール，実体法だっけ？ そういうルールを考える，っていうところが，小枝に期待されるんだよ。どう？ 楽しくなってきたね。」

そうか，杉田のこと，そこまで高評価なんだ，ふうん。。。

「そうですね，要するに『対等な独占販売』ですね。独占販売だけど，対等，って無理を実現するわけですね。」

「お，うまいこというね，『対等な独占販売』，いいね。雰囲気の違う言葉が組み合わさっていて不思議な感じだけど，やりたいことが伝わる。キャッチフレーズができたよ，それで行こう(A1.11, B6.3)。『対等な独占販売』をもっと形に

して，ルールにして，契約書にすれば良いんだな．それを積極的に提案して，交渉していくプロセスと，『対等な独占販売』を実現するための組織を考えるんだ．」

「組織は，宗方部長がプロジェクトリーダーで，役員会に毎月報告してくれればいいな．」

「プロセスは，鈴重と1週間に1回，いや，2週間に1回かな，いずれにしろ相談だな（A2.13）。杉田と小枝と俺が，先方の予備交渉チームとこまめに会う，ってことだな．ふむ，何かイメージできてきたね．」

あ，来た来た，パスタパエリアだよ，これも取り分けてあげるから．

藤堂先輩，すごいですね，あっという間にイメージ作り上げちゃいましたね，パスタパエリアが来る前に．でも，仕事のお話はそろそろ終わりにしませんか，せっかくパスタパエリアも来たんですし．．．

第2章

取 引

事例6　ECにおける1クリック購入導入の法規制

(石原一樹)

事例　インターネット通販サービスを運営している会社（ショッピングモール事業者[27]）が，Eコマース（インターネット通販）に関して，事業部の担当者から，以下のような相談を受けた。

商品を購入する過程で，現状は，カートに入れた後，購入確認画面を経て，購入完了となっているが，購入手続のステップが複雑なため購入者が途中で購入を断念する傾向がある。そこで，購入者の利便性向上の観点から購入手続のステップを少しでも減らすため，いわゆる「1クリック購入」を導入したい。つまり，購入者が買いたいと思った商品を「購入する」ボタンを1度押すだけで，購入確認画面を経ずに購入の完了まで進めるようにしたいが問題ないか。

このような相談を受けた場合，社内弁護士としてどう対応すべきか。

◆ 事例解説

1　はじめに

インターネット通販の取扱高は，今や全国のコンビニエンスストアの取扱高を超えるほどの規模になっている[28]。1人1台以上パソコンやスマートフォンを所有しているといわれ，日用品や生鮮食品まで取り扱われている今日，インターネット通販が日常生活に欠かせない存在になっている消費者も少なくないと思われる。

しかし，コンビニや百貨店のような対面販売方式と異なり，売主の顔や商品そのものが見えず，しかも，商品と引き換えではなく，商品が届く前に代金を支払うことが多いことから，売買契約の成立時期，取引内容などをめぐるトラブルになりやすい。そのため，このようなトラブルを回避するための方策が必要となる(A1.7)。

---

[27] 本事例では，売買契約の直接の当事者にならない事業者のことをいう。
[28] BtoC：9.5兆円（『平成24年度我が国情報経済社会における基盤整備（電子商取引に関する市場調査）報告書』），コンビニ：9.4兆円（http://www.jfa-fc.or.jp/particle/320.html）。

その方策の一環として，さまざまな規制がなされつつあるが，インターネット通販に特化した一元的な法律は存在しないため，特定商取引に関する法律（特商法）を中心に，購入者が誤った意思決定をすることを防止し，かつ取引内容を十分に確認できるようにする観点から種々の規制の運用がなされている。これらの規制は，所管する官庁も経産省や消費者庁など複数にまたがるため，多角的に把握する必要がある[A1.6]。

上記事例をもとに，種々の規制にどのような対応および手続きをすべきか検討する。

2 実体法的な視点

(1) 顧客の意に反する申込み：特定商取引に関する法律（特商法）

特商法14条1項2号では，主務大臣は，役務提供事業者が「顧客の意に反して売買契約の申込みをさせようとする行為」を規制しており[29]，その行為の詳細については，同法施行規則（16条1項1号，2号）で，①「あるボタンをクリックすれば，それが有料の申込みとなることを消費者が容易に認識できるように表示していないこと」，②「申込みをする際に，消費者が申込み内容を容易に確認し，かつ，訂正できるように措置していないこと」と定められている。

一般的には，購入にあたって最終確認画面を表示することで顧客の意思決定が明確になるように設計されている。

そのため，1クリック購入の導入により，顧客が申込みの意思表示をする上で必要な確認ステップを減らしたとしても，顧客の意に反する申込みをさせないようにする必要がある。

ここで，消費者庁が出しているガイドライン[30]によれば，上記①に関し，最終確認画面がない場合であっても，「私は上記の商品を購入（注文，申込み）します」と表示されていればこれに該当しないとされている。さらに上記②に関しても，申込みの最終段階で，申込み内容を確認した上で，「変更」や「取

---

[29] 主務大臣の指示に違反すると，刑事罰の対象となる（72条，100万円以下の罰金）。

[30] 「(別添7) インターネット通販における『意に反して契約の申込みをさせようとする行為』に係るガイドライン」(http://www.caa.go.jp/trade/pdf/130220legal_8.pdf)。

消し」が容易にできるようになっていることを要求している。

　このように，法令の条文だけでなくガイドラインまで参考にすることによって，例えば，以下の具体的な対応策によって，特商法のリスクを回避できる余地があると考える。

　すなわち，①に関し，「この商品を購入する」というボタンを大きなテキストとともに目立つように設置するとともに，②に関し，「購入する」ボタンの近くに，商品個数や送付先といった申込み内容の変更を容易にすることができるように案内をしておくのである（A3.1, A1.6）。

(2)　錯誤無効：電子消費者契約及び電子承諾通知に関する民法の特例に関する法律（電子消費者契約法）

　特商法だけでなく，商品の購入に関する契約を正しく認識していなかった（購入する意思がなかった）として，購入者の側から民法上の錯誤無効（民法95条）の主張による購入代金返還請求がなされる可能性がある。しかも，特別法である電子消費者契約法では，その3条で民法95条ただし書の規定（重過失による無効主張の制限）を排除している。

　この規定の趣旨は，電子商取引の簡便性・迅速性といったメリットを生かしつつ，消費者に錯誤が生じた場合に民法の原則を修正する点にあると考えられる。もっとも，上記適用排除の例外も規定されており，申込みや承諾の意思について確認を求める措置を講じた場合または，その消費者から当該措置不要の意思の表明があった場合（3条ただし書）に認められると規定されている。

　そこで，1クリック購入の導入に限ったことではないが，ショッピングモール事業者としては，購入者がみずから購入の意思を明確に認識し，錯誤に陥らないような購入プロセスの設計をすべきである。

　その上で1クリック購入を導入するにあたって参考にすべきは，経産省が具体的な解釈例を示している「電子消費者契約及び電子承諾通知に関する民法の特例に関する法律逐条解説」[31]である。つまり，錯誤を防止するために効果的

---

[31] http://www.meti.go.jp/policy/it_policy/ec/e11225bj.pdf。ここでは，錯誤には，①意思表示を行う意思がまったくない場合と，②意思と異なる内容の意思表示を行ってしまう場合がある，とする。

な確認措置の例として，①「送信ボタンが存在する同じ画面上に意思表示の内容を明示し，そのボタンをクリックすることで意思表示となることを消費者が明らかに確認できる画面を設置すること」，②「最終的な意思表示となる送信ボタンを押す前に，申込みの内容を表示し，そこで訂正する機会を与える画面を設置すること」が挙げられている。または，消費者が主体的意思により当該確認措置を不要とする意思表明をすることでも適用除外の例外に該当することになろう。

1クリック購入の画面設計にあたっては，ここで示された具体例のうち前者が，購入者の意思内容を明確にするという点では，前記2(1)での対応策と極めて類似することが着目される。

このことから，前掲注30のガイドラインは，形式的には，刑事罰が適用される構成要件の解釈を示していることになるが，実質的には，こういった申込内容を確認できるような表示をすることで，1クリック購入を導入しても購入の申込みの意思表示であることが明確になり，意に反する契約締結となる可能性を少しでも減少させることが期待できるであろう^(A1.6)。

3 組織法・手続法的な視点

以上の規制は，インターネット通販の拡大や新たなトラブルの発生に伴い，日々変化しており，どのように規制に対応すべきかが問題になる。実際，上記のとおり，どのように規制を解釈すべきかが問題になるのである。また，規制を待たずにトラブル予防策を講じるべき場合もある。

そして，インターネット通販サービス運営事業者として売買当事者間での取引が適切に実行されることへの対策を継続的に見直していくことが必要である以上，都度の判断においては，適切な判断プロセスを経ることも重要といえよう。

また，実際の売買当事者はショッピングモール事業者ではないことから，各販売事業者に対してどのようにしてトラブル予防策を遵守させるか，も問題となる。

(1) 判断プロセス

　ここで，具体的な判断プロセスとしては，社内で立法事実やガイドライン制定時の検討プロセスの記録などを精緻に確認することに加えて，他社事例や裁判例，監督官庁や消費生活センターの公表事例等を調査し，社内承認をとることで実施の可否の判断をすることである。

　さらに，上記検討材料に不足があると考える場合や，他社事例もないような革新的な取組みであるといえる場合には，法規制等に該当するリスクを社内で慎重に検討した上で，社外の法律事務所の弁護士から第三者的な視点で意見・アドバイスをもらい，客観的な判断材料とすることも考えられる(A3.5, A3.6)。さらに，監督官庁へ意見照会をすることで，その時点における規制官庁の態度を確認し，判断材料に加えることも考えられよう。

(2) 販売事業者のコントロール

　ショッピングモール事業者は売買契約の当事者ではないため，特商法上必要な表記など，売主がショッピングモール事業者の提供するシステム上で作成するページの表示内容については基本的には関知し得ない（事前審査をすること自体，現実的ではない）。とはいえ，買主に安心して購入してもらうためには，当該表示が適切になされていることを何らかの方法で担保する必要がある。そのため，売主に対して，何を表示させることが必要なのか予め周知徹底しておく必要がある。それにより，売主および買主双方にとって健全なモール事業を展開することができよう。

　また，特に個々の売主の裁量が大きいモールである場合，個々の売主に対して，1クリック購入ボタンを選択的に活用できるようにしておくこと，買主である顧客が1クリック購入で購入することを能動的に選択（オプトイン）することで，導入する方法も考えられる。

　ショッピングモール事業者としては，幅広い機能を提供するにすぎず，機能を利用するかどうかは利用者の自発的意思に委ねるという方法である。

4　留意点

　大きな枠組みは以上だが，細かい点を指摘しておく。

(1) 競合他社との比較

　インターネット通販の場合，購入手続や特商法に関する表記等の情報は一般的に公開されているため，大手を含む競合他社の事例を参考にすることが容易である。そのため，他社はどういう設計や対応をしているのかを研究することで，自社が優位性を保てるのか，または革新を起こすことができるのか等，参考になることが多い。具体的な法解釈までは分からないとは思うが，想像力を働かせることで，自社における対応に関しても選択肢が広がることになろう。

(2) クレーム対応コスト

　ユーザーにとって便利になり，事業者にとっては利益が上がるといった互いの利害関係は一致しているものの，必ずしも機能や仕様を変更することが，全ての関係者にとって常にメリットがあるとはいえない場合もある。ごく一部の変更であってもクレームに発展するリスクにもなり得る。そのため，予め想定される問合せ内容への回答を用意しておくなどの準備が必要になる。こういった対応にかかるコストも対応方針とあわせて検討しておく必要がある。

5　おわりに

　一口にインターネット通販といっても，BtoBやBtoCなどの利用者のメインターゲット，医薬品や酒類などの取扱商品，決済や物流などの付加的機能といった組み合わせが考えられることから，多種多様なサービスが存在している。今後も新しい枠組みのサービスが次々に出てくることが予想される。そういったサービスに関する法務的立場からの検討においては，それぞれに適用される規制法や関係省庁が異なるケースが多いことから，常に多角的な視点からの法解釈，適切な判断プロセスによる検討および判断が要求される領域といえよう（A1.1, A1.6）。

事例7　想定外の使用者による製品の使用

（寺尾博行）

事例

　メーカーであるX社では，販売代理店を通じて，企業や大学の研究室向けに，加熱実験用ヒーター「A」を販売している。また，X社は，実験用ヒーターの販売市場において，60％の高いシェアを有しており，その中でもAは，製造元の海外メーカーから日本での独占的販売が認められた，X社の主力商品である。

　Aを用いて物質の加熱実験を行う場合，最高加熱温度は300度に達する仕様の製品であるため，X社はAを含めた実験用ヒーターを，販売代理店を通じて事業者向け（研究用）にのみ販売しており，一般消費者向けには販売していない。しかし，最近インターネット上でAが転売される例が見受けられ，特にAは，家庭用ファンヒーターのような形状をしているため，X社内では一般消費者が購入してPL事故が起きないか，懸念する声が上がっている。

　営業部門より法務部に，以下の点についての検討依頼があった。社内弁護士としてどのように対応すべきか。

　① Aについて取扱説明書や注意書きの追加・修正を行うべきか。
　② 販売代理店に対し，Aの販売について何らかの制限を行うべきか。

◆ 事例解説

1　はじめに

　一般消費者が本件製品Aを使用したことでPL事故が発生することがないように対応するのであれば，Aについて，一般消費者による使用を前提とした安全装置を追加したり，家庭用と誤認をしないように仕様変更を行うことも考えられるが，Aは，研究者が実験で使用することを前提に製造されており，このような基本的な仕様の変更は難しい。また，仮に仕様変更するとしても，海外製造元メーカーが対応してくれるとは限らず，対応にも相当時間がかかることが予想されるため，仕様変更は現実的ではない。

　そこで，X社としては，Aの仕様を変更せずに，取扱説明書の修正やその他注意書きの追加を行ったり，販売代理店への販売中止や販売時の条件付加等に

より，PL事故の発生リスクを低減することが考えられる。

　ただし，Aに関して，X社はこれまで事業者間取引（販売代理店を介したBtoB取引）を行ってきたのであり，直接一般消費者との取引（BtoC取引）は行っていない。本件でPL事故発生の懸念が生じているのは，X社の意図しないところで，BtoBtoC取引が行われていることによるものである。X社は，ここでのBtoC取引に直接かかわってはいないものの，当該取引の可能性を認識しており，この場合に具体的にどのような対応を行うべきか，あるいは対応すべきでないのか，もし対応する場合には何ができるのかといった点について検討しておく必要がある[A1.7]。

2　実体法的な視点
(1)　取扱説明書等の追加・修正

　まず，PL事故による損害賠償請求のリスクを検討するにあたって，製造物責任法に基づく賠償責任の可能性について検討する。

　同法3条によれば，メーカーは製造物の「欠陥」による損害の賠償責任を負い，この「欠陥」とは，「当該製造物の特性，その通常予見される使用形態，その製造業者等が当該製造物を引き渡した時期その他の当該製造物に係る事情を考慮して，当該製造物が通常有すべき安全性を欠いていること」と定義され（2条2項），製品設計上の「欠陥」のみならず，取扱説明書など，製品に付随して表示される情報に不備がある場合にも，指示・警告上の「欠陥」があると評価される[32]。

　「欠陥」と評価されないために，取扱説明書等に記載すべき内容については，当該製品の性能，用途，危険性，想定される使用者層等の個別事情を考慮して，具体的な使用方法や，予見できる範囲での誤使用の危険性を，合理的に理解できる程度に記載していれば必要十分と考えられるだろう[33]。

　Aの外観は，一般的なファンヒーターと誤解される可能性があるが，実際は

---

[32] 指示・警告上の欠陥を認めた裁判例として，奈良地判平成15.10.8判時1840号49頁（給食用食器の破片により右眼受傷した事案）など。
[33] 升田純『警告表示・誤使用の判例と法理』（民事法研究会，2011年）24頁。

専門的な実験機器であり，例えば「はさみ」などの一般的な日用品とは異なって，一見して使用方法が明確ではない。そのため，取扱説明書等には用途・用法などをある程度詳細に記載しておく必要があるだろう。

問題は，「ある程度詳細に」とはどの程度詳細に記載するべきかである。

この記載の程度を検討する上では，実際に想定される使用者を前提に考えるべきである。ここで想定される使用者は，専門性を有する研究者であり，研究者の常識に属する部分について詳細な記載は不要と考えられるから，研究者が理解できる程度のAの製品情報や使用方法と，研究者に想定される誤使用等への注意を記載すべきということになる。

ただし，本件では一般消費者がAを購入する可能性があり，想定される使用者に一般消費者を含めて検討することも考えられる。この場合は，研究者向けに記載された説明を一般消費者にも分かりやすい表現で記載し，また一般消費者が行うような誤使用についても詳細に記載すべきであろう。

しかし，果たしてこのような対応を行うべきであろうか。

X社は，元々Aの一般消費者への販売を想定しておらず，実際の一般消費者の購入実態を把握していない状況であれば，一般消費者による誤使用のリスクを過大に捉えてしまっている可能性もある。また，そもそも最高温度が300度まで上昇するという，一般的な家庭用製品にはないAの特殊な危険性について，一般的な家庭用ファンヒーターと同種の説明をすることには違和感があり，かえって，研究者にとって重要な情報が伝わらなくなるおそれすらある(A1.1，A1.2)。

このように考えると，X社としては，取扱説明書において，研究者向けに必要十分な記載がなされているかを確認する一方で，一般消費者による購入リスクに関しては，例えば「本製品は専門的知識を有した研究者向け製品であり，専門的知識のない方のご使用は，危険であるためご遠慮ください」などの注意書きを同封したり，(2)で検討するように販売代理店に対して販売基準遵守を要請すること等を通じて，一般消費者を使用者としては想定しないこととし，むしろ一般消費者が使用しないように働きかける方向での対応を行うべきであろう。

(2) 販売代理店に対する販売基準遵守の要請

　販売代理店に働きかける方法としては，例えば，「Aを販売する相手方を研究者に限り，一般消費者には販売しないこと」「A販売の際には『研究者向け商品であり一般消費者による使用には危険を伴うこと』などの注意喚起を行うこと」「これらのルールを遵守しない事業者には転売しないこと」などのA販売基準を設け，販売代理店に遵守を求めることが考えられる。また，A販売基準に従わない場合にはAの販売を中止するなどのペナルティも設けることで，A販売基準の実効性を担保することも考えられる。

　ただし，本件でX社は実験用ヒーター販売市場[34]で60％のシェアを有していることから，独占禁止法上の問題，例えば，A販売基準に従わない販売代理店を自由競争から不当に排除してしまうことにならないか（拘束条件付取引，法2条9項6号ニ，法19条，一般指定13項）を検討しておく必要がある。

　この点については，第1に，資生堂東京販売事件の判例[35]が参考になる。化粧品の卸売業者が，特約店契約で義務づけられた対面販売を行わない小売業者との特約店契約を解約した事案であるが，最高裁は，このような対面販売等の販売方法に関する制限を課すことについて，「それなりの合理的な理由に基づくものと認められ，かつ，他の取引先に対しても同等の制限が課せられている限り，一般指定の13に定める拘束条件付取引に当たらない」と判断した。

　また，第2に商品取扱いを認めていない者への転売禁止により，結果として特定の者が当該商品を取り扱えなくても，消費者の利益となるような合理的理由に基づいた基準を設定し，他の流通業者にも同等の基準を適用しているのであれば，問題にはならない，というルールが公正取引委員会の流通・取引慣行ガイドラインに設けられた（選択的流通制度）[36]。

　本件でX社は，一般消費者の誤使用による事故が発生しないよう，安全性を確保する目的でA販売基準を設け，販売代理店に一律に遵守を求める場合には，拘束条件付取引に該当しないと考えられるであろうし，そうであれば，これを

---

[34] 本件は仮想事例であり，実際にこのような市場が存在することを前提にしない。
[35] 最判平成10.12.18民集52巻9号1866頁。
[36] 平成28年5月改正「流通・取引慣行に関する独占禁止法上の指針」(37頁)にて設けられた。http://www.jftc.go.jp/dk/guideline/unyoukijun/ryutsutorihiki.files/ryutsutorihikigl.pdf.

遵守しない事業者への転売を一律に禁止することも許容されるであろう。この場合であれば，A販売基準を遵守しない販売代理店に対してAの販売を中止することは，安全性確保のためにA販売基準を遵守してもらう上で必然的に伴う行為であり，許容されると考えられる[37]。

3 組織法・手続法的な視点

(1) 覚書の締結

販売代理店にA販売基準の遵守を求める場合，独禁法違反のリスクを回避するため，上記ガイドラインに従った対応であることを覚書等で明確にしておくべきである。具体的には，販売基準の内容と，一般消費者の安全確保の目的で販売基準を設定していることを明記した覚書の締結を，すべての販売代理店に求める必要がある。また，覚書の内容についても独禁法に詳しい外部弁護士のレビューを経ておくべきであろう(A3.5)。さらに，販売代理店との交渉・連絡を行う営業部署等にも，A販売基準の必要性や合理性について十分理解してもらう必要があるだろう(A2.10)。

(2) 覚書締結後のチェック

さらに，実際に販売代理店がA販売基準に従っているかどうかを，SNS，Webサイト等のチェックやユーザーへのヒアリング等によってモニターし，遵守していない販売代理店には改善を要請していくことが必要である。

4 留意点

(1) 社内コンセンサス

本件の対応は，全ての販売代理店との取引に影響を及ぼすとともに，営業部門以外の関連部署にも影響を与える内容であることから，実施にあたっては，社内でのコンセンサスを十分に得ておく必要があるだろう。例えば，「なぜA販売基準を設けなければならないのか」「何も対応しなくても特に問題ないのではないか」「覚書を締結したとしても，PL事故を100％防止できるわけでは

---

[37] 花王化粧品販売事件（最判平成10.12.18判夕992号98頁）。

なく，意味はないのではないか」といった反論や疑問も予想され，実施する場合にはこれらの内容についても十分に検討し，説明をしておくべきである(A2.28, B4.2)。

(2) 販売代理店との営業上の関係

営業部門としては，A以外の多数の製品も販売代理店を通じて販売しており，今回の要請によって販売代理店との関係が悪化し，他の製品販売に影響が出ることは避けたいと考えるであろうし，会社としても望ましいことではない。この点を重視すれば，販売基準を緩める方向での修正や，Aに限っての販売ルートの見直しなども考えられるであろう(A2.22)。

(3) 本件対応の意義

本件対応は「これをしておけば万全」というものではない。PL事故は製品の危険性，製品情報の不備，使用者の誤使用等のさまざまな要素が相まって発生するからである。

しかし，法的責任がなければそれでよいかというと，そうではない。一般消費者に被害が生じる可能性を認識した以上，少しでも事故発生の可能性を減らすよう努力することには，販売元としての道義的責任あるいはレピュテーションリスクの観点からも意義があるだろう(A1.1, A1.8, B2.2)。

5 おわりに

法務部への相談があった際に，何をどこまで対応すべきか，一義的に明確な回答を出せないことはよくある。そのような場合には法的観点からどのようなリスクがあるかを検討しつつ，実施する際には担当部署の意見も聴いて，実務上対応可能であるかどうかも確認し，「十分な情報」に基づき「十分な検討」を行うことで，説明責任を果たせるよう心がけるべきである（デュープロセス，リスクコントロール）(A2.31, A2.5, A2.6)。

事例8　企業向け保険商品の責任割合・手続き
（芦原一郎）

事例　日本でも最近注目されている海外の家電メーカーの製品に関し，製品の購入者が使用中に怪我をしたとして，製品を購入した家電量販店を相手として訴訟を提起した。家電量販店側は，購入者が本来の用法と異なる方法で使用したことが原因であると反論したが，家電量販店でのデモンストレーションで同様の使用方法を説明していたことが認定され，説明書を確認しなかった購入者の過失について相殺を認めたものの，家電量販店の説明不十分を理由に，請求を一部認容した。

保険会社は，家電メーカーの製品についてグローバルな保険を引き受けており，日本での当該製品も保険の対象であった。

家電メーカーは，当初はみずから責任はないとしていたが，実際に家電量販店側が一部敗訴した結果を受け，みずからも責任があるとして，保険会社に対し，保険金を家電量販店に支払うように指示してきた。

保険会社の社内弁護士として，どのように対応すべきか。

◆ 事例解説

1　はじめに

グローバルな保険は，保険会社によって名称や保険でカバーされる対象が異なるが，複数の国での事業をまとめて保険の対象とすることによって，それぞれの国ごとに保険に加入するよりも簡単で，場合によっては保険料が割安になることもある。何よりも，世界百数十か国の現地事業所などがそれぞれの国の法制度に適したサポートをするため，例えば，無資格者が販売した外国保険という理由により違法と認定されて保険料が無駄になってしまったり，コンプライアンスを遵守できない会社と評価されたりする危険が小さく，複数の国にまたがる事業を全て一括して保険でカバーできることから，海外の企業から長く支持されている保険商品であり，今後は，特に海外での事業経験の浅い企業などを中心に，日本でも支持されていくことが期待されている。

本事例は，海外の家電メーカーが一括して加入した保険であり，製品に基づ

く損害賠償責任などを補償する保険に関する問題である。日本での一般的な保険に比べ，補償対象が広く，免責の範囲が狭いのが特徴であると言われるが，だからといって，製品と無関係な損害賠償責任まで補償の対象とはならない。

すなわち，訴訟では，被保険者である家電メーカーは訴訟当事者でなく，家電量販店の責任が認められたにすぎないこと，しかも，家電量販店の説明が不適切であったことが主な原因とされていること，などから，家電メーカーの責任はなく，したがって保険金を支払うことができないようにも見えるのである。

2 実体法的な視点

けれども，実際に家電メーカーも共同被告となっていたらどうなっただろうか？

民事の過失責任は，予見可能性（予見義務違反）と回避可能性（回避義務違反）であるとされている。本事案でも，誤った使用方法について，予見可能であり，それを避けるために説明書だけでなく，販売会社に対する説明資料にも誤った使用方法を説明しないように，あるいは，誤った使用方法に対する注意喚起をするように記載し，購入者による誤った使用を回避すべきだった，と認定されれば，家電メーカーも責任を負うことになったはずである。

また，購入者の請求自体を争う段階では，責任を否定する主張をしていても，裁判所により責任が認定されれば潔くそれを受け容れることも，企業の行動としてあながち不適切ではなく，家電メーカーの主張の変遷だけを理由にそれを不当と評価することもできないであろう。

法律構成としては，家電量販店の責任（不適切な説明）と家電メーカーの責任（不適切な説明など）が，共同不法行為として不真正連帯債務の関係にあり，被害者としてはそのいずれかに対して全ての賠償を請求でき，加害者内部での責任分担は，求償の問題である，と整理されよう。すなわち，家電メーカーは被告でなかったからといって，責任を免れないのである。

次に，もし家電量販店だけでなく家電メーカーの責任も認めることになれば，その責任の割合やその根拠が問題になる。すなわち，家電量販店からの求償に対して，どこまで応じなければならないのか，という問題である。

この点は，結局のところ具体的な事案に応じて判断せざるを得ない。製品そ

のものの問題（設計上の問題や品質上の問題など）や，家電メーカーとしての説明不十分などの要素が大きければ，家電メーカーの負担割合が大きくなり，家電量販店の販売方法の問題が大きければ，家電量販店の負担割合が大きくなる。

このように，実際に家電メーカーが共同被告になっていたらどのようになっていたのか，という視点から，家電量販店が敗訴した判決を詳細に検討し，家電メーカーの責任の有無やその割合を検討する必要があり，訴訟当事者でなくても，家電メーカーが一定の責任を負う可能性は十分にあり得るのである。

法務は，家電メーカーが訴訟当事者でなかったという形式的な理由だけで安易に結論を出さず，実体法的に責任を負う可能性があるかどうかを見極めなければならない。不法行為法に関する知識や検討が必要なのである。

3 組織法・手続法的な視点

次に，仮に家電メーカーに何らかの責任があるとした場合に，どのようにその責任割合を確定し，保険金を支払うのか，という手続きを考えなければならない。

というのも，保険金を払いすぎれば，保険会社の経営にマイナスになるだけでなく，一部の保険契約者を優遇したと評価されかねないし，逆に保険金の支払額が少なすぎれば，保険契約者との契約を履行していないことになりかねないからである。多すぎても少なすぎても問題が生じる場面で，責任割合という基準の曖昧な難しい判断をすることから，判断過程のプロセスを適切にすることで，保険会社としての責任を軽減する必要があるのである (A1.7, A2.6)。

(1) **慎重な手続き**

ここで，手続的に最もしっかりとしたプロセスは，家電メーカーも訴訟当事者（共同被告や補助参加人）として裁判所の判断を受けることであろう。家電量販店と家電メーカーの責任割合まで裁判所が示してくれるかもしれないし，そうでなくても，少なくとも家電メーカーに責任があるかどうかについての判断が示されるし，責任割合に関するヒントも示されると思われるからである。

けれども，本件事案で，家電メーカーは訴訟に関与していない。

そこで，例えば法律事務所の意見書をもらい，責任割合について，専門家の立場から検証し，意見をもらうという方法が考えられる。裁判所ほどではないが，客観的な立場の専門家の意見であり，内容にもよるものの，客観性を認められる可能性が高いと評価できるであろう(A3.5)。

また，調停などの手続きを経ることも考えられよう。中立的な第三者の意見を聞けるからである(A.5.7)。

(2) 簡易な手続き

さらに，わざわざ裁判所や法律事務所の見解を得るほどのこともないような，比較的軽微な案件であれば，より簡便な方法も考えられる。

すなわち，社内弁護士が裁判例を調査し，事案を分析しながら，家電メーカー，家電量販店と議論し，過失割合を決めるのである。

たしかに，裁判所のような中立的な第三者の判断が示されるわけではないが，それぞれの立場から主張を交換している点では，一方当事者の意見だけに基づく意見書よりもむしろ中立性が高いと言えるし，当事者の議論の内容を保険の専門家である（社内）弁護士が検証しているのだから，専門性が高いとも言えるのである。

そもそも，企業間の責任割合については裁判例自体が少なく，仮に裁判所で家電メーカーと家電量販店の責任割合を決定する場合であっても，厳密な基準があって決定されるのではなく，ある程度，「えいや」で決定される性質のものである。裁判所よりも，むしろ業界関係者である当事者の方が，業界のルール，製品の問題点，顧客対応のあり方などについて熟知しており，より専門的であると評価される場合もあり得よう。

4 留意点

大きな枠組みは以上のとおりだが，いくつか細かい点を指摘しておく。

(1) 責任割合の見極め方

いきなり，3対7だ，などと結論を出すのは難しい。責任割合は，2段階で考えると良い。

具体的には，まず家電メーカーの責任と家電量販店の責任のどちらが大きいのか，という見極めから始める。半々，あるいはどちらかの責任の方が大きい，という評価であり，このような見極めだけで3分類できるのである。

次に，それぞれの分類の中で，どの程度差があるのかを検討する。

半々の場合，例えば，若干，家電メーカーの責任の方が大きそうだ，ということであれば，6対4，ということになろう。

また，家電メーカーの責任の方が小さい場合，例えば家電量販店の責任の方がはるかに大きそうだ，ということであれば，2対8，あるいは1対9，ということになろう。

(2) 機会損失が問題となる場合

例えば，家電を購入し，怪我をした購入者が，そのために大事な仕事を逃してしまった，として機会損失の賠償も求めることがある。この場合，日本の損害賠償のルールと，保険の構造の両方に対して理解が必要である。

すなわち，日本の損害賠償のルールとしては，過失と因果関係と損害の立証によって責任の発生する「通常損害」と，これに加えて債務者の予見可能性が必要とされる「特別損害」があるとされている。この特別損害は，単に立証が難しい，というだけでなく，要件（予見可能性）が加重されており，実体法上の違いがあるのである。「間接損害」「機会損失」などがこれに該当する場合が多いであろう。

したがって，家電の購入者が怪我によって機会損失を被った，という損害については，予見可能性があったのかどうかが検討されるのである。

次に，保険の構造としては，他の保険との役割分担である(A1.6)。

すなわち，会社の収益を補償する保険や特約が別にある場合には，機会損失はそのような別の保険や特約によって補償されるもので，本件損害保険の補償対象外という解釈につながりやすく，そのような役割分担が図られていない保険の場合には，本件損害保険の補償対象内という解釈につながりやすいのである。

(3) 保険契約者の協力

　被保険者である顧客企業にとって，他社に損害を与えたということは，風評として決して好ましいことではなく，多くの場合，損害賠償責任は発生していないとして争うことになる。

　ところが，顧客企業が，保険金が支払われるのであればそれで簡単に済ませようとして，本来であれば責任がないにもかかわらず，安易に責任を認め，保険金の支払いを請求してくる場合がある。

　このようなモラルハザードを認めていると，保険制度は破綻してしまうため，被保険者に損害賠償責任が発生するかどうか，厳密に審査しなければならない。

　けれども，顧客企業が，必要な資料の提出を渋ったり，十分な説明をしなかったりすることで，損害賠償責任を認めざるを得ない状況になる場合がある。

　その場合には，翌年の保険料が高くなったり，同じ製品について保険の対象から外したりする可能性があることなどを説明し，審査に対する誠実な協力を促すことになる (A3.3, A1.1)。

5　おわりに

　国際的な企業保険の場合，諸外国の支払部門や法務と連携すべき場合もあるが，基本的には国内法の解釈や運用を知ることが重要である。その意味で，国内法の調査ができるだけでなく，訴訟などを実際に担当した経験などが活用される領域であろう。

事例9　契約手続の合理化
スポーツ選手・用品
（吉田重規）

事例　スポーツメーカーA社の法務部は，スポーツ選手との広告宣伝契約（以下「アドバイザリー契約」という）について，統一ひな形を作成することとした。従来は，契約選手が多種の競技にわたることや，代理人や所属チームの有無で当事者数が異なること，契約金やボーナスの有無などの条件面が相違することなどもあり，契約書の構成・規定は似通っているものの，汎用的なひな形がなかった。

ひな形作成の契機の1点目は，アドバイザリー契約の担当部門であるマーケティング部から，自社の契約上の権利内容が，噂で聞く競合他社の権利内容と比較すると弱いように思うため，対処を検討してほしいと依頼されたことにある。2点目は，法務部内でも，汎用的なひな形がないため，業務効率が悪いことが認識されていたことがある。特に，春先の各種スポーツシーズン開始前には，マーケティング部から膨大な数の契約作成・検討依頼があるが，株主総会の準備等が重なる時期でもあり，契約業務の遅れもたびたび生じていた。

統一ひな形の作成を指名された法務部担当者は，ひな形の導入だけでなく，アドバイザリー契約業務での法務と担当部門との役割分担について従来から疑問を持っていたため，この機会に根本的な改善をしたいと考えた。アドバイザリー契約業務はある程度パターン化された契約を作成・チェックするのみで，契約金額が小さいものも多く，時間は取られるわりに，法務が関与することによる付加価値をあまり生まないものが多いからである。法務部担当者はどのようにひな形の制定，運用の改善を進めるべきか。

◆ 事例解説

1　はじめに

スポーツ選手やスポーツチームを用いたプロモーション活動は，スポーツメーカーの業績に多大な影響を与えるため，各社とも，莫大な費用を投じている。スポーツ選手，スポーツチーム，競技団体等とのアドバイザリー契約は，このプロモーション活動に不可欠である。メーカー各社は，競合メーカーとの間で，有力選手や人気チームの囲い込みだけでなく，将来有望と目される選手

の青田買いに，凌ぎを削っている。

　一方で，数が多いものの，スポーツ選手個人との契約で取り決めるべき内容は，契約相手によってそれほど異ならず（当然ながら，スポーツチーム・競技団体等との契約内容は，所属選手・上部団体との権利関係の調整やライセンスビジネス等も絡み，より複雑で多様である），契約業務の効率化を図りやすい分野である。

　契約業務への法務の関与形態は会社によってさまざまのようであるが，本件では，アドバイザリー契約全件を法務が作成・検討している状況を前提とする。

2　実体法的な視点

　一般に，アドバイザリー契約では，以下のようなルールが定められる。

(1)　メーカーの権利
　① 選手の肖像等の使用権
　② 選手の出演を受ける権利（撮影・イベント等）
　③ 選手の名称を冠したいわゆる選手モデルの製造販売権
　④ 試合等の公式活動において，選手にメーカー商品を着用させる権利
　⑤ 商品開発，広告宣伝活動等についてアドバイスを受ける権利

　競合排他が基本だが，有力選手は，商品カテゴリーごとに異なるメーカーと契約する場合も多い。また，所属チームの契約や大会規則等により，一定の場面では契約商品を着用できないこともある。

(2)　選手への対価（②以下は一部有力選手のみである）
　① 商品の無償提供
　② 基本契約金
　③ 活躍に応じたボーナス
　④ 選手モデルの売上に応じたロイヤルティ

(3) その他の条件
① 契約期間
一般には1年契約が多いが，メーカーがマーケティング戦略の主軸におく有力選手には，成績の下降や負傷等のリスクを考慮しても，長期間の複数年契約を提示することもある。
② 契約更新条件
契約更新の協議について，契約期間終了時まで，メーカーに独占交渉期間が設定されていることが多い。独占交渉期間終了後も，メーカーが他社に優越する条件を提示した場合は選手に契約義務が生じるという規定も見受けられることがある。
③ 解除事由・損害賠償
選手の商品着用義務違反は重大な契約違反を構成するとされることが多い。また，近時の社会情勢を受け，スポーツ選手の不祥事やドーピング違反は重大な契約違反として明記される傾向にあるようである。
④ 契約金減額
選手が負傷等により試合に出場できなかった場合，一定の成績を収めることができなかった場合等が，契約金の減額事由とされていることも多い。

(4) 権利強化
契約上の権利強化については，商品カテゴリーや着用義務がある場面を明確化すること，解除事由・損害賠償事由・金額を明確化・厳格化すること，契約更新条件をより有利なものとすること等が考えられるであろう。また，特に複数年契約の場合，リスク回避のため，解約可能事由や契約金減額事由を規定しておく必要性が高まる。

(5) 法的専門性の要否
アドバイザリー契約の主たる構成要素は以上の程度であり，おおむね，実務担当者であれば当然に理解，考慮すべき事項であろう。これとまったく異なる発想のルールが必要となる場面はあまりなく，契約金額・期間等にもよるが，一般的には類型的にリーガルリスクの低い契約である。

3 組織法・手続法的な視点

(1) 契約業務の業務分掌

一般的な内容で金額も小さい契約書についてまで法務チェック依頼がくるという慣習が定着しているのはなぜだろうか。

そこには，契約書はビジネスを進めるために必要な，稟議書や精算申請書などと同じ書類にすぎない，法務は，そのような雑用を処理する業務を担当している，という意識があるように思われる。

けれども，契約書はリスクをコントロールする重要なツールであり，ビジネスを担う各担当部門がみずから使いこなさなければならないものである(B2.1)。みずからリスクに気づき，みずから契約書に記載されたルールについて先方と交渉して，みずからこれをコントロールしなければならない。交渉過程を知らない法務が，満足なリスクコントロールを行えるはずがなく，簡単な内容だから，と法務に投げることなど，ビジネスに対して責任を感じるのであれば，決してできないはずである(A2.5, A2.6)。

むしろ，一般的なアドバイザリー契約のような定型的契約全てについて法務を関与させることで，法務・担当部門の双方に法務チェックという無用な業務負荷が生じ，本来業務に悪影響を及ぼしかねない(A2.17)。

そこで，法的なリスクもビジネス上のリスクの一部であり，本来は担当部門自身がコントロールすべきであること，法務はその重要性に応じて担当部門をサポートする役割であること，を明確にし（業務移管など），定着させていくことが重要となる(B1.5)。

(2) ひな形の活用

ひな形は，このような業務分掌の実効性を高めるツールの1つとなり得る。

すなわち，法務は，担当部門が使いやすいひな形の整備とその使用方法の指導により，担当部門で自己完結できる体制を構築し，担当部門は必要がある場合にのみ法務のアドバイスを求めるよう導くことが可能になる。

具体的には，担当部門に使いやすいひな形のフォーマットとして，商品カテゴリー・金額・期間等の個々の契約で異なる条件面について記載する一覧表と，普遍的に適用され，原則として変更を認めない約款本文という立てつけとする

などの工夫をすべきであろう。契約ごとに確認すべき条件が一覧表になることで，契約交渉の理解が進み漏れがなくなり，契約内容の把握も容易になり，契約管理も効率的になることが期待できる。

　他方，原則として修正を認めない約款本文には，解除事由，損害賠償，更新条件等，共通化できる条件を定めるが，この機会に，現実的な範囲で有利な記載とすることにより，権利強化を図るべきである。例外的に約款本文を変更する場合もあり得るが，代表的な場合の記載例を示し，記載欄を工夫し，充実させていくことで，担当部門も交渉の参考にすることが可能になり，自らの業務であるという意識を醸成させることにつながるであろう。

(3)　ひな形の導入

　ひな形の導入には，担当部門が，仕事を押し付けられたと思うのではなく，ひな形を活用しようと思うためにも，検討段階から担当部門の意見を聞くなど，広く関与させることが重要である (A2.19, A1.4, A7.3)。

　さらに，例えば継続的に契約している選手について，当社の権利強化のための交渉は，選手にとって不利益な条件変更になるから，個別交渉であると抵抗が大きく，難航すると考えられるが，ひな形を全社一斉に導入することをきっかけにすると，全選手同一の条件であると説明でき，比較的納得が得やすい[38]。

　このように，ひな形導入のプロセスにも工夫して，ひな形の定着を通した会社全体のリスクコントロール体制の適正化を目指すのである (A2.5)。

4　留意点

　大きな枠組みは以上のとおりだが，その他の留意点を指摘しておく。

(1)　状況に応じた早期関与

　例えば契約相手が超一流選手になると，契約内容の重要性が上がるだけでなく，契約交渉に非常に長けた大物代理人がついて，契約交渉が困難になる可能

---

[38] これを裏返すと，例外条件は1つ認めるとすぐに拡大してしまうため，基本的に認めるべきではない。

性もある。重要性や困難度の高い案件については可能な限り早期に関与し，契約交渉戦術や必要となる社内手続のアドバイス等も含め，法務とし貢献できる点について惜しみなくサポートをすることが求められる（A2.9, A2.13, B1.5）。

(2) 業務移管に際しての注意点

ひな形の制定だけでなく，業務移管まで行えば，会社全体のリスク対応力向上の観点から好ましいことは上記のとおりだが，法務の適切な関与も不可欠であり，最低限のリスクコントロールのためには，決して法務の関与がなくなるのでなく，必要に応じて随時サポートを受けられるということを明確に認識させておく必要がある。一定金額以上のアドバイザリー契約は，法務の検討を必須とする合意をしておく等のリスク回避策も検討すべきであろう。

また，一度に大きく運用を変更することは混乱を招き得るため，例えば1年目は，統一ひな形の制定と担当者による作成は求めるが，全件を法務がチェックは行い，2年目以降に，法務による契約チェックをなくし担当部内で完結する体制とする等が考えられる。

誤った運用による混乱やリスクの回避のためには，各年シーズン前の説明会の開催，状況のチェック等のフォロー体制も検討すべきであろう。

5 おわりに

本件の事例はやや極端かもしれないが，意義が乏しい業務や不効率な業務のため，本来法務が果たすべき役割に注力することができないという状況はままあるのではないかと思う。従来業務の変更は部署内外の反対等に合うことも多く，一時的には労力が必要となるが，長期的には確実にプラスになる。その際には，変更に伴い生じ得るリスクのコントロールなどに十分に配慮することが必要であるし，関係者にもそれを見せることにより可能な限り理解を得て進める必要がある。法務部員は，管理職でなくとも，自社の状況の中で法務が最大限貢献し，会社全体のリスク対応力を向上させるためにできることはないかという視点を常に持つことが重要である（B1.5, A7.2, A2.4, A2.5）。

70　第2章　取引

事例10　ビジネスにおける著作権
パンフレットに他者作成のグラフ等を使えるか　（片柳真紀）

事例　事業部門から法務部に対し，以下の相談があった。
　講演会において，ある医師に当社製剤の対象疾患について講演をしてもらうこととなった。講演後に，講演の内容を数頁にまとめたパンフレットを作成し，医薬情報担当者（MR）が医療機関に配布する資料（販促資材）として活用するつもりである。
　当社は，医師が講演の中で用いていたグラフ，図，写真それぞれスライド1枚をパンフレットに使用したいと考えている。グラフは，生体に製剤を投与した場合と投与しなかった場合の生存率を時間ごとに比較したデータを示した折れ線グラフである。図は，製剤の生理作用を絵と文字で分かりやすく説明したものである。どちらも，医師自身の作成資料ではない。写真は，医師が，視察先研究所の事務員にカメラを渡し，研究所看板前で撮ってもらったスナップ写真である。
　当社は，当該医師から，講演の内容をパンフレットにまとめることの許諾を得ているが，その他必要な手続きはあるか。

◆ 事例解説

1　はじめに

　医薬品製造販売業では，新薬開発のみならず既存製剤の新規効能追加のための活動も粘り強く行われている。特に，生物由来の医薬品は，原料の成分が決まっているため，新薬開発が難しい分野であり，既存製剤の新規効能追加は，これまで有効な治療法がなく困っていた患者のニーズに応える重要な活動である。そのため，医薬品製造販売業の研究開発部門は，基礎研究，臨床試験，承認申請手続に対する努力を惜しまないのである。
　もっとも，新規効能追加承認を得ただけでは，その治療法は患者のもとに届かない。医療機関に対し，新規効能を理解してもらい，当該治療法を採用してもらう必要がある。そのため，医薬品製造販売業の事業部門においては，医療機関の理解を得られるように，さまざまな工夫をしている。

その工夫の1つが，医師などの専門家に講演会において当該疾患についての講演をしてもらい，講演の内容をパンフレットにまとめ，販促資材として活用するという方法である。もちろん，この講演の内容が科学的・客観的知見に基づく公正なものであるべきことはいうまでもない。

パンフレット作成は，講演会に参加していない医療機関に対しても講演内容を提供する大変有用な方法の1つであり，多くの医薬品製造販売業者が利用している方法である。その一方，他者の発言や資料を利用する方法であるため，法務部では著作権法上問題がないかと相談を受けることが多い[A1.7]。

前記の事例をもとに，販促資材に関する法律相談について，どのように対応したら良いか検討する。

2 実体法的な視点

(1) グラフについて──著作物に当たるか

そもそも，本件のグラフが著作権法上の著作物に当たらなければ著作権侵害は成立しない。著作物とは，①思想または感情を②創作的に③表現したものであって，④文芸，学術，美術または音楽の範囲に属するものをいう（著作権法2条1項1号）。

本件のグラフは，生体に製剤を投与した場合と投与しなかった場合の生存率を時間ごとに比較したデータを示した折れ線グラフである。実験結果のデータ自体は，事実であって，①思想または感情でない。

また，そのデータを折れ線グラフという一般的な手法に基づき表現したのみの本件のグラフは②創作性もなく，著作物に当たらない。

したがって，本件のグラフをパンフレットに使用することについて，グラフ作成者の許諾を得る必要はない。

(2) 図について──適法な引用か

本件の図は，当社製剤の生理作用を独自の絵と文字を組み合わせて分かりやすく説明するものであり，著作物に当たる可能性が高い。

しかし，著作物であったとしても，著作権法32条1項の引用に当たる場合には，著作権者の了解を得ることは不要である。同項は，「引用は，公正な慣行

に合致するものであり、かつ、報道、批評、研究その他の引用の目的上正当な範囲内で行われるものでなければならない」と規定し、最高裁の判例[39]では、①明瞭区別性（引用して利用する側の著作物と、引用されて利用される側の著作物とを明瞭に区別して認識することができること）、②主従関係（前者が主、後者が従の関係にあること）の2要件を適法な引用の要件としている。

本件の図は、医師の説明内容を視覚的に補足するものであり、数頁のパンフレットに対し1枚のスライドに収まるものであるから、質的にも量的にも、パンフレットが主で、図が従の関係にあるといえる。パンフレットを作成する際に、図を枠内に収め引用元を明示して、引用した部分を明確に区別できるようレイアウトするのであれば、適法な引用として認められる。

したがって、本件の図をパンフレットに使用することについて、図作成者の許諾を得る必要はない(A3.1)。

(3) 写真について——自分の肖像写真の著作権について

本件の写真は、医師しか写っていないが、撮影者の許可が必要か。

まず、写真の著作物性について、裁判例[40]は、「肖像写真であっても、被写体のもつ資質や魅力を最大限に引き出すため、被写体にポーズを取らせ、背景、照明による光の陰影あるいはカメラアングル等に工夫をこらすなどして、単なるカメラの機械的作用に依存することなく、撮影者の個性、創造性が表れている場合には、写真著作物として、著作権法の保護の対象になる」としている。

本件の写真については、スナップ写真ではあるが、医師の顔と研究所の看板がよく写るように配置や角度を工夫して撮影されたものであり、著作物に当たる可能性が高い。また、本件の写真の著作権は撮影者の事務員にあり、当然に医師に譲渡されたと解釈することはできない。

したがって、本件の写真をパンフレットに使用するためには、原則として撮影者である研究所の事務員の許諾が必要である。

ただし、本件の写真は、研究所の事務員が医師の依頼に基づき撮影した上、

---

[39] 最三小判昭和55.3.28民集34巻3号244頁〔モンタージュ写真事件〕。
[40] 東京地判昭和62.7.10判時1248号120頁〔真田広之ブロマイド事件〕。

写真のデータが入ったカメラごと医師に渡している。以上の態様からすると，研究所の事務員は，医師に対して写真の使用について黙示の許諾をしたと解釈される可能性が高いと考えられる(A3.1)。

3　組織法・手続法的な視点
(1)　対応はコンサバティブに
　著作物利用に対する姿勢は，企業ごとにさまざまだと考えられる。例えば，権利侵害の可能性があっても訴訟提起の可能性が低ければ許諾なしに利用する，訴訟提起の可能性があっても勝訴可能性が高ければ許諾なしに利用する，訴訟提起自体を避けるためできる限り許諾を得るなどである。

　著作物の利用に関して相談があった場合には，もちろん著作物性，引用該当性，黙示の許諾の有無などを検討すべきである。しかし，例えば，引用該当性については，前記最高裁判例の2要件によらずに判断する裁判例[41]も出てきて，実務も揺れ動いている状況であり，著作権侵害の有無については判断が微妙な場合が多い。

　そのため，予防法務の段階では，著作権侵害であるか否かについてコンサバティブに判断し，リスクがある場合には慎重に許諾を取って利用する，引用元を明示するといった対応が望ましいと考える(A2.5)。

(2)　相談内容に縛られない
　「この資料を利用することは著作権侵害にならないか」という相談について，検討内容を著作権侵害の有無のみに絞ってはならない。なぜならば，著作権侵害はなくとも，他の権利を侵害している場合があるからである。

　例えば，本件の写真の事例について，医師が視察先の研究者とともに写っていた場合，著作権法上は問題がなかったとしても，研究者の肖像権を侵害する可能性がある。また，研究所の機械など営業秘密が写り込んでいた場合，研究所の営業上の利益を侵害する可能性がある。

　この場合，「行為態様からすれば事務員の黙示の許諾があると考えられるの

---
[41]　知財高判平成22.10.13判時2092号135頁〔絵画鑑定書事件〕など。

で，著作権侵害は構成しないと考えられます」という回答では足りない。

加えて，「研究者の肖像権に配慮して，研究者の許可を取る，顔が判別できない写真を選択する，顔が判別できないよう加工する等の対応を取るべきです」「研究所の営業上の利益に配慮して，研究所の許可を取る，機械の細部が判別できないよう加工する等の対応を取るべきです」との回答までが求められているのである (A1.1, A2.31, A1.9)。

(3) 抽象論に逃げ込まない

担当社員が，本件のパンフレットに，社員自身の描いたイラストを載せようと考えているが，そのイラストが著名なキャラクターに似ているように思い，「これは著作権侵害ですか」と法務部に相談に来たと想定する。

その際に，「そのキャラクターに依拠しつつ，表現上の本質的な特徴の同一性を維持し，その特徴を直接感得しうる場合には著作権侵害になります」という答えは間違いではないが，社員の求めている答えではない。

例えば，判例上著作権侵害と認められた事例を見せて，「この程度でも判例では著作権侵害と認められていることからすると，そのイラストは著作権侵害に当たる可能性が高いと思う」などと具体例を出すとよりニーズにあった回答になる (A2.7, A1.11, A1.2)。

4 留意点

大きな枠組みは以上のとおりだが，いくつか細かい点を指摘しておく。

(1) 許諾の範囲について

本件では，医師からパンフレット作成の許諾を得ていることを前提とした。

それとは異なり，医師から講演を行ってもらうことのみの許諾を得ている場合には，医師の許諾なしに講演内容をパンフレットにまとめることはできない。医師の講演それ自体が著作物だからである。

また，講演の内容をパンフレットにまとめることの許諾を得ていたとしても，当該内容をホームページに掲載する場合には，得ている許諾の範囲を超える利用態様となることから，別途許諾を得る必要がある (A1.9)。

したがって，著作権者から許諾を得る場合には，あらゆる利用態様を想定しつつ，それらを包含する許諾を得る必要がある。

(2) **肖像権**について

本件の写真について，肖像権に言及した。ここでいう肖像権は，憲法13条の人格権から導かれる「プライバシー権」に基づくものであり，自然人であれば誰もが有する権利である。

一方，肖像権には，もう1つ「パブリシティ権」に基づくものがある。パブリシティ権とは，人の氏名，肖像等が有する顧客吸引力を排他的に利用する権利であり，顧客吸引力を有する著名人が有する権利である。ただし，パブリシティ権も，人格権に基づくものであるから，いかに著名であろうとも「物」には認められない。

本件の写真について，仮に医師が視察先の著名な機械とともに写っていたとしても，機械に肖像権はないから，機械の所有者は，営業秘密の開示を理由に，不正競争防止法に基づく差止請求，損害賠償請求ができる場合は別として，機械の肖像権に基づいて写真の使用の差止めや損害賠償を請求することはできない。

5 おわりに

著作権は，出版社や広告制作会社など表現を主たる業務とする企業のみならず，あらゆる企業で問題となりうるトピックである。医薬品製造販売業にとっても，製剤の情報を伝える重要なツールである販促資材は，常に著作権法と隣り合わせである。

そのため，法務部員としては，どのような場面で著作権侵害が問題となるかに反応できるように，例えば日ごろから最新判例をフォローしておくなど，広く学んでおく必要のある分野だと考える。

事例11　IRへの関与
適時開示規制
（鳥越雅文）

> **事例**　甲社は東証１部上場企業であるところ，甲社に適用される業法が改正され，新たな情報開示義務を負うことになった。すなわち，決算短信上の数値（売上高，経常利益および純利益をいい，以下「売上高等」という）の元となる数値を記載した「業法開示書類」について，決算短信の公表期限（決算期末後45日以内）よりも早い，決算期末後１か月以内に，自社のホームページに掲載する方法により開示しなければならなくなった。
> 　甲社IR室員が，社内弁護士であるあなたに対し，「先に業法開示書類をホームページに掲載し，その後に決算短信をTDnetで公表する場合，インサイダー取引規制違反の問題は生じないか」と問い合わせてきた。どのように対応すべきか。

◆ 事例解説
1　はじめに
　IRとは，企業が投資家に向けて経営状況や財務状況，業績動向などに関する情報を発信する活動をいい，上場企業における重要業務の１つである。担当部署はIR部（室）や広報部（室）とされている会社が多い。もっとも，金商法の規定するインサイダー取引規制や臨時報告書の提出義務，証券取引所の定める適時開示規制とも密接不可分に関係するため，法務部（室）やコンプライアンス部（室）に所属する社内弁護士や社外の弁護士にも相談がなされることもある(B1.2)。

2　実体法的な視点
(1)　インサイダー取引規制の概要
　「重要事実」を知った上場企業の会社関係者や，会社関係者から「重要事実」の伝達を受けた者は，「重要事実」の「公表」がされた後でなければ，当該上場企業の株式の売買をしてはならない（金商法166条１項，３項）。ここにいう「重要事実」に該当する事由は，同条２項１号（決定事実）および２号（発生事

実)に列挙されている。また,同項3号は,いわゆる決算情報として,当該上場企業の売上高等または配当や,当該上場企業グループの売上高等について,公表がされた直近の予想値に比較して当該上場企業が新たに算出した予想値または当事業年度の決算において差異が生じた場合,その差異が重要基準に該当するほど大きいとき(例えば,経常利益が30%以上増減するとき)には,「重要事実」に該当すると規定している。加えて,同項4号は,いわゆるバスケット条項として,「前三号に掲げる事実を除き,当該上場会社等の運営,業務又は財産に関する重要な事実であつて投資者の投資判断に著しい影響を及ぼすもの」を,「重要事実」と規定している。

(2) **本件設定事例における問題点**

本件設定事例における「業法開示書類」には,決算短信上の数値である売上高等の元となる数値が掲載されている。この数値はあくまでも元となる数値であり,売上高等そのものではない。このため,インサイダー取引規制の対象となる情報,すなわち,金商法166条2項3号の「重要事実」に直接には該当しない[42]。

しかし,「業法開示書類」上の数値によって,売上高等の変動が一定程度大きいことが容易に想起される場合には,株価が大きく変動することは十分考えられ,バスケット条項[43]により,「業法開示書類」上の数値それ自体が「重要事実」に該当する可能性も否定できない。

「重要事実」に該当すると仮定した場合,「業法開示書類」の開示後,決算短信公表前の間に,「業法開示書類」上の数値を知って甲社株式を売買した者は,

---

42 程度問題ではあるが,簡易な計算により「業法開示書類」から売上高等を算出することができる場合には,「業法開示書類」の数値そのものを売上高等の数値と評価できるかもしれない。しかし,本事例においては,あえて論点を簡潔とするため,「業法開示書類」の数値そのものを売上高等の数値とは評価しないことを前提とする。

43 金商法166条2項4号にいう「投資者の投資判断に著しい影響を及ぼす」とは,「通常の投資者が当該事実を知った場合に,当該上場株券について当然に「売り」または「買い」の判断を行うと認められること」をいうと解されている(横畠裕介『逐条解説インサイダー取引規制と罰則』(商事法務,1989年)119頁,法曹会『最高裁判所判例解説 刑事篇 平成11年度』(法曹会,2002年)34頁〔木口信之執筆部分〕)。しかしながら,そのような解釈に従うとしても,実務上の対応を迷いなく行える程度の明確な基準とは到底いえない。

重要事実の「公表」[44]前に,「業法開示書類」により「重要事実」を知って売買したものとして,インサイダー取引規制違反を犯すこととなってしまう。また,甲社自身としても,「業法開示書類」をホームページに掲載することが,「公表」以外の方法でインサイダー情報をばら撒いたと評価されることになり,会社情報管理不備の問題を惹起してしまう[45] (A1.1)。

(3) 実務上の対応方法
① 開示の順序を変える

このような場合にまず考えられる第1の実務上の対応方法は,開示の順序を変える方法である。すなわち,本件の問題は,「業法開示書類」を,インサイダー取引規制上の「公表」に該当しない方法(ホームページに掲載する方法)で先に開示してしまうことから生じる問題である。そこで,開示の順序を変えて,先に決算短信を「公表」すれば,その後に「業法開示書類」をホームページに掲載しても,すでに「公表」済みの事実の元となる数値をホームページに掲載したにすぎないという状況を作り出すことができる。

もっとも,決算短信は遅くとも決算期末後45日以内の開示が求められているにすぎない[46]。第1の方法は,これを大幅に前倒しするもの(「業法開示書類」の開示期限は決算期末後1か月以内)である。決算短信作成を担当する経理部門のマンパワー不足やシステム制約などにより,現実的に不可能というケースも多いであろう。

---

[44] 「業法開示書類」をホームページへ掲載したことをもって重要事実の「公表」と評価することはできない。なぜなら,インサイダー取引規制において「公表」は厳格に定義されているからである。すなわち,金商法166条4項・金商法施行令30条は,「公表」を,①2以上の報道機関に対して公開し,かつ,12時間が経過したことや,②証券取引所の規則で定めるところにより,証券取引所に通知し,かつ,証券取引所において公衆の縦覧に供されたことなどに限定している。

[45] 理論的には,業法のルールに従ったことによって,インサイダー取引規制との関係でも違法性が阻却され,インサイダー取引規制違反とはならないという解釈もあり得よう。

[46] 2013年7月東京証券取引所「決算短信・四半期決算短信の作成要領等」3頁1.(2)①2文。東京証券取引所上場部編『会社情報適時開示ガイドブック(2013年7月版)』(東京証券取引所,2013年)361頁。

② 開示の方法を変える

第2の実務的対応方法としては、端的に、「業法開示書類」をインサイダー取引規制上の「公表」に該当する方法（TDnetによって公衆縦覧に供するなど）で開示してしまうことが考えられる。すなわち、本件設定事例における問題は、「業法開示書類」を、インサイダー取引規制上の「公表」に該当しない方法で開示することから生じる問題である。そこで、開示の方法を変えて、「業法開示書類」をインサイダー取引規制上の「公表」に該当する方法で開示してしまうのである。

実際にTDnetで公衆縦覧に供されている情報を見ると、必ずしも重要事実や適時開示事実とはいえないと思われる情報まで開示されている事例が時折散見される。その目的は、多くの場合、インサイダー取引規制上の「公表」を行ったことを担保するために行っているものと考えられる[47]。

3　組織法・手続法的な視点

(1)　特に対応しない場合

前記第1と第2の方法はともに、そもそも「業法開示書類」上の数値がインサイダー取引規制における「重要事実」に該当することを前提とした、安全サイドに立った保守的対応である。

しかし、そもそも「業法開示書類」上の数値から計算される売上高等の変動が金商法166条2項3号の定める重要基準に該当するほど大きくないことが明白な場合もあろう。このような場合には、「業法開示書類」上の数値はそもそもインサイダー取引規制の対象となる「重要事実」には該当しないと整理できる。

問題は、「業法開示書類」に掲載されている情報が重要基準に該当するかどうかの判断が微妙であり、バスケット条項に該当するかどうか迷いが生じる場合である。このような場合であっても、あえて「重要事実」非該当と判断することもあろう。その際には、バスケット条項該当性の判断は明確でないことから、事後検証に耐えられるよう、合理的な判断を行った事実を証拠として残し

---

[47] その他、広報宣伝目的もあろう。

ておくべきである。

　より具体的には，類似または関連する事実が過去に開示された際の自社や同業他社における株価動向などの資料を集めさせた上で，社内の法務・コンプライアンス担当部署において慎重かつ十分に合理的な分析・検討を加えることが考えられる。また，証券会社などのファイナンシャル・アドバイザーや社外の弁護士などの外部専門家の意見聴取を経て，上記の検討の客観性・中立性を担保することに努めることが望ましい。さらに，合理的な判断過程を文書や電子ファイル，電子メールなどに記録して証拠化しておくべきである[48]。「やるだけのことはやった」「人事を尽して天命を待つ」というデュープロセスによりリスクを削減するのである (A2.6, A3.5, A2.12)。

(2)　積極的に対応する場合

　逆に，より積極的に開示することも考えられる。すなわち，前記第2の方法（開示の方法を変える）を選択した上で，投資家サイドに立ったより良いIRをとることも考えられる。例えば，単に業法上開示が要求される数値をそのまま掲載するだけではなく，直近数年間の「業法開示書類」上の数値と決算短信上の数値とを対比掲載するなどして，「業法開示書類」と決算短信との関係を投資家に分かりやすく説明することは，IRの充実という観点からはより望ましいものといえよう。

　この場合も，現実性や有効性，リスクなどを判断するために，社内外の専門家を活用することができよう (A3.5)。

4　おわりに

　IRに関する検討は，上場企業によっては，IR担当部署内で完結してしまい，法務・コンプライアンス担当部署（社内弁護士を含む）や社外の弁護士への相談をこれまでほとんどしてこなかった会社もあろう。しかし，インサイダー取

---

[48] 木目田裕・小林和真呂「規制の概要と法166条の成立要件（中）」商事法務1842号33頁。木目田裕・上島正道監修『インサイダー取引規制の実務（第2版）』（商事法務，2014年）257頁〔小林和真呂・鈴木俊裕執筆部分〕。木目田裕・山田将之「金商法・独禁法等の事前予測困難性・萎縮効果と内部統制システムの尊重」商事法務2030号33頁。

引規制や適時開示規制は専門性が高く，IRの分野において，法律専門家の知見を有効活用できる場面が存在する。特に，法務・コンプライアンス担当部署に社内弁護士がいる場合には，社内弁護士経由で社外の弁護士へ相談することにより，社内と社外のリソースを有機的に結び付けて，より効果的なリスクコントロールが可能となる。

加えて，近時の裁判例において，「一般に，会社の業績等に関する情報開示を行うときには，取締役は，当該情報開示を適正に行うべき義務を，善管注意義務の一環として負っていると解される」と判示されている（レックス・ホールディングス損害賠償請求事件控訴審判決）[49]。上場企業の取締役・執行役は，善管注意義務の一環として適正情報開示義務を負うものと解されているのである。適正な情報開示の重要性がますます高まりつつある今日において，上場企業には是非，IRの分野においても，社内外の法律専門家をより積極的に活用していただきたい(B1.5, A3.5)。

コラム　弁護士将来悲観論に怯むことなく　　（鳥越雅文）

　弁護士は今や食えない職業だ。巷では弁護士将来悲観論がささやかれている。
　しかし私は，いたずらに悲観論を唱えるのではなく，怯むことなく前向きにキャリアを形成していきたいと思っている。どの職業でも，なってしまえばその後ずっと安泰だなどという職業はない。継続的に自己研鑽，知識向上，顧客開拓，ネットワーキングなどを実践していかなければならない。当たり前のことだ。弁護士もそういう意味で普通の職業になっただけにすぎない。
　既存のマーケットが飽和状態にあり成長が見込めないとき，ビジネスの世界ではどうするのか。経営戦略論的な解答は，競争の激しいマーケットで戦うのではなく，未開拓のブルーオーシャンなマーケットを切り拓くというものだ。
　弁護士もそうすればよいのだ。幸いなことに，弁護士の持つ能力が要求される分野はあまた広がっている。例えばビジネスの世界。弁護士の持つ法的素養・論理的思考力が大いに要求される。
　我こそはという志を持つ方は，是非弁護士となって新市場を切り拓いてもらいたい。

49　東京高判平成25.4.17判時2190号96頁。

第2章　演習問題

6.1
実際にネットショップのデザインを変更するにあたり，どのようなトラブルを想定し，どのような対策を講じるべきか。

6.2
当該部門からの質問に対する回答資料を，Ａ４用紙一枚で作成せよ。

7.1
販売基準策定後に注意すべきポイントは何か。

7.2
販売代理店に対して，本文で検討した内容のルールの徹底を呼び掛ける資料を，Ａ４用紙一枚で作成せよ。

8.1
保険金を支払うかどうかの判断を直ちに下せない場合，どのように対応するか。

8.2
保険金を支払う可能性やその金額の見通しに関する社内の検討資料を，Ａ４用紙一枚で作成せよ。

9.1
事業部門に契約書作成業務を移管する合理性を説明せよ。

9.2
契約書作成業務に関する新しいルールを，事業部門に提案する資料を，Ａ４

用紙一枚で作成せよ．

10.1
今後，パンフレット作成上のリスクを減らすために，どのようにするか．

10.2
資料作成上の注意点を整理した資料を，Ａ４用紙一枚で作成せよ．

11.1
どのような場合に，どのような開示を行うのかについて，予めルールを定めておくことは，一方で判断を画一化・硬直化させる危険を伴うが，どのようなメリットがあるか．

11.2
開示に関するルールを整理した資料を，Ａ４用紙一枚で作成せよ．

ヒント

6.1

　ネットショップにおける顧客の購入を受け付けるページのデザインが問題となっているのだから，まず最初に検討すべきは，顧客とのトラブルや顧客からの苦情である。実際にそれまで会社が経験したトラブルや苦情だけでなく，同業他社の事例などを積極的に収集する必要がある(A1.1)。

　さらに，顧客へのアピールの仕方について，店舗出店者が不満を抱く事態も想定されよう。理論的には，場を提供している運営会社の専権事項ではあるが，特定の店舗出店者だけが過度に優遇・冷遇されるような作りになっていたり，顧客の不満が店舗出店者に向けられるような作りになっていたりすれば，店舗出店者とのトラブルも誘発しかねない。これも，実際の事例を広く収集する必要がある。

　さらに，規制当局とのトラブルにも配慮が必要である。特に，複数の規制法が関係し，複数の所轄官庁が関与してくることから，それぞれの問題意識や先例などの収集だけでなく，その解釈や整理が難しい場合も想定される。重要な案件では，専門性の高い法律事務所を活用することも考えられよう(A1.3, A3.5)。

6.2

　まず，文書の目的やその影響である。

　もちろん，事業部門からの質問に対する回答だから，質問に答えなければならない。本文で検討した内容のうち，特にポイントとある部分を整理することが不可欠である。

　しかし，この回答書が，当該事業部門の検討資料として使われるだけでなく，さらに会社の機関決定の際の資料として使用される可能性も考えられよう。

　その場合，この資料が，法的な検討が適切に行われたこと，すなわちデュープロセスを果たしたことの証拠となる。すなわち，事業部門からの質問に回答するだけでなく，この資料を見れば適切な判断がされたと証明できることも意識して，内容や記載方法を決めるべきである(A2.6, A2.12)。

　例えば，事業部門の質問は，実施したいスキームや取引内容がすでに決まっていて，法務の回答はそれに対する「許可」と位置づけられており，法務の回答を踏まえたプランの練り直しを想定していない場合も見受けられるが，法務の回答がこのよう

な期待に沿わない場合も多々ある。そのような場合，質問に回答するだけだと，事業部門としては単純に「許可」されたと受け止めて，リスクの高いプランを採用してしまったり，逆に，単純に「拒否」されたと受け止めて，何の工夫もせずに実用化を断念したりすることにつながりかねない。

このような場合には，質問された本来のプランのどこに問題があるのかを指摘するだけでなく，その背景事情や，それを踏まえてリスクを減らす際のポイントを指摘し，さらにそのようなリスク対策のためにお互いのアイディアを出し合う場の設定を呼び掛けるなど，単なる「許可」「不許可」だけでは伝えられない問題意識を伝え，より実りのある検討につながったことを記録化すべきである(A1.4, A2.31)。

7.1

ルールが形骸化してはいけないことは，誰でも理解できることである(A2.10)。

そのための対策も，常識的にいくつも思いつくところだが，それを整理してみることも，新たな発想を得る方法である。例えば，①ルールの内容と，②ルールの運用の2つの観点から整理してみる。

① ルールの内容

ルールの内容について，参考になる裁判例や規制が設けられたり，参考になる他社の事例が明らかになったりすれば，それをルールに反映させることが必要となる。そして，この見直しを忘れずに行うために，例えば定期的な見直しを社内ルールとして定め，部門として1年間の中で行うべき業務のリストに含めることも考えられる。何かあれば見直す，というルールにしておくと，どうしても後回しになったり忘れたりして放置されがちである。それよりは，たとえ年に1回でも，仮に改定をしない年があるとしても，定期的に内容を確認することにした方が，ルールの実効性確保のうえで好ましい。

このように，ルールの内容について形骸化を防ぐ方法を整理すると，他の社内ルールの管理や見直しにも応用可能な発想に至る。

② ルールの運用

実際に販売代理店がルールを守っていることを，ネットなどで監視する方法を，本文では提案しているが，その他にも，販売代理店に意見を聞く場を設け，一般消費者に危険を与える状況になっていないか，販売代理店としてどのような対策を講

じているか，など，販売代理店も一緒に対策を講じる側に立ってもらう働きかけが考えられる．監視の対象にするのではなく，一緒にリスク対策を考え，実行する自覚を共有することで，より現場の実情に近い問題意識が得られ，実効性の高い対策が考えられることになるし，販売代理店にそのような自覚を持ってもらうことは，他の営業施策にも役立つ面がある (A1.4, A2.31)．

このように，ルールの運用について形骸化を防ぐ方法を整理すると，営業政策など会社の他の業務との共通性も見えてくる．

7.2

まず，文書の目的である．

販売代理店に遵守してもらいたいルールを伝えることが最大の目的だから，ルールを明確にはっきりと記載する必要がある．特に，取引相手に対する文書の場合には，さまざまな配慮から，何をいいたいのかわからなくなっていくことがあるが，遵守してもらうべきルールを明確にするという点は，最後までこだわるべきである．

さらに，販売代理店に，規制されているという意識ではなく，自らリスク対策を講じている，という意識を持ってもらうことも，あわせて獲得したいポイントである．

そうすると，ルールの背景や趣旨を説明し，問題意識を共有してもらうとともに，例えば意見を求めるなど，ルール策定にも関与してもらうことで，参加意識を高め，ルール遵守への主体的な関与を促すことも考えられる (A2.19, A2.31, A1.4)．

8.1

できるだけ早く，すぐに結論が出ないことに対する顧客の了解と，情報収集への協力約束を取り付ける．

これは，一方的に，結論が出ないと通知することによるトラブルを回避し，あわせて，その後の情報収集をスムーズに行えるようにすることを目的にする．すなわち，早めに状況を報告しておくことで，先方の反感が小さくなる (A2.28, B4.2)．

さらに，法的な損害賠償義務の成否がポイントであることを契約者にも理解させ，議論が食い違わないようにする (A2.24, A2.1)．

8.2

　まず，文書の目的や影響である。

　一次的には，保険金支払査定担当部門の検討資料になるが，担当部門の権限を越える事案になれば，より上位の機関が意思決定することになるため，最終的には，会社意思決定の基礎資料となる可能性を意識しておく必要がある。加えて，意思決定プロセスが適切だったかどうかを事後的に検証する機会（内部監査や訴訟など）には，プロセスが適切であったことを証明する資料として機能することになる（A2.12，A2.6）。

　このような視点から見れば，当該資料は，社内での議論が十分適切になされたことを証明できるものであることが好ましい。すなわち，「十分な資料で十分検討した」といえるだけの「十分な資料」と評価される程度に，議論の前提となる情報を含み，「十分な検討」と評価される程度に，論点が整理され，リスクコントロールと適切な判断が可能な状態になっているべきである（A2.6，A2.5）。

　具体的には，本文のままだとビジネス用の資料としては長すぎ，またポイントが異なるので，例えば，保険金支払いの可能性については，法的な議論を詳細にせず，保険金支払いの可能性が高いことを，ポイントだけ簡単に指摘するにとどめ，逆に，責任割合など，金額の決定に影響する論点については，具体的な裁判例を調査したり，具体的な事案の中でより詳しく調べるべき事実を指摘したうえで，それが金額算定にどのような影響を与えるのかの視点を明確にするなど，ビジネスジャッジメントにとって有益な情報を提供する，という視点から整理すべきである。

　さらに，今後のスケジュールやプロセスを明確にする，という機能を果たすことも考えられる。すなわち，訴訟で解決すべき場合やそうでない場合など，手続選択のポイントを事案に即して整理することが考えられるが，担当部門にはこの点に関し相当な経験があるので，このような記載が必要な場面は限られよう。

　また，本文でも指摘したとおり，主に営業部門の反応を念頭に置いて，安易な保険金支払いによる解決の問題性を指摘すべき場合も考えられよう（A1.1）。ただし，この点も担当部門に相当な経験があるので，このような記載が必要な場面も同様に限られよう。

9.1

① 担当部門に判断させることが適切

契約はビジネスのツールであり、ビジネスの内容を反映させるものだから(A2.31)。

② 法務部門に判断させることが不適切

ビジネスの経緯を知らずにその内容をチェックすることは不可能だから。

③ 担当部門の負担は小さい

交渉と合意だけして後は書類作成、という発想ではなく、交渉や合意自体を契約書のやり取りを通して行う、などの方法を取れば、担当部門の負担は小さい。

④ 法務部門の負担は大きい

法務部門は交渉の経緯を知らないから、前提の理解や確認のために時間と手間を取られる。

⑤ 担当部門のビジネス能力向上

担当部門がみずから契約書をツールとして使いこなせるようになると、ビジネス交渉能力が上がる。

⑥ 会社のリスク対応力向上

担当部門がリスクコントロールに対して自覚と責任を持つようになり、会社全体のリスクセンサー能力とリスクコントロール能力が上がる(A2.4, A2.5)。

⑦ 会社の内部統制力向上

担当部門がみずから契約書類の作成を担当するように改めることは、法務の役割を、書類のチェックにとどめるのではなく、例えば先方との交渉について早い段階でアドバイスするなど、社外の弁護士と同様、専門家としての能力が要求されるアドバイス業務について、しかもより広く会社の意思決定に関わる必要性が高まる。作業工程の一部を担う、業務の特定範囲について責任を負う、というイメージではなく、そのような責任は負わない代わりに、会社業務全般について、専門家として適切に関与し、サポートすることについて責任を負う、という形に法務の役割が変化することにつながる(A2.17, B1.5)。そうすると、会社業務のさまざまな領域で、実体法的な検証だけでなく、組織法・手続法的な適正化が進み、より内部統制が適切に行われることが期待される(B1.1)。

⑧ 法務部門の専門性向上

このような役割の変化は、法務に求められる能力の質的な変化をもたらし、法務は、

書式をチェックするだけの能力から，社外弁護士と同様の専門家としての能力が要求されるようになり，法務部門の専門性が向上する。

⑨ 各事業部門の独立性強化の可能性

アメリカでは，法務部門の業務を上記⑦のように整理することにより，各事業部門の言い訳が許されなくなり，各事業部門は責任が重くなっている。そのため，自覚的積極的に法務部門（社内インフラ）を活用するようになる。各事業部門の責任と権限を高め，独立性を高めていくための役割分担の一事例として，アメリカ流の体制も，参考になる。

⑩ スピード向上

「決済は通ったが，法務の審査がまだで…」などという事態がなくなり，ビジネス部門の責任と権限で素早く対応できる体制になる。

⑪ ビジネス上のノウハウの共有化

契約書が全てではないが，ビジネス上のノウハウが契約の中に蓄積されていけば，契約書のひな型がビジネスモデルそのものとなり，会社の財産になる。

9.2

まず，文書の目的や影響である。

職務分掌を根本から変えるのであれば，事業部門に対して提案するのではなく，経営サイドに対して提案するものだから，ここでは法務部の役割を根本から見直す提案，すなわち9.1⑦で指摘した点を中心とする提案ではないことがポイントである。

大上段にかざした本質論は，具体的な施策の実行を全て止めてしまうが，ここでは現場間でできることから実績を積み重ねていく，という戦術であり，現実的なメリット，すなわち9.1①〜⑤，⑩，⑪を中心に，相互のメリットのためにまずは実験から始めよう，という程度の提案が，文書の目的に照らして合理的である(A2.14)。

10.1

社内体制としては，リスクコントロールすべき第一義的な責任は現場にあることを会社全体に徹底させていくべきである(A2.5, A7.3, A2.4)。

そのために，いきなり社内体制を刷新することは容易ではないだけでなく，必ずしも所期の目的を達成できないことも考えられるので，通常の運用を通してリスク

コントロールを行い、同時に現場の意識を高める方法も検討すべきである。

すなわち、日ごろから現場とのコミュニケーションを良くしておき（A7.4, A2.13, A2.19）、折に触れ現場各担当者自身に問題を考えさせるなどの当事者意識を持たせ（A1.1, A1.2, A1.3, A1.4, A2.31）、徐々に、現場自身がリスクコントロールすべきであるという風土を醸成するのである（A2.21, A2.20, A2.25）。

このような風土の醸成と並行して、必要な法的な知識や懸念すべき事態（＝現場で気づくべきリスク）などの教育や指導も行う（A2.7, A2.10, A2.11）。

10.2

まず、文書の目的である。

実際に文書を作成する各担当者に見てもらい、今後の業務に活用してもらうことが目的である。

内容的には、本文で検討した内容を整理すれば良いが、整理の仕方や表現方法について、以下のような配慮がなされると良い。

① チェックリスト方式など、担当者が使いやすい方法を工夫すること。
② ルールの背景や規制の趣旨など、迷ったときに判断する指針を明示すること（A1.5）。
③ トラブル事例など、②を具体的にイメージしやすい工夫をすること（A1.1, A2.7）。
④ 作成過程だけでなく、使用開始後も、担当者による当該資料の使用状況を確認し、フィードバックを受けるなどして、現場の実情に合った内容にすること。
⑤ チェックされた場合だけでなく、判断に迷ったときのプロセスも定めるなど、担当者を組織法・手続法的にサポートする方法も定めること（A2.10）。
⑥ チェックすべき事項やプロセスが固まってきたら、これをシステム化することも検討すること。

11.1

① 適切性の証明

もちろん、個別事案ごとに適切に判断したことを証明する方法もある。

しかし、適切なルールが存在することが証明できれば、そのルールに則った判断

が行われたことを証明するだけで（立証対象の選択可能性），適切な判断を証明できる^(A2.10)。

② 現場の感度向上

単なる画一的な「べからず集」にするのではなく，規制やそれに対応する会社ポリシーの趣旨や背景をも理解させ，現場みずからがリスクに気づくべき環境を合わせて整備すれば，マニュアル主義の弊害（無関心）を克服し，かえって現場の感度向上につなげることができる^(A2.11)。

③ 判断の安定，共有化など

個人ごとの判断ではなく，組織として共通の基準で判断する環境が整うことで，判断のブレが減って安定化し，判断基準が揃うことで，各自のノウハウや経験を共有しやすくなる^(A2.16)。

11.2

まず，文書の目的である。

もちろん，現場各部門に，開示規制違反を犯させないことが最大の目的であり，絶対に許されないことについては，特に明確に記載されることが必要である。

それだけでなく，例えば規制違反かどうか判断が微妙な類型について，会社として一定の方針を定め，規制よりも少し保守的に厳しいルールを定める場合には，そのことによって同業他社よりも仕事がしにくいなどの不満が生ずる可能性があるので，背景などについてもある程度丁寧に説明する必要がある^(A1.5)。

また，組織法・手続法的なルールも定め，どの部門がどのようなプロセスで関与するのかを定めておくことは，各部門の役割や責任の所在を明確にし，適切なプロセスを確保することにつながるから，デュープロセスの要請にも適う^(A2.6, A2.10)。

さらに，判断に迷う問題などについては，規制や社内ルールの趣旨や背景を説明したり，心配される最悪シナリオや裁判例を紹介するなどして，判断の参考になる情報を提供し，法務などへの相談を促し，現場の感度を高めることが必要である^(A1.1, A2.7)。

また，11.1①のような機能も意識し，このルールが会社の開示判断の適切性を証明するうえで有効かどうかも検証すると良い。

● おまけ小説　法務の小枝ちゃん ●

第2章　取　引

　ね，面白いでしょ，パスタパエリア。パリパリした固焼きビーフンみたいなところや，素麺スープみたいなところや，いろんな触感が楽しいよね。
　ほんとだ，藤堂先輩，さすがだね，素敵なお店教えてもらっちゃったね。
　今日は，桜子と一緒に，いつものイタリアンではなく，この間藤堂先輩にご馳走になったスペイン料理のお店に来た。真似して，スパークリングワインをボトルで入れた。料理のオーダーも全部，藤堂先輩と同じ。今日は私が仕切る。でも，真似してるだけだから，仕切るって言葉も変かな。
　「でさ，契約交渉の方はどうなの？　順調？」
　「うん，『対等な独占販売』をみんな理解してくれて，契約条件の裏付けとか，実現可能性の検証とか，こっちからの逆提案とか，技術や製造や，とにかくみんな凄く動いてくれている。でも改めて思えば，悔しいけど，独占販売契約の危険性を気づかせてくれた杉田は凄いな。宗方部長や藤堂先輩は，社内だけでなく鈴重の人たちにも，何かと『対等な独占販売』を口にして，今では鈴重の人たちも楽しそうに『対等な独占販売』に向けて頑張りましょう！　なんていってるわ。」
　「杉田君や藤堂先輩もすごいけど，そのキャッチフレーズを作ったの，小枝でしょ？　藤堂先輩が褒めてたよ。」
　「うん，そういわれると嬉しいけど，本当は杉田のいってることはちょっと変だ，と少し馬鹿にしていったつもりなの。それを，藤堂先輩が面白がってキャッチフレーズにしちゃったけど，私としてはちょっと複雑。」
　ね，気になってたんだけど，サングリア頼まない？　藤堂先輩のときは，同じスパークリングばっかり何本も空けちゃったんだよね。こういうオーダーの仕方って，正統派体育会系だと思うんだ。
　あ，わかる，そんなとこあるよね，藤堂先輩，仕切屋だし。
　「実際，どんな契約になるの？」
　「それが，社外の弁護士にアドバイスをもらいながら交渉しているんだけど，あ，私のお父さんの事務所の中堅の弁護士先生ね，本当に勉強になるわ。知的財産，コスト負担，リスク負担，販売権，供給義務，購入義務，その他にもた

くさん。決めなきゃいけないルールって、こんなにあるんだな、て思う。」

「そうだね、契約はルールだ、って小枝、前からいってたよね。」

「しかも、『対等な独占販売』でしょ、独占的な権利を与えるけど、全体としては対等にバランスとれている、というルール作りだから、パーツパーツだけじゃなくて、全体も考えなきゃいけないの。」(B2.1)

「なるほど、ミクロとマクロ、って感じだね。」

「そう、しかもこれだけ色々な問題を、こっちでは譲って、代わりにあっちでは頂戴します、なんて交渉するとなると、社内調整も大変なの。なんでうちが譲らなきゃいけないんだ、っていわれたり。」

「でも、会社のいろんな人がこの契約のことを理解するきっかけになって、良かったんじゃない？」(A2.27, A2.6)

「なるほど、そういう考えはなかったな。さすが、いつもポジティブだね、桜子は。」

そんなことないよ、自分がネガティブだから、意識してポジティブに考えているんだと思うな。

逃げるように、桜子がサングリアに口を付けた。あ、おいしい、果物の味がすごくワインに浸み込んでる。

どれどれ、ふむ、おいしい。よし、藤堂先輩を卒業して、何か別の料理も試してみようよ。

そうだね、子羊なんかおいしそうじゃない？

いや、スペイン料理は海産物じゃない？

追加注文したり、空いたお皿を下げてもらったりして、ひと段落着いたところで、桜子がまた仕事の話を始めた。

「ところで、これって小枝の仕事というよりは、藤堂先輩の仕事だと思うんだけど、いいかな？」

「いいよいいよ、どんどんいって。この小枝が、藤堂先輩にきっちりと伝えるから。」

「ありがとう。じゃあいうわ。問題はね、キャッシュフローよ。」

なあに、その『踊る大捜査線』の室井さんみたいないい方は？ 単語だけいわれても、わからないときにはさっぱりわからないわ。

「うちは鈴重に一定数以上の製品供給義務を負っていて、その約束を守るために、供給能力を上げなきゃいけなくて、設備投資がプランに含まれてるの。けど、

当然売れないときには製品がダブついて，キャッシュが入ってこなくなって，かなり長期間キャッシュが足りなくなっちゃう可能性が高いの。もちろん，最初からキャッシュがたくさん，なんて虫のいい投資はあり得ないんだけど，だからこそ，回収までの見通しと，その間のキャッシュフローの手当てがちゃんと成り立つものじゃないとダメでしょ？」

「それくらいならわかるわ。」

「よかった。特に，新しい素材はバイオ素材で，まだ歩留まりも不安定。供給義務を約束する，ってことは，電力会社の発電量の予測のように (A2.7)，最低の供給量でも，最大の需要を超えるように余力を持った見通しを立てないといけないんだけど，それがキャッシュフローの改善に時間を取っちゃうわけ。」

「収支予測が甘い，ってことだね。」

「ううん，ちょっと違う。新素材は始まったばかりで，収支が割に合わないのは当然なの。だからキャッシュフローなんだけど。」

桜子によれば，たしかに鈴重が購入義務を負ってくれるので，その分のキャッシュフローは確保できるけれども，うちの方が納入義務を負っているので，しかも今の交渉条件だとそのために電力会社の供給義務のような負担を負ってしまうので，結局，キャッシュフローは下手すると当面流れ出ていくだけ。研究投資や生産設備への投資など，長期的な資金の手当てでも大変なのに，そんな短期の資金繰りのことまで考えるのはちょっと無理。そんな長期短期のバランス問題や，納入義務と購入義務のバランスが，キャッシュフローに影響を及ぼしていて，キャッシュフローからこのビジネスモデルを検証しないといけない，そういうことらしい。

「わかった。」

「わかってくれた？」

「いや，そうじゃなくて，私が藤堂先輩に上手に説明できそうにないことがわかった。明日とか空いてる時間ある？ 交渉チームに直接話してほしいの。」(A2.8)

「わかった，朝一で緑川部長と相談して，連絡するね。」

あ，グラスが2人とも空っぽ。サングリア追加だね。

「でも，なんで財務はこれまでキャッシュフローのこといってくれなかったの？」

「収支と，投下資本回収だけ気にしてたからよ。これまでは，新製品とかいっ

ても，結局旧素材の部分改良だから，製造も，これまでの設備の改良で対応できるし，品質も安定しているし，納入義務なんて縛りもなかったから，極端にいえば，何トン売ればトントン，つまり『５トンでトントン』，みたいな，トラックのCMみたいなことしか考えなくてよかったわけ。」
「桜子が，そうでないと気づいたのは？」
「この間の飲み会よ。小枝と一緒に技術部の人たちと飲みに行ったじゃない，彼らの木曜日の居酒屋さんに。そこで誰かが，ここまで改良重ねれば，やばい，生産ストップ，って程のことはないけど，それでも何かあったらしんどいよな，技術の俺たちは泊まり込み対応だよな，ていうの。でも，ここまではいいの。そんな頑張り屋さん，私も大好きだから。」
　冷たいサングリアで，改めて乾杯。
　桜子が，ペコちゃんのようにぺろりと舌で唇を舐めて続ける。こんなしぐさが可愛らしい。
　彼らが続けていってたのが，「鈴重がいなかったら，お金も心配だよな。設備の改良とか，自分たちだけでどうにもならないときにはお金かかるもん。けど，独占販売って鈴重が買ってくれるってことだろ？　買い取ってくれるから，一定のお金が貯まるってことだよな。お金の心配は要らないから，その点助かるよな，あとは技術の俺たちが泊まり込みで何とかすれば良いってことだから，新素材に鈴重さまは，完璧なコンビだよなっ，ていってたの。それが，引っかかってたの。本当に大丈夫かって」(A1.2)
　そっか，収支予測と投下資本回収しか考えてなかったんだね，でも，今度の新素材はこれまでとは違うんだね。
　でも，いつの間に桜子，こんなに凄いこといえるようになったんだろう。杉田も桜子も，着実に成長している。私はどうなんだろう。ついていけてるのだろうか。
「ふうん，そうか，私にとってはただの楽しい飲み会だったな，そこまで気づかなかった。桜子，あんな状況でよくそんなことに気づいたね，凄いよ。」
　おかしいな。お酒のせいだろうか，置いてきぼりのような寂しさを感じる。少し感傷的だな。

第3章

取引上のトラブル

事例12 委託先による法令違反
医薬品情報資材の印刷ミス
（西原以久美）

事例 ある日，営業部門から以下のような相談が入った。

「5日後に発売開始予定である当社新製品の医療用医薬品Z^{50}の情報提供資材のうち，資材Aに，Zのキービジュアル（製品のイメージ画像）を載せるため，α社にそのデザインを渡して，版下作成を依頼した。ところが，刷り上がった資材Aは，当社が渡したキービジュアルの背景が改変されたデザインになっていた。

このキービジュアルは，Zの資材に共通して使用する汎用性の高いもので，α社とは別のデザイン会社β社がオリジナル版を作成し，当社が利用許諾を受けている。β社のオリジナル版ではなく，背景を改変した改変版の資材Aを使用することは，利用許諾の範囲を超え，β社の著作権を侵害することになるのか？

資材Aはすでに10万部印刷済みで，明日，全国の営業所に送付する予定だが，作り直しとなると，Zの発売開始と同時に資材Aを配布できなくなり，MR（医薬情報提供者）の情報提供活動に支障が生じる。この責任をα社に追及できるのか？」

◆ 事例解説
1 はじめに

医薬品，医療機器等の品質，有効性及び安全性の確保等に関する法律（以下，「薬機法」とする）では，医薬品の製造販売業者等に対して，医薬品の適正使用に必要な情報収集および医療関係者等への情報提供を義務づけている（68条の2）。そこで各製薬企業は，自社医薬品の適正使用を推進するため，正確かつ十分に情報収集することと，迅速かつ的確に情報提供することに努めている。例えば，医師や薬剤師等の医療関係者への情報提供の際，口頭説明だけでなく

---

50 「医療用医薬品」とは，医師または歯科医師によって使用され，またはこれらの者の処方せん・指示によって使用される医薬品のこと。効き目が強い反面，副作用にも注意が必要である。これに対し，医師等の処方せんがなくても一般の人が薬局等で購入して使用できる医薬品を「一般用医薬品」という。

さまざまな情報資材を活用する[51]。

特に新薬の場合，ほとんどの医療関係者が効能効果や安全性に関する情報を持っておらず，早期に適正使用の情報を伝えるニーズが高い。そのため，一般的に，新薬発売時にはその直後から，各製薬企業は，あらゆる媒体を通して適正使用の情報の提供に注力する。

本件は，新製品の発売直前に，資材の1つに著作権法上の問題が発覚した事例である。著作権に関する問題を克服するだけでなく，損害賠償の可否や方法まで視野に入れて，具体的な対応策を検討しなければならない。

2 実体法的な視点
(1) 著作権法上の問題

Zのキービジュアル作成に関するβ社との契約条件を確認したところ，取引基本契約があるものの，著作権についての言及は一切ない。

その経緯は，当社がZのキービジュアルの著作権を，著作権法27条・28条の権利を含めて全て譲り受けたいことと，著作者人格権の不行使を約束して欲しいことを申し出たが，β社は，著作権譲渡も著作者人格権不行使特約も認めない方針であること，利用許諾であれば料金は委託料のみとし，利用許諾料は別途請求しないこと，などと回答し，当社もこれに応じたとのことであった（A5.1）。

他方，印刷された資材Aは，β社作成のキービジュアルのオリジナル（深緑の森をイメージした背景）がそのまま使われたオリジナル版ではなく，「雲や鳥が浮かぶ青空と草原」の背景に変更された改変版になっていた。

著作権法上，オリジナル版は「美術の著作物」（2条1項1号，10条1項4号）に該当する。これを創作したβ社デザイナーが「著作者」（2条1項2号）であるが，β社の上記説明によると，この著作権はβ社に帰属し，著作者人格権はβ社デザイナーに帰属していると思われる。

---

[51] 具体的には，「医薬品添付文書」を中心に「医薬品インタビューフォーム」「製品情報概要」「使用上の注意の解説」や，独自資材が種々ある。また，媒体も，印刷物の他，タブレット型端末やホームページなど，多岐にわたる。

したがって，β社とβ社デザイナーから許諾を得ずに改変版の資材Aを配布することは，β社の翻案権（27条）を侵害し，また，β社デザイナーの同一性保持権（20条1項）を侵害し，著作権法違反になってしまう。

そこで，当社がとるべき対応としては，①β社とβ社デザイナーから改変版の利用許諾をもらうこと，②すでに印刷した10万部を廃棄してオリジナル版の資材を作り直すこと，の2つが考えられる(A1.9)。

(2) 事故の経緯

α社の責任を検討する前提として確認したところ，次のような経緯であった。

当社はオリジナル版をそのまま使うよう指示し，指示どおりにα社が作成した初案をたたき台として検討が重ねられたが，最終版の直前に，α社が改変版を提案してきた。当社はオリジナル版に戻すよう指示し，最終版がオリジナル版に修正されたのを確認して承認したが，α社が，印刷会社に版下データを直送する際，誤って改変版の版下データを送ってしまった，ということであった(A5.1)。

(3) α社に追及できる法的責任

まず，「紛争解決義務」の履行を求める方法が考えられる。

すなわち，取引基本契約書には「紛争解決義務」として，「α社が納入した物件について，第三者との間で知的財産権に関する紛争が生じた場合，その紛争が当社の特別な指示によるものでない限り，α社の負担と責任において，紛争の一切を解決する。」という条項が入っているところ，たしかに未だ具体的な紛争が生じていないが，このまま改変版の資材Aを使えば，β社から何らかの苦情が出され，紛争に発展する可能性が高い。そこで，紛争前の方が対応が容易と思われることから，上記の条項の趣旨に照らし，α社の責任でβ社に対応するよう求めることもできるだろう。

次に，「損害賠償」を求める方法が考えられる。

これは，取引基本契約書にある「α社は当社から作成を委託された物件について，当社が指示する仕様・企画に適合することを保証する。」という条項を根拠に，α社の保証義務違反を問うものである。ここで特に問題になるのは，

損害賠償責任の範囲である。

(4) 積極損害

選択肢①を採用して改変版のA資材を利用する場合，β社の許諾が必要である。その結果，(a)β社に利用許諾料を支払った場合，α社の保証義務違反に起因する損害だから，原則としてα社に求償できる[52]。

他方，選択肢②を採用すると，(b)すでに印刷した10万部の廃棄費用と，(c)デザインから改めて10万部印刷する費用がかかる。当社がこれらの費用を支払った場合，いずれの費用もα社の保証義務違反と相当因果関係があるといえるので，α社に求償できる。

(5) 消極損害

(a)〜(c)の損害は，実際に支出された費用や損失であるが，さらに，(d)Zの発売と同時に資材Aを配布できなかったことによる損害をα社に請求できるだろうか？　また，(e)当社担当者が，α社への事情確認や各営業所への説明等に追われてしまったことによる人件費についても，α社に請求できるだろうか？

これらの損害については，立証の難易等の観点も踏まえて検討する必要があるため，後記3(2)で検討する。

3　組織法・手続法的な視点

(1) ビジネス上の視点

法的な選択肢①と②に関し，ビジネスの観点から考慮すべき最も重要なポイントは，Zに関する情報提供活動を遅滞させないことである。

選択肢②は，デザインからやり直すため，最短でも数日はかかるだろう。

これに対し，選択肢①は，「資材Aに改変版を使うこと」について，β社とβ社デザイナーから許諾を取り付ければ良いため，交渉次第では，即日に許諾を得られるかもしれない。

---

[52] ただし，資材A以外の利用も含めた許諾料として算出された場合，α社に請求できるのは，資材Aの利用に対応する部分だけになるだろう。

けれども，β社から追加許諾料を請求される可能性があり，その金額は予想ができない（β社がとても気前が良ければ，無償で許諾してくれるかもしれないが）。事後的にα社に求償できるとしても，α社は不合理な金額や内容であった場合には求償に応じないだろうから，β社の提示金額の合理性を確認しておく必要がある。もし金額交渉に時間を要する場合には，選択肢②より時間がかかる可能性もある。そもそも改変版が特に有用でなく，今後使い回すつもりがなければ，選択肢①に時間とお金を費やすのは無駄になる。

このように，営業部門自身が選択肢①と②のメリット・デメリットをそれぞれ十分理解した上で，適切な方法を検討すべきである(A2.31)。

(2)　α社への責任追及

α社のミスの発覚当初，営業担当者は，当社に生じたあらゆる損害についてα社に責任を取らせたい，訴訟も辞さない，と怒り心頭だった。

この点，積極損害(a)～(c)については，当社が実際に支出した分をα社に求償できるだろう。またα社にβ社との著作権交渉を行わせることも，上記2(3)のとおり可能だろう。

一方，消極損害(d)，(e)まで請求できるだろうか？　訴訟提起すればもちろん[53]，任意交渉の場合でも，先方の立場からすれば，ビジネス上の支出のようなリターンが期待できないから，合理的な理由なしに請求に応じるはずがないので，立証可能な損害かどうかを考える必要がある。

まず(d)は，通常，資材Aを使わなくても他の資材や媒体を使ってZの適正使用情報を伝えられるから，「まだ情報が少ない発売直後からZを使用し始めた医療関係者に資材Aを渡せなかったことで，Zが誤使用されて医療事故が起きた」等，通常あり得ない特殊事案に限って[54]，請求が可能となる。(e)も，トラブル対応専従者を置く等の特段の事情がない限り，明確にこれを区分して証明

---

[53] 損害賠償請求訴訟では，損害額は，領収書など客観的な証拠がなければ，原則として認容されない。個別の損害立証なしに認定されるのは，精神的損害に対する慰謝料などに限られており，しかもビジネス上の損害について慰謝料が認められることは，あり得ないといわれている。

[54] 実際に医療関係者が，情報も十分にない発売直後の新薬を，いきなり使用し始めることはほとんどない。

することは困難であり，仮に人件費を算出して訴訟で請求しても，「請求額の1，2割」など大雑把な額で認定されるのがせいぜいである。

以上の整理から，認められる可能性が高いのは(a)〜(c)であるが，訴訟提起をしても費用倒れになりかねないため，任意交渉で請求していくのが現実的だろう。営業部門と対応を協議する際，このような点も納得させる必要がある(A1.9)。

4 留意点

本件のような問題が起きた場合，再発防止策を講じることも重要である(A3.4)。実際，資材を作成する場合，最終版の版下データは，デザイン会社からではなく全て当社から印刷会社に送る，という手順に切り替えた。

さらに重要なのは，第三者との著作権関係を適切に整理しておくことである。本件では，キービジュアルは極めて汎用性の高い著作物だから，β社とは，利用許諾の範囲をできる限り広げるか，または，著作権を譲り受けるよう，粘り強く交渉すべきだった。費用の問題等から常に著作権の譲り受けが必須とはいえないが，外部業者にデザインを依頼する場合について，デザインごとに想定される利用範囲や態様に応じて，著作権の利用許諾で足りるか，多少コストが高くても著作権を譲り受けておくべきか，各担当者でも判断できるような著作権チェックフローを構築しておくと良い。さらに，著作物を頻繁に取り扱う部署に対しては，法務が研修を行い，各担当者が著作権の基本事項を理解している状態にする必要があるだろう(A1.1)。

5 おわりに

本事例のような委託先のミスにより，自社と第三者の権利や利益が侵害される場合，第一に優先されるのは，第三者の損害や損失を回復することである。このための作業や費用は，委託先のミスによって生じた余計なものだから，担当者は，委託先への不満から「訴訟で徹底的に責任追及しないと気が済まない！」と感情的になることもあるだろう。法務には，訴訟提起のメリット・デメリットとともに，委託先との将来の関係性や他部署の利益なども考慮し，会社に最適な解決策を検討する過程をとおし，怒りを募らせた担当者をクールダウンさせ妥当な結論に導いていくことも，求められる役割である(A2.26)。

事例13 ネットモール運営者は，出店者と利用者間のトラブルについて責任を負うか？
モール運営者の責任・契約関係　　　　　（柳由香里）

事例　インターネットショッピングモール上で商品を購入したモール利用者（買主）が，モール運営者[55]に対し，「モールに出店していた店舗（商品の売主）から商品が届かず，店舗と連絡が取れない。当該モールを信用して商品を購入したのだから，モール利用者の損害（商品の代金等）の補塡など，モール運営者において責任を取ってほしい。」と主張してきた。
　モール運営者の社内弁護士として，どのように対応すべきか。

◆ 事例解説
1　はじめに
(1)　電子商取引[56]

　インターネット上での電子商取引は，誰でも，時間や場所の制限なく参加できるというメリットがあり，その規模は，近年ますます拡大傾向にある。一方で，このようなメリットの裏返しとして，直接商品や支払いのやり取りを行わない，相手の見えない取引であることから，従来の取引とは異なるトラブルが生じやすい環境にあるともいわれている(A1.7)。

　そこで，本項では，電子商取引のうち，広く普及しているインターネットショッピングに関するトラブルについて，本事例を題材として，どのように対応したら良いか検討する。

---

[55]　モール運営者とは，インターネット上でショッピングモールを開設・運営し，当該モールに販売者の仮想店舗（電子商店）を出店させ，商品や役務を販売する場所を提供する事業者をいう。

[56]　わが国の法令上，「電子商取引」という文言を直接定義する法令は見当たらない。本項では，電子商取引（Electronic commerce）とは，電磁的方法によって商品や役務の売買の意思表示がなされる取引をいう。略称は，eコマースなど。

(2) インターネットショッピング

インターネットショッピングには，大きく分けて，①売主が自身でインターネットショッピングサイトを開設・運営して，商品や役務（以下「商品等」という）を販売する直販型と，②売主が，モール運営者が開設・運営しているインターネットショッピングモール（いわば電子商店街）に出店して，商品等を販売するモール型の2つがある。

① 直販型では，簡単にいえば，登場人物は，サイト運営者と買主の二者だけである。サイト運営者が商品等の売主であることは明らかであることから，買主は，商品が届かない，不良品が届いたなどの場合には，直接当該売主に対して契約上の責任を追及すれば足りる。

② モール型では，登場人物は，商品等の売主である出店者，買主の他，モール運営者の三者となる[57]。インターネットショッピングモール上での商品等の売買取引には，取引の場の提供という形で，直接的ではないものの，モール運営者が一定の関与を行っていることから，商品等の売主である出店者とは別のモール運営者が買主とどのような法的関係に立つのか，またモール運営者にも責任が生じるか，が問題となる。

本事例では，モール型インターネットショッピングを前提としている。

2 実体法的な視点

(1) モール運営者，出店者および買主の関係

モール型インターネットショッピングでは，インターネットショッピングモール内の出店者と買主との間で商品等の売買取引が行われ，モール運営者は，商品等の売買に関する取引の「場」を提供しているだけであり，直接の契約当事者ではないと通常考えられている。

契約関係について見ると，まず，モール運営者・出店者間では，出店者がモール型インターネットショッピングサイト等を利用して商品等を販売するための契約が存在するのが通常である。当該契約は，出店者が当該モール上で商品情報を掲載したり，買主から注文を受け付けたりするために必要なシステム

---

57 モール運営者がみずから商品を販売し，出店者を兼ねるパターンもある。

の利用契約であることが多い。

　次に，モール運営者・買主間では，通常，モール型インターネットショッピングサイト等の利用規約，利用条件等が存在するが，それは商品等の売買契約ではなく，モールの利用を基本的な内容とするものである。

　そして，買主は，インターネットショッピングモールを利用して，出店者から商品等を購入しているのであり，あくまで商品等の売買契約は，出店者と買主との間で成立する。モール運営者は，通常，出店者・買主間の売買契約に直接的に関与することはないため，商品等の売買契約の主体にはならない。

　以上の関係からすれば，商品等の売主はあくまで出店者であり，本事例のように出店者に売買契約上の債務不履行があるような場合には，原則として出店者が契約上の責任を負い，モール運営者が責任を負うことはないと考えられる（A1.7, A1.10）。

(2) 特段の事情の有無

　もっとも，「電子商取引及び情報財取引等に関する準則」（経済産業省（平成28年6月））（以下「準則」という）では，「モール運営者に不法行為責任等を認めうる特段の事情がある場合等」には，モール運営者が責任を負う場合があり得る，と述べられている（A1.10）。

　① 出店者のトラブルを放置していた場合

　第1に，「重大な製品事故の発生が多数確認されている商品の販売が店舗でなされていることをモール運営者が知りつつ，合理的期間を超えて放置した結果，当該店舗から当該商品を購入したモール利用者に同種の製品事故による損害が発生した場合」のような特段の事情がある場合には，不法行為責任またはモール利用者に対する注意義務違反に基づく責任を問われる可能性がある。そこで，念のため，本事例のモール運営者において，当該店舗のトラブルを認識しているにもかかわらず放置していたような事実がないか等を，事業部門に確認する必要がある。

　② 特定商品等を推奨等している場合

　第2に，「モール運営事業者がモール利用者に対して，単なる情報提供，紹介を超えて特定の商品等の品質等を保証したような場合，当該商品の購入に

よって生じた損害について，モール運営者が責任（保証に基づく責任）を負う可能性がある」とする。

しかし，単に商品または店舗の広告を掲載しているにすぎない場合や，よく売れている商品に「売れ筋」と表示した場合，売上高等のデータに基づいた商品や店舗の「ランキング」等を単に表示したにとどまる場合などは，モール運営者が責任を負うことは原則としてないと考えられている。

一般的に多くの出店者が出店しているインターネットショッピングモールにおいて，モール運営者が特定の商品等を保証するケースは，実際には少ないのではないかと思われる。ただし，念のため，本事例のモール運営者において，店舗の商品を保証等していた事実がないか等を，事業部門に確認するのが望ましい[A5.1]。

3 組織法・手続法的な視点
(1) イエス or ノーの回答だけで終わらせない

本事例において，「原則としてモール運営者が責任を負うことはありません」とイエスorノーの回答を事業部門に対してするだけでは，プロの法律家として，ベストなリーガルサービスを提供したことにはならない。具体的な問題に対する回答だけではなく，プラスアルファとして，予防策の提示や，ビジネススキームにかかわる法的観点からの提案など，将来のビジネスを見据えたナビゲーション機能も，社内弁護士に期待される業務の1つであろう[A1.4]。

本事例では，モール運営者が取引の当事者であるという誤認を買主に生じさせないような予防策を検討し，事業部門に対して，例えば以下のような提案をすることが考えられる[A1.9]。

① インターネットショッピングモールの利用規約や注文完了時の自動配信メール等に，モール運営者は取引の当事者とはならず，取引の当事者は出店者と買主であることを明示する方法

② インターネットショッピングモール内の商品購入画面等に，当該モール内に出店する店舗は，モール運営者とは独立した事業者が自己の責任で運営しており，モール運営者が管理しているものではない，といったモール運営者が売主でないことを分かりやすく表示する方法

また，本事例に関しては，前記2(2)に該当する事実が存在しなかったとしても，他の案件において今後，前記2(2)に該当する事実が発生しないよう，事業部門に注意を促すことを目的とした予防策等も同時に提示するのが望ましい。

(2) ビジネスの現場で実現可能な解決策を出す

特に，社外弁護士ではなく，社内弁護士に求められるのは，「ビジネスの中の人」の立場で，リーガルリスクの最小化とビジネスの実現可能性のバランスを取りつつ，複数の解決策を提案することだと考えている。

そのためには，社内事情やビジネススキームのことをよく知っておく必要がある。そうでなければ，こちらから出す意見が，ビジネスの実情にそぐわない，非現実的なものとなってしまい，ベストなリーガルサービスの提供とはいえない。

例えば，本事例では，前記3(1)のように，将来を見据えた複数の対応策を提案し，ビジネスに即した解決策を事業部門とともに検討することが望ましい。

(3) 木を見つつ森も見る

法務部門の仕事は，具体的な問題における法的問題を探り，関連する法令や判例，ガイドライン等を詳細に調べるといった，細かい作業も多い。もちろん，このような「木を見る」視点は重要だが，詳細な法的問題を探求するあまり，「木を見て森を見ず」といった状態に陥らないよう注意が必要である。

すなわち，具体的な問題に対する回答や解決策が，社内の他の案件やさらには業界に対して，どの程度，波及的な影響を及ぼすのかを考える，といった「森を見る」視点も同時に必要と考える。例えば，前記3(1)の予防策を検討するにあたっては，社内の他のサービスや他社の類似サービスがどうなっているかを調査することも，1つの参考になるであろう[A1.11]。

4 留意点

大きな枠組みは以上のとおりだが，その他の責任原因の有無についても，考察しておく。

準則では，①店舗による営業をモール運営者自身による営業とモール利用者

が誤って判断するのもやむを得ない外観が存在し，②その外観が存在することについてモール運営者に責任があり，③モール利用者が重大な過失なしに営業主を誤って判断して取引をした場合には，商法14条または会社法9条の類推適用によりモール運営者が責任を負う場合もあり得る，と述べられている。

そして，モール運営者が商法14条等の類推適用により責任を負うか否かについては，インターネットショッピングモールの外観，モール運営者の運営形態のみならず，外観作出の帰責性の有無の判断要素として店舗の営業への関与の程度等をも総合的に勘案して判断される，と述べられている。

しかしながら，そもそもインターネットショッピングが広く普及している昨今においては，買主は出店者とモール運営者の区別をつけることができるのが一般的であり，現実に誤認されるケースは少ないのではないかと思われる(A1.18)。

5 おわりに

インターネット上の電子商取引では，従来の取引で生じる法的問題とは異なる法的問題が生じ得るが，民法をはじめとする現行法の多くは，このような新しい取引を必ずしも前提として制定されているものではなく，適用解釈が不明瞭な場合が生じる。また，新しい取引であることから，判例の蓄積が少ない分野である。そこで，現行法をどう適用解釈するのかの検証ができるだけでなく，あるべきルールを模索する能力や業界および法制度の変化に柔軟に対応する能力が必要な領域と考える(A1.5, A1.6, A3.2)。

事例14　継続取引における商品返品対応

（金子裕子）

事例　事業部門から法務部に対し，以下の相談があった。

　当社は代理店を通じて，卸売業者にメーカーから仕入れた家電製品を販売し，卸売業者は小売店に対し家電製品を販売している。卸売業者のうち1社は交渉力が強く，270日を超えた在庫は，不良品でなくとも返品を受け入れることを仕入れ取引の条件としている（「270日ルール」）。

　ある日，代理店から当社に対し，270日を過ぎた家電製品を返品すると連絡があった。当社は，不良品のみ，販売後1か月以内に限り返品を受け入れてきたが，不良品以外の返品の申し出は初めてである。返品個数は販売した300個に対し250個であり，その分の販売代金を返金しなければならない。

　代理店は，270日ルールに基づき卸売業者から250個の返品を受け入れ，それを当社に返品し，返金の請求書を送る予定とのことであるが，当社は返品を受け入れなければならないか。

　なお，当社は卸売業者と直接の取引関係にない。当社と代理店は取引基本契約すら締結しておらず，270日ルールについては，契約書はおろか，聞いた記憶もない。ところが，代理店は当社に対して270日ルールを説明したといっており，現時点ではいったいわないの水掛け論になっている。そこで，過去のメールを調べると，返品に関する以下のやりとりだけが唯一の記録であるが，途中で終わっており，結論が出ていないようである。

　なお，この代理店は資本金も従業員の人数も小規模な会社であり，営業担当者は，売れ行きのよくない製品に対し，広告宣伝など販売促進の面から大いに協力してもらっているので，かなり恩義を感じている。

＊＊＊＊＊＊＊＊＊＊＊＊＊＊＊

代理店：「返品の件ご検討いかがですか。」

当社担当者：「この卸売業者との取引に限って，貴代理店経由でいったん卸売業者の倉庫に預けて（代理店の預かり在庫），販売されたもののみ売上計上するという形式はとれますか？　当社内で返品を受けるのがよいのか，預かり在庫方式がよいのか検討したいと思います。」

代理店：「預かり在庫もできなくはないですが，できれば返品のほうがいいです。来月から開始するなら期限も迫っているので準備を急がないといけません。」

◆ 事例解説

1　はじめに

　継続的に取引を行う代理店との間では，取引開始に際して取引基本契約を締結し，基本条件を定めておくのが通常である。今回も，取引基本契約が締結されていれば，そこには返品条件について規定が設けられるから，交渉の拠り所となったはずである。

　しかし，本事例のように明確なルールが定められていない問題が生じた場合，会社同士の取引だから，①他の法律の特別な規定，②商法の規定，③商慣習，④民法の規定の順で解釈を行っていくことになる（商法1条）。

　まず，今回の対象となった家電製品の返品を規定する特別法の規定は見当たらない。次に，商法の規定を検討する（商法509条）ことになる。なお，商慣習について，実際に類似の事案で営業担当者に確認したところ，業界慣行とは思えない，初めて聞いたルールだ，とのことだった。そのため，実際の事案ではこのような商慣習はないと判断した。

　また，民法の下では，口頭の約束でも契約が成立するのが原則であり，口頭の約束の有無を確認する必要がある。もっとも，口頭の約束の立証は容易でなく，担当者の記憶をたどることになる。例えば，法務部に相談に訪れていない別の担当者が口頭で取引先と約束しているケースもあることから，他の担当者の言動もよく確認しなければならない[A5.1]。

　ここでは，本事例について特に返品を断る方向での理論を中心に検討する。

2　実体法的な視点

(1)　誰に対する主張か

　本事例では，当社の他に代理店と卸売業者が関与するので，当事者を分けて考える必要がある。分類の重要なポイントの1つは，契約関係にあるか否か，という点である[A1.7]。

　本事例で当社は，270日ルールの適用を主張する卸売業者と，当社の代理店の2社に対して，返品拒否を主張することになる。ここに，本件の商流は，メーカー→当社→代理店→卸売業者→小売店（→消費者）という経路であり，当社と卸売業者との間には契約関係がなく，一方で当社と代理店との間には契

約関係がある。

　卸売業者に対しては，270日ルールは特別の合意がないと成立しないから，卸売業者から直接返品の請求があった場合には，返品を拒否できる。一方，契約関係にある代理店に対しては，担当者同士での合意も考えられるところから，270日ルールの合意があったか否かを具体的状況に照らして丁寧に見ていく必要がある。

(2)　メールのやりとりについて──合意があったと判断されるか

　本事例のメールのやりとり自体は，代理店が返品を希望する旨の内容で終わっているものの，当社がこれに関し何ら異議を述べずに取引を開始したと推測され（商法509条），当社が代理店の希望を承諾したとみなされ，返品の合意が認定されるかが問題となる。

　しかし，同条1項では「平常取引」と論じられている点に留意する必要がある。

　ここで「平常取引」とは，反復継続的に行っている同種の取引のことである。例えば，代理店から発注を受けた都度，家電製品をメーカーから仕入れ，代理店に対して普段から同様の取引条件で販売しているような，日常的に行っている取引であれば「平常取引」に該当すると考えられる。

　ところが，特殊な条件を付けた取引や，初回の取引などはこれに該当しない。

　なぜなら，これまで同種の取引を繰り返しており信頼関係が築かれた当事者間の同種の取引であれば，通常は容易にその諾否の決定ができるはずであるとともに，申込人もまた迅速な回答を期待すると思われる。同条は，このような取引では申込みが承諾される可能性が高く，沈黙は承諾を期待させることを前提に，申込者のそのような期待を保護するための規定だからである。信頼関係が形成されていない当事者間の取引や，よくよく検討しないと諾否の返答が困難な特殊な取引条件については，そのような合理的な期待があるとはいえず，同条は適用されないと解される(A1.6)。

　本事例では，270日ルールは当社と代理店との間でも初めての条件であり，当社営業担当者が代理店とのメールのやりとりの中で「この卸売業者との取引に限って」と明示している以上，特殊な条件が付された取引であると考えられ

る。

　したがって，同条2項の適用はなく，当社と代理店との間で270日ルールの返品に関する合意があったとは言い難いであろう。

(3) 結　論

　したがって，当社は返品を受け入れる必要はないと判断される。

3　組織法・手続法的な視点

(1) どの範囲で証拠を取り寄せるか

　法務部にくる相談の中で，取引に関する証拠が全て揃っているという事態はむしろ稀である。そのため，証拠を取り寄せてもらう必要が生じる。その際，見つかるかどうか定かでないだけでなく，問題の解決にとって些細な証拠であれば，無理をしてこれを探させて時間を無駄にしてはならないが，一方で，結論を左右する重要な証拠であれば，ある程度時間をかけてでも探してもらうことを優先すべきである。

　今回は，代理店との間の取引基本契約の締結の有無，相談者や他の担当者と代理店との間のメールのやりとりについては，結論を導く上で鍵となるため，探してもらった。しかし，口頭の「いった，いわない」の話は水掛け論であり，これを突き詰めても結論が明確にならず，当社側に有利な証拠が出てくるわけでもないことから，記憶に残っている部分で法務部から相談者に質問を実施し，記憶喚起に努めるにとどめた[A1.18]。

(2) 公式見解の参照

　そのものずばりでなくとも，当局が公表するガイドラインに同様の事案に関する解釈が示されている場合には，その趣旨・目的に照らし，その解釈が当社の問題の解決にあたって理由づけの1つとして有用となる場合がある。こうした根拠は積極的に探したいところである。

　今回の事案では，当事者の資本金要件などから直接の適用はないが，公正取引委員会事務総長通達第9号「『大規模小売業者による納入業者との取引における特定の不公正な取引方法』の運用基準」（平成17年6月29日，その後の改正を含

む）が参考になった。

　この基準第2，1(1)および(2)によれば，大規模小売業者が，納入業者から購入した商品の全部または一部を当該納入業者に対して返品することは原則禁止されており，例外として返品が認められる場合は，①納入業者の責めに帰すべき事由がある場合，②商品の購入にあたって納入業者との合意により返品の条件を定め，その条件に従って返品する場合，③予め納入業者の同意を得て，かつ，商品の返品によって当該納入業者に通常生ずべき損失を大規模小売業者が負担する場合，④納入業者から商品の返品を受けたい旨の申し出があり，かつ，当該納入業者が当該商品を処分することが当該納入業者の直接の利益となる場合に限られる旨，規定されている。また，例えば，月末または期末の在庫調整のために返品すること，セール終了後に売れ残ったことを理由に返品すること，購入客から大規模小売業者に返品されたことを理由に返品することは，一定の例外を除き，不当な返品に該当することが分かる。

　このガイドラインは，大規模小売業者による優越的地位の濫用行為を効果的に規制するためのものである。そして，本件においても交渉力の強い一卸売業者が仕入先に対して原則，一律に適用している返品条件が問題となっている。

　そのため，本件でもこのガイドラインを，不当な返品として返品を制限する見解の理由補強に用いることができると思われる(A1.6)。

4　留意点

　事業部門から法務部への照会は，第一義的には「法律上の判断」や「契約の解釈」を求めていることに相違ないといってよい。法務部としては，事実関係を冷静かつ客観的に分析し，「法律上の判断」や「契約の解釈」を行うことがその中心的役割である。これができずして法務部門の存在意義はない。

　しかし，同時に気にとめておかなければならないのは，事業部門の真の意図である(A2.31)。本件では，代理店とは1回限りの取引ではなく，これまでの取引関係の蓄積があり，かつ将来も当社営業部門は代理店とともに取引を継続したいというのが真の意図である。法律上，あるいは契約の解釈上は，相手方の主張に十分対抗できるからといって，そのとおりの対応をとるのが常に適切とは限らない。

本件の解決方法は，返品を受け入れて他の販売先に販売する，あるいは返品を一部受け入れるがその数量のみ交渉対象とする等の手段も考えられるところである。事業部門はすでにそのような代替手段の検討を本件相談と並行して進めていると予想されるが，「法律上はどうなるか」という知識の武器を事業部門に与えた上で，事案の最終解決に向けて事業部門と協働できることは，企業で仕事をする法務部員のやりがいと喜びであろう（A1.12，B1.5）。

5　おわりに

　民法や商法は，どの企業であっても必ず適用される基本中の基本であるが，意外と忘れがちである。すぐに取り出して事案にあてはめられるよう，基本知識のストックを持ち，自社の典型的な取引における具体的な適用場面を予めシミュレーションしておきたい。

コラム　**社内の井戸端会議**　　　　　　　　　　　　（西原以久美）

　古今東西を問わず，女性の集うところに情報は集まる。会社もまた然り。女子会ランチ，女子飲み，女子トイレ…。そこは社内の情報の宝庫だ。○○部長は物腰穏やかで女性社員に人気だとか，□□部の課長と係長は折り合いが悪いとか，△△女史は初の女性部長候補だとか。「おばさんたちが面白半分に噂話をしてるだけでしょ」と侮るなかれ。

　法務部門の主な仕事は，ビジネス部門が判断する際に法的リスクが最小限になるようサポートすること。ビジネス部門が判断を誤らないよう，ときには黒子のように誘導したり，あるいは正面から止めに入ることもある。このような仕事の性質上，常に「人」を動かす必要がある。人は，正論さえかざせば動くというものではない。各部署・各人の利害があるため，それを無視して進めると必ず軋轢が生じる。出来る限り軋轢を回避し，円滑に話を持っていくには，社風を知り，各部署の事情を知り，社内の「人」を知ることが重要だ。特に，社内のキーパーソンを押さえておくと，思いのほかスムーズに事が運んだりする。

　男性諸氏も，社内弁護士になったからには，是非，弁護士ネタのひとつでも手土産に，社内の女子会ランチなるものに顔を出してみて欲しい。

事例15 仲介手数料を支払わなければいけないか

（永盛雅子）

事例　Z社は，東京に本社がある機械メーカーで，大阪で工場を稼働させている。ちょうど大阪の工場を拡張したいと考えていたところ，大阪の工場長BがA不動産会社から隣地の売却情報を入手した。Bは東京本社の総務部長Cと相談して前向きに検討する前提で，Aを経由して売主と秘密保持契約書を締結し，詳細資料を受領するなどした。Aとの媒介契約は締結していない。

Aは，売主とZ社の間で成約に向けて調整を図ったが，売主の売却希望価格は最低でも5億円であるのに対し，Z社は4.7億円が予算の上限のため，交渉は硬直状態となりAからは難しいといってきたままになっていた。しばらくして，Z社の財務部長DからメインバンクEに相談したところ，Eは売主とも取引があるということから，Eが中に入り4.85億円で隣地の売買契約が成立した。

その後，Aから隣地取引の仲介手数料として当社に対する1,455万円の請求書がBの元に送られてきた。Bから払わなければいけないかとZ社の社内弁護士であるあなたに相談があった。どう対応すべきか。

◆ 事例解説

1　はじめに

(1)　紹介等業務の報酬の特性

実体のある物の売買や行為サービスの提供は，支払対象であると認識されやすい。しかし，相談，アドバイス，コンサルタントを行う業務や，仲介，紹介といった双方の間を取り持って成約させる業務は，対価支払いの必要性や適正な価格か分かりにくいことが多い。さらに，実体のある物や行為サービスと違って，いわゆる原価がかからないせいか，そもそも支払側が支払いに納得しないこともある。にもかかわらず，はっきりとした合意のないまま業務が遂行され，結果として報酬の支払いでもめる場合がある(A1.7)。

(2)　報酬を得る要件

契約自由の原則から，仲介等のサービスにどのような対価を設定するかは，

当事者が自由に合意で定められるのが原則である。委任契約では，特約がなければ報酬請求ができない（民法648条1項）が，商人がその営業の範囲内において他人のために行為をしたときは，相当な報酬を請求できる（商法512条）。

　もっとも，公序良俗，秩序維持，弱者保護等のため，法律等で特別に仲介業務の報酬受領の要件や報酬額に関して規制する場合がある。弁護士法72条は，弁護士でない者が報酬を得て弁護士を周旋（仲を取り持つこと）することを業とすることを禁じている。その他金融商品取引，人材あっせん等仲介業務の免許を要件とする場合は多い。本事例で問題になる宅地建物取引業法（以下「宅建業法」という）は，免許のないものが業として媒介を行うことを禁じると同時に，業者が受領する報酬の上限を定めている。度を越した報酬請求から顧客を保護し，また不動産の無用な価格高騰を防ぐためである(A1.6)。

2　実体法的な視点

　宅建業法の媒介（仲介をこのように規定する）契約に基づく報酬請求権が発生するための要件は，①媒介契約の成立，②媒介行為の存在，③売買の成約，④因果関係（②③間）の存在である。このうち，特に問題になるのは以下の点である。

(1)　媒介契約の成立（①）

　本事例では，34条の2第1項が義務づけている売買の媒介契約成立時の書面交付がないことから，そもそも媒介契約が成立していないようにも見える。

　この点，書面交付がないことにより宅建業者としての義務違反の問題が生ずるものの，報酬請求権の根拠となる媒介契約自体は，書面がなくても私法上有効に成立する。

　本件では，工場長Bが本社の総務部長に相談しており，会社としてAを利用していると評価され得ること，他方，Aも情報提供や売主とのやり取りを行い，便益を提供したことなどから，Z社とAの間に媒介契約の成立が認められる可能性が高いと思われる(A5.1, A1.1)。

(2) 媒介契約の終了

　仮に媒介契約が成立していたとしても，価格交渉がうまくいかなかったので，その時点で媒介契約を解約し終了したのだ，という主張もあり得そうである。

　以降Z社と売主が取引をする場合であってもAは媒介をしない，と明確に合意をし，かかった経費を清算した等の事情があれば，媒介契約は解約されたといえるだろう。また，第三者が5億円で隣地を購入してしまえば媒介契約は履行不能で終了する。

　しかし，経費精算もせず，明確に媒介契約を解約しないままに同一物件を同一売主から購入した場合，Aの情報提供が無関係とはいえないから，媒介契約が終了したと認定されない可能性が高いと思われる[A1,18]。

(3) 媒介行為の存在（②）および成約との因果関係（④）

　媒介行為とは，取引情報の提供（取引物件の紹介，現地案内，物件調査，取引価格の告知等）と契約成立に向けての価格調整等の契約交渉の具体的行為をいうところ，Aによる隣地情報の提供，売主との間の秘密保持契約書締結への協力，物件資料の受け渡し，売主の意向（最低5億円以上でないと売らない）の伝達，などの行為がこれに該当し得る。

　とすると，最終的にはAの媒介行為と売買成約の因果関係が争点として絞られる。Aではなくメインバンクが介入したことで交渉がまとまったのであって，Aが成約に寄与したわけではない，という主張が認められるのだろうか。

　裁判例を見ると，当事者は媒介業者の交渉能力不足に不満を抱き，媒介業者は当事者の理解不足や判断力不足に不満を抱いたまま取引が中断され，その後に当時者が自らまたは第三者を介して取引を成立させた場合に，紛争が生じることが多いようである。

　下級審判例では，「およそ不動産取引業者のなす仲介においては買主の欲するような土地建物が売りに出ていることを探知してこれを買受け希望者に紹介することがその第1段階であると同時に最も重要な行為であり……委託者が特定の土地の紹介を受け，これを契機としてその後右土地の売買契約が成立するに至った場合においては……右業者がかかる尽力をしなかったことがその業者自身の責任でなく，委託者においてかかる尽力の機会を与えなかったためであ

る限り，右業者は自己の尽力によって売買の成立をみるに至った場合と同様の報酬を請求しうるものと解する。」とある。はじめに物件を紹介したことが重要な仲介行為であり，同一物件を同一当事者と契約する限り，因果関係は切れないとの解釈である。

これによれば本件でも，取引交渉が中断した経緯，再開した経緯なども考慮されるものの，最初にAが情報を提供し，交渉の場を設定した経緯が特に重視されて，因果関係の有無が判断されることとなる。

(4) 報酬はいくらが妥当なのか

不動産売買取引の仲介料は3％と耳にするかもしれない。これは既述のように宅建業法が報酬の上限を3％と定めたものであって，3％にしなさいと定めたものではない。媒介契約での合意がなければ，当然に3％となるものではない。

他方，紛争になった事案での報酬算定では，百かゼロかというものではなく，貢献度に相応して割合的に認定するということが多い。

本件でも，価格決定におけるメインバンクの貢献などを考慮すれば，割合的報酬による解決が現実的と思われる(A5.4)。

3 組織法・手続法的な視点

(1) 定型的でない取引の際の社内体制

不動産会社でない限り，不動産の売買は通常の業務として定型的に行われるものではないであろう。

本件では大阪工場の隣地であったことから，工場長BがAとの窓口となっている。Bは，本社総務部長Cと相談している。通常の業務であれば窓口，体制も決められ，報告や決裁ルールも整備されているためトラブルが起こりにくいのに比して，本件のようなイレギュラーな案件では，本社内の動きと大阪サイドの連携が不十分となり，トラブルになりかねない。会社は，窓口の統一，社内の情報共有等社内体制を整えて，対応すべきである(A2.10)。

(2) 会社の決議

　Z社の規模によって，本件隣地の購入は，会社法362条4項1号で取締役会が決議すべき事項である重要な財産の譲受けに該当する可能性がある。そうでなくとも，社内権限の配分上，取締役会の決議事項にされている可能性もあろう。いずれにしろ，組織としての意思決定として，適切なレベルの機関決定を行う必要がある（A2.6）。

(3) Bの権限

　大阪工場の工場長であるBがどのような権限を持っていたか，どのような外見を表示していたかは，Bの行為と本社の認識に離齬があった場合等に問題となる。このような重要な財産である土地の取得について，Bに決定権限がないことは，通常Aや売主も認識していると考えられるが，仮にBの肩書が常務取締役工場長であった場合，表見支配人（同法13条）の問題も起こり得る。そのような事態を未然に防止するため，Aや売主に対し，当社の機関決定が必要であることなどを明確に伝え，記録に残しておくなどのプロセス上の工夫が必要である（A2.12）。

4　留意点

(1) 当事者が関連会社・子会社等に分かれている場合

　本件では，大阪工場は当社の直営であるから当事者は明らかであるが，企業によっては主要な工場を独立した子会社にしている場合もある。最終的に当社が隣地購入したとすると，Aの請求は当事者が異なるとして認められないのだろうか。裁判例の中には，親会社，子会社，社長個人，社長個人の会社等が登場しつつ，委託者の実体は1つであって最終的に誰の名義で購入するかだけの違いである場合に，契約名義が親会社であっても請求が認められたケースもある。だが，資本関係のある子会社とはいえ，親会社とは独立した経営を貫いている場合には，Aとの媒介契約が直ちに当社に適用されないという主張もし得るであろう。

(2) 違う不動産業者Fが媒介をして成約をさせた場合

　Fは同業者として，Aの媒介契約の解消を確認するなどして，Aの報酬請求権を不当に侵害しないよう配慮すべき注意義務があり，Fの媒介行為に故意または過失が認められればAはFに対して不法行為に基づく損害賠償を請求できる余地があるが，Fの行為が合理的な自由競争の範囲内の行為として違法性がない場合には，請求は難しいこととなる。

5　おわりに

　契約書がなければ契約は成立せず，責任も生じない，と誤解している現場担当者は，とりわけ契約書の作成が業法によって義務づけられている場合，比較的見受けられるところであり，まずはその誤解を解消するところから始めなければならない。

　さらに，4.7億円の購入代金に3％相当の媒介手数料1,410万円を加えると，Aなしでまとめられた購入代金額4.85億円とほぼ一致することから，隣地購入の予算内で話をまとめるために，意図的にAを外した可能性がないか，注意して確認しなければならない。委託者が故意に条件の成就を妨害した場合には，条件成就とみなされて（民法130条）報酬請求権が認められ得るだけでなく，双方に責任がない事案で，割合的報酬の支払いを命じた裁判例も存在するからである(A1.18)。

　交渉担当者を最初から疑ってかかると信頼関係を構築することが難しくなってしまうが，だからといって無批判に全てを信じると，かえって危険な場合も存在する。都合の悪いことをいわない傾向のある担当者の場合には，「弁護士は『護る』のが仕事だから，弱点を教えてくれ」と説明するなどして，本当のことを上手に聞き出さなければならない(A1.13, A1.8, A5.1)。

事例16　真偽の怪しい過去からの手紙
　　　　　文書管理　　　　　　　　　　　　　　　　　（森　正弘）

事 例　当社（以下「X社」という）営業担当から法務部門に対し、1本のメールが入った。

　大手顧客Y社から設備α更新の引合いを受けたが、過去にαの納入実績がないため一旦は断った。しかし、Y社からX社作成という、以下の表現を含むレターを示され、更新に応じる義務があると迫られた、とのことであった。

　「営業譲受後、X社は、従来Z社が取り扱ってきた設備の販売およびサービス業務の一切を引き継ぎます。」

　作成日付は20年以上前で、設備αをY社に納入したとされる譲渡人Z社はすでに倒産していた。営業担当いわく、Y社とは大きな別案件の協議を進めているため、むげに断れない。Y社からは1週間以内に文書にて回答されたいと期限を示されている。

　社内弁護士Aは、当時の経緯を把握するために、レターの控えや事業譲渡契約書などを、文書を管理する総務部門に問い合わせたが、該当文書は見つからないとの回答が返ってきた。また、当時の関係者は全て退職していた。あなたは、社内弁護士としてどう対応するか。

◆ 事例解説

1　はじめに

　社外文書や契約書などの文書管理は、庶務的な仕事として、法務に関係ない印象を受ける(B1.5)。しかし、いざというときに社外文書や契約書が誤って紛失・破棄されていたような場合、適用すべきルールと適用されるべき事実があいまいとなる結果、必要なときに必要な判断ができなくなるリスクがある。基礎資料が欠ければ、法的にもビジネス的にも、「時機に遅れる」リスクなどが大きくなる。特に、担当者がいなくなったような場合に顕著となる。

　一方で、基礎資料が欠けて、事実関係を正確に把握することが期待できないような場合であっても、社内弁護士は、リスク低減の方法を提案しなければならない。この場合、依るべきルールが不明確なことから、単純な価値判断、す

なわち当社利益と相手方利益を見くらべてどちらが大事かという感覚的な判断をしてしまいそうになる。しかし，より客観的で安定した判断をするために，どのように利害調整すればよいのか。

　本事例をルールに基づく処理という観点から見た場合，具体的なルールが定まっていない点がポイントとなる。これは，重要な価値（人権）を尊重しなければならない，という基本的な価値（抽象的なルール）しか規定がないにもかかわらず，そこから具体的なルールを作り上げ，ルールに基づく解決を行う憲法判例の手法が活用されるべき状況と考えられる(A3.2)。

　そこで本事例では，保護法益は何か，対立利益は何か，両者をどのようなルールで調整するか，そのための実効的な手段は何か，を段階的に検討する憲法判例の手法を借用し，考える糸口を掴み，デュープロセスを確保する方法を検討する(A2.6)。

2　実体法的な視点

　まず，X社が設備 a に関する取引応諾義務を負わないことを主張できるか。

(1)　営業譲渡契約の存否について

　営業譲渡は，判例上，①組織的有機的一体性のある財産の全部・重要な一部を譲渡し，②営業的活動の全部・重要な一部を譲受人に受け継がせる場合と定義されている。当該レターの場合，「設備の販売およびサービス業務の一切を引き継ぎます。」と記載されていることから，これが営業譲渡に該当する可能性が高いと評価されよう。

　問題は当該レターに法的な効力があるかどうかである。

　一方で，当該レターは記載内容が抽象的で，X社の正式な意思決定に基づく文書とは見えず，Y社もX社の社内意思決定がなされていないことを当然知り得べきである，と評価され，いわゆる「怪文書」として法的な効力が否定される可能性も否定できない。

　しかし，当該レター以外にXYZ 3社間の合意を証明する文書が存在する可能性が否定できず，むしろ当該レターは正式な合意の存在を推定させるとも評価可能である。そうするとかかる推定を覆そうにも，基礎資料や当時の関係者

がなく，現実にこれを覆すことは不可能であり，保守的な立場から，営業譲渡契約は存在することを前提に検討する (A1.18, A1.1)。

(2) 設備αに関する契約関係は営業譲渡の対象となっていたのか否か

次に，営業譲渡契約の存在を仮定した場合，その対象となる「設備」に「設備α」が含まれるかどうかが問題となる。

たしかに，営業譲渡は包括承継ではなく，設備αが「設備」に含まれるとは限らない。特に，当該レターが対象とするのは，ビジネスとして今後新しくZ社が販売すべき設備であり，Y社自身がすでに利用している設備は対象でないと評価される可能性も否定できない。

しかし，当該レター上も，「販売」という用語ではなく，「取り扱ってきた」「一切」という用語が用いられていることから，(1)と同様，α設備が該当しないことをX社が証明しなければならないと評価される可能性も否定できない。

そして，同様に反証が難しい状況から，これも保守的に認める前提で検討を続ける。

(3) Z社は設備αに関する取引応諾義務を負っていたのか否か

しかし，設備αが営業譲渡の対象と仮定した場合であっても，X社は設備αに関する取引応諾義務を負っていないと評価される可能性がある。すなわち，設備の更新は，既存設備に付帯する修理やサービス対応とは異なり，法的には全くの新規契約だからである。

しかし，Z社やY社によるα設備の継続的安定的な利用の確保のために，X社に取引応諾義務が定められていたとすれば，話は別である。そして，この点もX社自身確認できない状況は同様であり，保守的にこれも認める前提の対応も止むを得ない。

仮に，応諾義務があるとすれば，X社として考えられる主張は2つある。

1つは，技術的，経済的に不可能な案件は応諾義務の範囲外であるという合理的限定解釈の主張，もう1つは，20年以上経過しているため応諾義務が消滅しているという，消滅時効または公序良俗違反という主張である。

しかしこれらの主張も，同様の理由からやはり確実ではない。

(4) 結　論

　X社の主張としては，①設備 a の契約関係を承継していない，②設備 a の取引応諾義務はない，③設備 a の取引応諾義務の範囲外である，④取引応諾義務は消滅している，が考えられる。この意味で，当該レターはYにとって，20年後に法的義務を発生させるほど明確で強固なものではない。かといって，Xもこれを明確に否定できない状況にある。

3　組織法・手続法的な視点

　実体法的な視点から結論が出ない状況であるから，リスクコントロールのために組織法・手続法的に適切な対応が必要となる。

　この場合，(1)取引応諾義務否定によるX社の利益は何か（立法目的の把握），(2)取引応諾義務肯定によるY社の利益は何か（対立利益の把握），(3)両社の利益を調整する手段は何か（立法目的達成手段の検討），(4)実現可能な手段は何か（手段の実効性，相当性の検討）というステップを経て，デュープロセスを確保する方法を検討する(A1.7, A3.2)。

(1)　取引応諾義務否定によるX社の利益

　X社の利益としては，まず当然のことながら，① a 設備の取引応諾義務や損害賠償義務を免れるという「法的義務の回避」があり，次に，②義務違反による「レピュテーションリスクの回避」があり，さらに，③設備 a の取引応諾義務履行のために，技術開発や製造などの特別な対応を余儀なくされてしまう「業務負荷の回避」が挙げられる。

(2)　取引応諾義務肯定によるY社の利益

　Y社の利益としては，まず当然のことながら，① a 設備の取引を約束させることができる利益がある。ただし， a 設備の仕様や値段などは何も決まっておらず，この点に関する交渉と合意が必要である。次に，②代替設備手配の負担の回避，などが挙げられる。

(3) 両社の利益調整の手段

　憲法判例は，単なる利益衡量で解決するのではなく，重要な価値を調整する合理的・具体的なルールを設定し，そのルールに基づいて事案を解決することで，ルールに基づく解決を図る点に特色がある。

　ここでは，XYいずれもビジネス上の利益が問題となっており，特殊な社会法的・経済法的な価値基準やルールに基づく解決ではなく，資本主義経済の大原則である私的自治の原則によって解決されるべきである。

　さらに同じ私的自治でも，①20年以上前の合意内容（もし存在する場合）を議論して確定させ，その内容に基づいて解決する方法と，②これまで合意が存在しないことを前提に，この機会に新たに契約によってルールを策定し，解決する方法が考えられる。

　これを今後の実際のプロセスにあてはめると，①の場合，まず，XY間で合意内容を確定すべき議論が行われ，そこで確定されたルールに基づいて解決されることになる。ここでは，20年前のXYZの状況を中心に議論がなされ，現在のa設備に関するXYの状況についての議論はあくまでも副次的なものとなる。

　他方，②の場合，過去の議論を棚上げにし，現在のa設備に関するXYの状況についての議論が中心となるため，20年前の状況の方が副次的な議論となる。

　このように，憲法判例の手法を借りれば，本事例は①②のルールの選択（準拠法の選択）の問題として整理が可能であり，そうすると明らかに②のルールの方が合理的であることが理解されよう。

　すなわち，Y社に対し，過去の不明確な事実の確認に時間と労力を割くことは，双方にとって決して好ましいことではなく，むしろ非生産的であることを説明し（X社も主張すべきは主張することになるなど），②のルール，すなわち新たな契約交渉の問題として議論する方法を提案すべきである。

(4) 実現可能な手段

　このように議論を整理することで，Y社との交渉でも，①20年前の事実確認問題を棚上げすべき理論が整理され，a設備に関する現在の状況に応じた議論を交渉の中心に据えられること，②したがって，技術開発や製造などの対応可

能性や，Y社と協議している他の案件への影響も議論の対象にでき，より現実的な結論が期待できること，などのメリットが指摘される。

4　留意点

　本事例では，文書が適切に保管されていれば悩みも小さかったであろう。

　しかし，法務部門がない，あるいは，新設された企業の場合，文書管理の明確なルールがなく，文書管理の主管部門が契約書などの法的文書も一緒に管理していることがあるが，そこでは，文書管理ルールが明文化されず，俗人的に存在していることも多い。

　そうすると，人が変わるたびに保管ルールが変わってしまい，結果として，重要な文書が検索できず，他部署が管理していることを主管部署ですら把握できない事態にもつながる。

　したがって，社内弁護士は，少なくとも法的に重要な文書は適切に管理されるよう，担当部門と協力して仕組みを考えていくことも必要である(A2.12, A1.4)。

5　おわりに

　本事例は結局，いかに当社の利益を守りつつ，強硬に迫る顧客にどのように上手くお断りを入れるかという問題にすぎなかったようにも思える。また結局は，過去の議論よりも現在の議論をしよう，という自社の結論をそれらしく見せるためにどう取り繕うかという検討だったようにも見える。

　もっとも，規範や事実という防具が足りない中で，一応の結論を出さざるを得ない場合は存在し，そのような場合の応急処置の手法を学ぶことも社内弁護士としての技術の1つであると筆者は考える。そのための1つの思考の枠組みとして，憲法判例の検討プロセスを借用することも1つの手である。

第3章　演習問題

12.1

資材の内容が，法令（業法を含む）や業界の自主規制に適合するようにするため，どのような組織や手続きを設けるべきか。

12.2

α社への対応について，関係部門を集めた会議を開催することとなった。その検討資料を，Ａ４用紙一枚で作成せよ。

13.1

本事例では，店舗と連絡がつかなくなったことが苦情の引き金となっている。このような事態を減らすために，どのような対策が考えられるか。

13.2

本事例の苦情客に対する回答書を，Ａ４用紙一枚で作成せよ。なお，実際に店舗と連絡がつかなかったのかどうか，どのような調査をしたのか，など本事例では明らかでない事情については，自由に条件設定してよい。

14.1

270日ルールについて，同業他社の集まりなど，機会あるごとにその存在を肯定する意見を聞く機会が度々あっただけでなく，270日ルールなど聞いたことがないと証言した社員について，当社に転職してくる前に勤務していた小売会社では，まさにその270日ルールに基づく製品の引き取りを強硬に迫って在庫品の大幅削減に成功し，やり手として有名であったことが判明した。代理店の要求を一部認める合意が成立し，一段落した後のことであるが，どのように対応すべきか。

14.2
270日ルールによる返品を主張する代理店に対して，返品を謝絶する回答書を，Ａ４用紙一枚で作成せよ。

15.1
トラブルを起こさないように，値切り交渉の窓口をＡ不動産会社からメインバンクに移行するために，どのような方法があるか。

15.2
当該土地を購入する決定を行う役員会での議案付属資料として，法的な問題を整理した資料を，Ａ４用紙一枚で作成せよ。

16.1
過去の議論ではなく，今後のビジネスの議論をすべきである，という議論の場を設定するために，他にどのような方法が考えられるか。

16.2
Ｙの設備αについての要望への対応策を検討するための資料を，Ａ４用紙一枚で作成せよ。

ヒント

12.1

扱う医薬品の種類にもよるが,組織法的には,資材の記載内容が適正であることを確認する,専門性と独立性の高い専門部署を設けることが考えられよう。会社には,組織を作るとその組織がみずからの存在意義を求めて行動を開始し,必要なルールや手続きが整備されていくという,組織的習性があり,その習性を活用するのである。また,この専門部署がないがしろにされないよう,適切な権限の付与や,適切な位置づけなど,権威や牽制機能などが適切に備わるような組織的な工夫も必要である。

手続法的には,例えばこの専門部署の承認のない資材の使用を認めない手続きにするなど,この専門部署をないがしろにして資材を作成できないようにするための手続的な工夫が必要である。

実体法的には,どのような医薬品の,どのような販売の際には,どのような事項を記載すべきか,を明確なルールに定める方法が考えられる。事業部門担当者に,予測可能性を与えるためであるが,さらにみずから主体的に考えてもらい,判断に迷う場合に適切に対応してもらうために,それぞれのルールの背景や趣旨も説明するべきであろう(A2.10, A2.11, B1.1)。

12.2

a社に対し,感情的な対応にならないよう,中立的で冷静と思われている法務が会議を招集することにも,意味がある(A1.13, B1.5)。

次に,文書の目的である。

a社に対する対応を決定するのが会議の目的であり,その基礎資料は,a社に対する法的な権利とその発生可能性について整理することが大前提である。そのためには,本文で検討した内容を要領よく整理すれば良い。

さらに,感情的な対応にならないように誘導することも,重要な目的であり,「法的にここまでできる」という点ばかり表に出ると,歯止めが利かない可能性のある事案であることから,「ここまでやってしまうとこうなりかねない」という,歯止めになりそうなポイント,すなわちビジネス的なリスクや風評リスクなどについても,要領よく整理し,指摘すべきである(A1.1, A1.8)。

さらに，誰がどの段階でどのような役割を果たすのか，α社の反応に応じて，当社はどのように対応していくのか，など社内の役割分担やプロセス（組織法的・手続法的な視点）についても議論し，責任の押し付け合いなどによる案件処理の停滞を防ぐべきである(A5.3)。

13.1

店舗と連絡がつかない事態は，トラブルを放置した間接的な証拠として，モール運営会社の責任を認める根拠にもなりかねない。法的なリスクを減らすために必要なだけでなく，モール全体の信頼性にも関わり，営業的にも重要な課題である。

具体的には，例えば契約上，常に連絡がつくようにすべき義務を定め，顧客からの連絡に対応しない場合のペナルティを定めるなど，店舗に対する法的な義務を課すことも，その対策として考えられる。

しかし，店舗の管理は営業的にも重要な問題であり，過度な拘束は新たな問題を生じさせかねないことから，例えばマーケティングとも連携させ，顧客の店舗に対する評価をこまめに調査分析し，連絡がつかなくなるような事態に至る前の段階で適切にフォローできるようにしたり，顧客への連絡が丁寧な店舗ほど優遇されるようなモチベーションを与えるなど，ビジネス上の対策をうまく組み合わせるべきである(A2.15)。

そのため，社内的には，店舗管理のための対策について，法務と営業が適切に連携できるような体制やプロセスを定め，店舗との関係では，マーケティングとも連携するような管理への協力を約束するルールを契約書に盛り込むなど，きめ細かな管理を可能とする環境作りをすることが考えられる(A1.4, A2.18)。

13.2

苦情客の要請に応じて返金するような事態は通常考えられないので，苦情客の要請を断る内容の回答書を前提とする(A5.10)。

そこで，文書の目的である。

最も重要な目的は，苦情客の要請に応じられないことを明確に伝えることである(A5.2)。

しかしこの場合，かつてのように，紋切り型の門前払いは，会社に対する悪評を

広める危険もあり，採用すべきではない。

このように考えると，文書の副次的な目的として，苦情客の不満を少しでも減らすことを考慮しなければならない。

このような観点から見た場合，近時最も有効な方法として多く見られるのが，原因分析と再発防止策である。苦情を受けた会社が，問題点をみずから調査し，その結果と再発防止策を顧客に報告するのである(A3.4)。

このことによって，苦情客の本来の要請は満たされなくても，会社の業務改善に貢献したという手ごたえが与えられ，不満が薄まることが期待されるとともに，社会的にも，会社が誠実に対応したと評価されることが期待されるのである(A5.4, A2.26)。

14.1

不幸中の幸いは，代理店との交渉が終了していたことであるが，270日ルールをむしろ積極的に活用していた（可能性がある）者が，その存在を聞いたことがないと断言していたことから，代理店との間で引取の約束がなかったという証言についても，その信頼性が揺らいでしまった状況である。

しかし，まず個別事案の解決の問題として見た場合，この問題はすでに解決済みであり，わざわざ解決した問題をひっくり返すほどの問題と評価することはできないであろう。結局，当社も責任を一部認めて解決したのだし，今後の商慣習の適正化を考えた場合，会社にとって悪しき業界慣習と思われる270日ルールを肯定する立場に変更するわけにもいかない。担当者の認識についても，たしかに270日ルールの存在の認識について疑われる状況になったものの，代理店とのやり取りについて嘘をついていたことが明らかになったわけではないし，実際，代理店とは話し合いがまとまったのだから，代理店とのやり取りについて嘘はなかった可能性が高い，というのが理由である(A1.18)。

また，会社の経営戦略の問題として見た場合，270日ルールを主張されても取り合わない，という方針は，270日ルールが存在しないことを前提としていたと思われるが，その前提自体が誤りである可能性が出てきたのだから，会社の方針について，仮に270日ルールが存在する場合であっても主張できるように，理論や対策を検討すべきである。すなわち，商慣習として存在しない270日ルールに従う理由がない，と

いう理論が盤石でなくなったことから，270日ルールは悪しき業界慣習なので認められないという理論まで視野に入れた理論武装が必要となるのである(A1.1, A1.8, A2.9, A1.4)。

法務としては，この担当者の証言を信じたことについて問題がなかったのかどうかを検証する必要があるが(A3.4)，今後の対策（個別事案の解決と，経営戦略の問題）について，従前の方針を維持することの可否や，今後の対応方針について，場合によっては社外の専門家の意見も聞きながら，適切な判断がなされるようにサポートすることが期待される(A1.4, A3.5)。

14.2

まずは，文書の目的である。

もちろん，代理店の要望を否定することが最大の目的であり，返品要請に応じられないことが明確でなければならない。

しかし，営業的に重要な代理店であることから，代理店との信頼関係を傷つけることがあってはならない。

したがって，本文で検討したような法的な議論について，そのうちどこまでをどの程度詳細に論じるのか，270日ルールについて，当社社員の証言をどこまで信頼できると評価するのか，結局，ルールの存在を認める立場で議論するのか，これを否定する立場で議論するのか，などについて，その後に想定される代理店とのやり取りや，他の代理店への影響を，営業部門などと十分議論しながら文案を決定する必要がある(A1.9)。

したがって，演習問題として見た場合，営業部門と議論して決定した方針が合理的に説明でき，その方針に合致した内容であることが，評価のポイントとなる(A1.3, A1.4, A1.9, A5.4)。

15.1

まず，A不動産会社に対して手数料を一切払わない方法を検討すべきであろう。

ポイントは，Aが不動産業者であり，無償で案件紹介することは考えられない点である。すなわち，Aが何の対価も得ることなく「手を引く」ことは，Aの情報がなければ売買契約が成立しなかった状況から，考えられないのである(A5.4)。

手掛かりは，この案件を持ち込んだのはAであり，Z（当社）から工場拡張のための用地獲得を依頼したのではない，という点である。すなわち，本来であればAは，隣地所有者である売主側の仲介であり，売主側から手数料を得るべきである(A1.7)。

　にもかかわらず，Zに手数料を求めてくることがあれば，それはAが両者の仲介として二重に手数料を取得しようとしている（そのこと自体は違法ではないが）か，売主側の仲介になれていないのか，いずれかであろう。

　このような状況分析に基づけば，まずはAに対して，手数料は売主からもらうべきであり，Z側としては，今後の交渉は他の業者などに依頼すると明確に伝え，手数料を払わないことを明確に伝えておく方法が考えられる。Aが抵抗する場合も考えられようが，その場合には，売主側仲介はどうなっているのか，誰が売主側の仲介なのかがはっきりしないと，Zとしても交渉相手が確定せず，不安定になるから，まずは交渉相手をはっきりさせて欲しい，とその背景を聞き出すことも考えられよう(A3.3, A2.24)。

　とはいうものの，Zは，Aが売主側の仲介かどうかも確認せずに秘密保持契約書を締結し，重要な情報まで入手してしまっており，Aは売主側から手数料を取得すべきであるという主張も，本文で検討した裁判例の動向に照らせば，決して強固なものではない。

　Zとしては上記のような主張をし，Aが売主側から手数料をもらえない合理的な説明があれば，これまでの仲介に対する対価として相当な金額を手数料として払う代わりに，仲介契約が終了したことや，当該物件について売買契約が成立してもさらに手数料を要求しないことを明確にした覚書や領収書などを入手する，という方法が，次善の策として考えられよう(A5.4)。

15.2

　まずは，文書の目的である。

　重要な案件について，会社の意思決定を適切に行い，それを記録に残すことが目的であり，デュープロセスの観点から，十分な情報を提供し，十分な議論を可能にすることが，この文書の役割である(A2.6)。

　本文と15.1で検討したとおり，A不動産会社に手数料を支払わざるを得ない可能性が高く，その分も不動産購入の経費として処理した方が適切な場合には，当然のこ

とながら，Aに対する手数料支払いの必要性について判断できるように，法的な議論を要領よく整理する必要がある。

他方，Aの手数料の支払いを拒む場合であれば，Aとの紛争を覚悟しなければならない。その場合，会社の意思決定権限の問題によって，判断すべき機関が異なるので，必ずしも役員会で同時に意思決定する必要はない（会社ごとの決定権限のルールによる）が，金額だけの問題ではなく，訴訟に伴う風評リスクなどの問題もあるため，当該不動産購入に関連する問題として，少なくとも役員も問題の概要は知るべきであり，最低限，関連問題として情報提供すべきであろう(A2.6, A2.28, B4.2)。

16.1

結局，憲法判例の手法といっても，社内で論点を整理するための手法であって，先方と議論するための手法ではなく，先方に対しては，そこで整理された結果をもとに当社の主張を行い，議論が行われることになる。先方に対しては，お互い決定的に勝ち目があるわけではない，過去の結論の出ない法律論に無駄な時間をかけるのではなく，将来のビジネスの議論をすべきである，と話を持ち掛ける他ないであろう(A3.2, A2.24)。

他方，社内の議論で，異なる方法で同様の結論を導き出すことは可能だろうか。

例えば「最悪シナリオ」を使ってみれば，最悪のシナリオとして設備 a を納入する義務が認められたとしても，具体的な仕様や価格は決まっておらず，納入を断れないものの，結局は条件交渉が必要となり，ビジネス上の交渉を行う場合と同様の状況になることがイメージできるはずである。そうであれば，本文で検討したところと結論は同じであり，建設的でない過去の「怪文書」の議論を止めよう，という方向性が見えてくる(A1.1, A1.3, A1.8, A1.9)。

また，この「怪文書」がどのようなルールでどのような「対立する利害」を調整しようとしているのかを考えると，結局，当社が設備 a 導入を拒めない，というだけであり，それ以上のルールを示していないことに気づく。

どのようなツールを使っても，同様の結論に辿り着くのであって，「義務」「責任」という概念に驚いて思考停止になってしまうのではなく，「義務」「責任」の具体的な内容や，それによるビジネスへの具体的な影響まで想像し，インパクトをより精緻に分析するような，「三手先を読む」姿勢が重要である(A1.9)。

16.2

本文および16.1で検討した内容を，適切に整理すれば良い。

◯ おまけ小説　法務の小枝ちゃん ◯

第3章　取引上のトラブル

　新素材の独占販売も軌道に乗ってきて，鈴重からお褒めの言葉をいただいた，と藤堂先輩がいってた。
　そうだ。私にとっても，とても大切な思い出に残る仕事だった。たくさんたくさん，勉強になったことがある。
　桜子がキャッシュフローの問題を指摘した後，長期資金繰りは鈴重から増資を受けることで確保し，それまで長期資金のために拘束されていたメインバンクの与信枠を短期資金のために使えるようになった。鈴重も，うちに投資した分を回収しなければいけない，ということでうちの納入義務と，鈴重の買取義務のバランスを考えたルールにしてくれたし，原料の調達も引き受けてくれた。キャッシュフローは劇的に改善された。何よりも，この新素材のために投資の決断をしてくれた鈴重のおかげだ。
　社長の杉田一族も，意外とすんなり増資を決断した。宗方部長の，「外から資本を入れるのは，将来の株式公開へのステップですよ。」の一言が効いたらしい (A1.18, A2.31)。もともと，新市場の拡大や新素材への挑戦をするような社長だから，最初から抵抗感が低かったとは思うけど，一族会社の社長としては，やはり考えるところはあったはずだ。今後は，他の株主の顔色を窺わなければならない。この会社は，もはや杉田一族だけのものではなくなったのだ。
　けれども，お祭りのような騒ぎは一段落した。
　新素材も，決まった量が製造され，納品されるようになって，日常に組み込まれてくると，また穏やかな日々が戻っている。技術部のみんなは，新素材を活用するためのいろいろな実験に明け暮れていて，やはり毎週木曜日，同じお店で，同じお酒を同じ肴で呑みながら，同じような議論をしている。
　まだ，会社の財政状況は楽になっていないらしい。製品の品質も，だいぶ安定してきたとはいえ不安定だし，まだまだ最低限の納入義務レベルの注文しかないし，だから単価を下げる段階にはきておらず，キャッシュフローは確保できていても，収支で見ればまだまだ赤字だからだ。新素材は，将来有望だが，未だ売り出し中。
　そんなとき，金曜日の午後，週末モードに入り始めているときに，お蝶夫人

から呼び出しがかかった。

何だろう，最近は落ち着いているのに，と思いながら，社長室に向かう。

技術部と製造部の両部長が，それぞれ2人ずつ部下を従えて座っている。

あ，夕べはどうも。

顔見知りの技術者に，こんにちは，をした。顔が強張っていた。明らかに緊張している。

さて，集まったかな。

杉田茂の父親の，杉田一社長が立ち上がった。

「新素材に関して，最初の試練が来た。今週末は，予定を変更してもらわなければならない。申し訳ないが，我々の新素材のため，我々の夢の実現のため，歯を食いしばって頑張ってほしい。詳しくは，宗方君が説明する。」

おい，宗方，頼むぞ。

杉田社長が社長椅子にどっしりと座る。腕を組んで皆の様子をじっと観察している。

何だろう，試練って？

はい，じゃこれを配って。

宗方部長の指示で資料が配られる。

杉田社長の息子の杉田茂が作った資料，桜子が作った資料，技術部が作った資料，製造部が作った資料。どれもA4用紙一枚にまとまっている。合計4枚，パラパラとめくりながら，何が起こったのか，事態を把握しようと目を凝らす。

「知ってのとおり，我々は，新素材の一定量の納入義務を負っている。鈴重との『対等な独占販売』を実現するために約束したことだ。ところが，今月は危ない。約束した品質の新素材を，約束しただけ製造できない可能性が出てきた。まだ決まったわけじゃないし，最後まで頑張るが，ダメだった場合のための対策も検討しなければならない。今日はそういう会議だ。」

みんな資料あるか，よし，資料に基づいて，状況を簡単に説明してもらおう。

宗方部長の指示で，製造部，技術部，財務部，最後に営業企画部から，それぞれ説明があった。資料の順番と逆。よっぽど急いでいたらしい。

財務部は桜子，営業企画部は杉田茂。

要は，鈴重が紹介してくれた調達先からの原材料の品質が悪く，期待される品質が維持できなかったということらしい。鈴重に文句をいえば良さそうだが，品質をチェックすべきは我々であり，また鈴重がなければこの新素材商売は

成り立たないから，話はそんなに簡単ではない。青木法務部長も，私の隣で初めて聞く顔をしている。

技術部も製造部も，鈴重との約束を守れない，と青ざめている。ここにいる6人がこんなだったら，研究室や工場はもっと大変なんだろう。たしかに，社長室のガラスの壁から見下ろしてみると，作業中の作業員の何人かがちらちらとこちらの様子をうかがっているようにも見える。気のせいかもしれないけど。

けど，ペナルティ発動はなさそうだな，この程度じゃ。
ちらりと青木部長を見ると，目が合った。
大丈夫ですね。
うん，大丈夫そうだね。
頷き合って，お互いの認識を確認した。
さて，そうすると，何が獲得目標かな。
1つ目は，今回の原因と思われる取引先だな。鈴重の紹介だから遠慮してたけど，これをきっかけに，品質管理をこれまで以上に強く求めることができる。
2つ目は，生産能力の強化だね。財務部も社長も，何を考えているのか分からないけど，最近ケチだ。たしかに，新素材では利益が出ていないが，それにしてもいろいろなところで出費を抑えている。木曜日の居酒屋で，俺たちが徹夜して頑張ればいいんだろう，っていってた技術部の面々。彼らの熱意に甘えてばかりじゃダメだ。余力を振り絞ってばかりでなくて，余力を付けるときも必要なはず。
そんなことを考えているとき，青木部長がメモ書きを見せた。
会議では，技術部と製造部が，問題点や克服可能性の質問に答えている。
「今日は動くな。」
ぎょっ。
青木部長，そこまでお見通しでしたか，恐れ入ります。
そうですね，まずは折角なので，みんなの危機感をもっと高めた方が良いですね (A1.1, A1.3)。相変わらず人が悪いですね。尊敬します。
「小枝，法的にどうだ？」
あっ，来た来た！
座ったままで失礼します。
「まだ楽観的なことをいえない様子ですので，まずは最悪のシナリオを考える

べきだと思います。最悪のシナリオは，やはり鈴重が契約解除する事態です。たしかに，当社に投資してくれましたが，その分は新素材ではなく別の形で回収しよう，あるいは最初からそれが狙いだったかもしれません。」

　ちらりと見た青木部長は，神妙な顔をして頷いている。これぞ古狸 (A2.20, A2.21, A2.23, A2.25)。

　冷静を装っているが，杉田社長には堪えている様子だ。息子もそっくりな顔してる。藤堂先輩は，ほほー，みたいな顔。意外と大物かもね。逆に可哀そうな桜子は，唇が青くなっている。会社が乗っ取られるようなことを想像しているのだろうか。

　ごめんね，桜子。来週，ワインおごるから。

　心配しているのかどうか，表情からは分からない宗方部長が立ち上がった。

「なるほど，最悪シナリオを考えておけば，たいていの事態に対応できるからな。よし，まずは最悪シナリオを共有しよう。小枝，ホワイトボードを使って，みんなのイメージをまとめ上げてくれ。」

　あ，ホワイトボード好き (A2.3)。今日はインクの出も良いし，好調好調。

　それに，最悪シナリオで一挙にみんなの危機意識を高められる。こんなところは，私も進歩したかな，どうです，青木部長？

　青木部長がうっすらとこっちを見て，心なしか，にっこりと頷いてくれたように見えた (A2.30)。

第4章

苦情対応

事例17 保険の解約
監督官庁，顧客，担当者それぞれへの対応（笹川豪介）

事　例　A銀行は投資信託の販売会社として投資信託の販売を，保険会社の代理店として保険の募集を，その業務として行っている。

A銀行の担当者が，ある顧客の意向に沿って，変額年金保険の解約手続と投資信託の購入手続を行ったところ，当該保険の解約控除について誤った説明を行ってしまった。顧客は，解約控除はなく運用益が出ることを前提に解約したのに（その旨を担当者にも話していたのに），解約控除がかかると運用損失が生じてしまう，損失が生じるのであれば解約自体しなかったと主張している。なお，投資信託の販売については何ら手続上問題なく行われており，顧客もその旨認めている。

銀行の社内弁護士としては，本件についてどのように対応すべきか。

◆ 事例解説

1　はじめに

金融に関する規制緩和により銀行でも変額年金保険や投資信託が購入できるようになった。例えば変額年金保険は，運用型の保険として運用益や保険機能の期待ができるだけでなく，商品によっては年金受取りを選択する場合に受取総額が保証されるなどの安心感もあり，大ヒット商品である。

他方，銀行が勧めるから損失が出るとは思わなかった，などという苦情も存在する。

したがって，銀行を信頼してくれる顧客に対して，商品のリスクや構造を適切に説明することが重要であり，実際，銀行の担当者は，資格の取得や定期的な研修，OJTでの訓練等により継続的な自己研鑽を行っている。

しかし，人が行うことである以上，ミスを完全になくすことは極めて困難である。

そこで，金融商品に関する顧客とのトラブルを適切に処理することも重要であり，その場合の対応について，以下検討を行う。

なお，本項では銀行における実務を想定した説明を行うが，保険の募集を行

う者であれば同様の検討を要する場面もあり得るため，その点においても参考になるものと思料する。

2 実体法的な視点

本件では，顧客と銀行の関係だけでなく，監督官庁（金融庁）と銀行，当該担当者と銀行の関係も問題になる。3種類の異なる法律問題全てを検討し，矛盾なく解決しなければならない (A1.7, A1.3)。

(1) 顧客との関係

まず，顧客と銀行の関係から検討する。

顧客は，損失が出るなら保険を解約しなかった，と主張しているため，第1に，その損失について損害賠償する方法が考えられる。すなわち，担当者が説明を誤ったことによって顧客が保険の解約を行い，解約控除が行われていることから，誤説明（＝説明義務違反）による不法行為等に基づく損害賠償義務がある，と構成するのである。

しかし，解約などの費用が説明の有無にかかわらず発生するのであれば，費用を損害と評価できない可能性がある。保険から投資信託への乗換えの際に期待した利益を得られなかったことを損害とすることも考えられるが，このような特別損害の賠償については予見可能性が必要であり，この予見可能性が確実にあるとは言い難い。

このように，銀行に損害賠償義務があるかどうか，簡単に判断できない状況にある (A1.1)。

そこで，第2に，保険の解約の意思表示は錯誤により無効であったと考え，原状回復を行うという方法が考えられる。すなわち，顧客は運用益を前提にしていた，これを担当者に話した，と主張していることから，解約の動機が表示されており，意思表示の要素に錯誤があると評価できるのである。

しかし，保険の解約を錯誤無効とすると，原状回復のために，受領した金額を保険会社に返金する必要があるが，本件では投資信託を購入しており，（手元に資金が別途あればともかく）原状回復できない状況にある（保険料不払いと同様の状況になるので，原状回復を主張しても保険の効力が発生しないであ

ろう)。

　そこで，保険の解約と同時に行った投資信託の購入も一体の取引であるとして，当該一体取引全体の錯誤無効を検討することが考えられる。顧客にとって保険の解約と投資信託の購入は一体であり，一方だけ有効とするつもりはないと思われるからである。

　けれども，一体性の有無についてはケースバイケースであり，原状回復の可否についても，簡単に判断できない状況にある。

(2) 監督官庁との関係

　金融商品取引法・保険業法（以下，前者を「金商法」，両者あわせて「業法」という）は，投資信託の販売や保険の募集等に関し，投資家や顧客の保護等のために，商品の説明方法や意向確認の方法など詳細なルールを定めており，ルール違反がある場合には，金融庁への報告や金融庁による処分などがなされ得る（銀行は生命保険募集人（保険業法2条19項）あるいは登録金融機関（金商法33条の2参照）として規制を受ける）。

　したがって，担当者による対応が，これらのルールに違反していないかどうかを詳細に確認し，さらにもし違反していることが判明した場合には，金融庁への報告などの適切な措置を講じることが必要となる。

　ここで，顧客との関係で会社側の責任を認めつつ，金融庁との関係で会社側の責任を認めない，という立場を取ることは，現実的に困難である。もちろん，事後的に損失を配分するルールである不法行為法（顧客との関係）と，行為規範である募集などのルール（監督官庁との関係）は，目的が異なるので，理論的には異なる結論となる余地もありうるが，同一の事実について実質的に差異がある法的評価をする合理性は，なかなか認められ難いであろう。

(3) 担当者との関係

　会社は，多くの場合就業規則などに懲戒処分に関するルールを定めており，不適切な言動を行った従業員に対して懲戒処分を行うことができる。しかも金融機関の場合には，業務に対する信頼を確保し，不適切な業務を防止するために，適切に懲戒処分を行うことが期待されている。

そのため，担当者の行為が処分に相当するかどうか，という問題意識からも，事案を慎重に検証しなければならない。

3　組織法・手続法的な視点

　以上の3種類の異なる法律問題だけでなく，手続上考慮しなければならない問題がある。

　すなわち，投資信託の販売について一定の事故による損失補填が認められるためには，帳簿書類等により事務処理・注文執行の誤りであることが明らかな場合などを除き，内閣総理大臣による事故確認の他，確定判決や訴訟・調停・ADRでの和解等が必要である（金商法39条3項ただし書，金融商品取引業等に関する内閣府令119条1項各号）。

　しかも，顧客との関係ではこのように慎重な対応が必要な可能性があるにもかかわらず，監督官庁への対応を遅らせるわけにはいかない。遅れること自体が，会社の管理体制の問題になってしまうからである。

　そこで，実際の対応の流れに関し，ポイントを確認しておく。

(1)　事実確認

　まずは，事実確認を確実に行うことが重要である (A5.1)。

　もちろん，相手のあることであり，紛争に発展すれば顧客と認識が異なってくる場合もあるが，だからといっていい加減な認識のまま対応を進めると，例えば従業員に過重な処分を与えて問題となったり，顧客がなかなか納得しなかったり，監督官庁から事件対応の体制や運用の不備を指摘されたりする事態になりかねない。

(2)　顧客対応手続の選択

　次に，適切な顧客対応手続を選択することが重要である。

　ここで，最も慎重な手続きとしては，訴訟（判決）により認められた権利関係に基づく方法が考えられる。業法上認められる損失補填等に該当するか否かが不明である場合，あるいは主要な事実関係に争いがある場合などは，この方法が有効であろう (A5.7)。

判決に準ずる方法として，訴訟上の和解・調停，ADRによる解決が考えられる。特に調停やADRによれば，早期に個別の事実関係に即した適切な解決が期待できる。本件は保険の解約と投資信託の購入の双方に関する事案であるため，ADRによる場合は指定紛争解決機関として全国銀行協会を選択することになる。

簡易な手続きとしては，顧問弁護士へ確認する方法が考えられる。特に，損失補塡に関する上記手続きを不要とする点について，慎重に確認してもらうことが重要である。主要な事実関係に争いがなく，法的解釈におおよそ疑義がないことが前提になるが，この方法によれば，迅速かつ仔細な検討・対応が可能となる。

それでは，社内弁護士による確認という方法も考えられるであろうか。法的な問題がないことが明らかであればそういった対応も考えられるが，本件のように法令解釈上の検討の余地がある場合には，第三者性が高い顧問弁護士による確認は少なくとも行う必要があるものと考えられる。

(3) 監督官庁への対応

顧客対応や担当者の処分が決まった後に監督官庁への対応を検討できれば，それに越したことはない。

けれども，事案が複雑な場合など，慎重な対応が必要であるほど，顧客対応や担当者への処分に時間がかかってしまう。

したがって，例えば早い段階で「速報」を伝えるなど，監督官庁対応の専門部署と連携して，迅速な監督官庁対応と慎重な検討を両立させる工夫が必要である(B4.2, A2.28)。

4 留意点

大きな枠組みは以上のとおりだが，いくつか細かい点を指摘しておく。

(1) 保険会社からの解約手続書類

顧客は，保険会社がシステム的に作成した解約手続書類に署名・押印している。そこに記載された解約控除の有無や金額に誤記載は考えられないから，解

約控除の金額に関する顧客の誤解について，基本的に保険会社は責任を負わない。

しかし，銀行の責任は別に検討されなければならない。本件のように担当者が説明を誤った場合には，実際の説明状況を十分に検証する必要がある(A5.1)。

(2) 再発防止策の策定

本件では，個別事案としての対応だけでは足りず，原因を分析し，再発防止策を検討する必要がある。単に担当者が集中力を欠いていた，勉強不足だっただけで済ませるのではなく，同様の事態が他で起きることも想定した分析が必要である。分析結果に応じて，事務手続の改善や確認事項の追加，事例の周知などの方法で，再発防止を図る必要がある(A3.4)。

また，原因のいかんによっては，同様のミスが生じていないか周辺調査を行い，調査結果に応じて追加対応を検討することになる。

5　おわりに

銀行の担当者は数多くの取引類型ごとに多種多様な説明，書類作成，事務手続を行う。これらの内容については，法令・慣習等に基づく社内ルールで定められているが，ルールに定められていないことやルール外の対応をする必要が生じることも多く，極めて複雑なものである。よって，銀行担当者のたゆまぬ自己研鑽をもってしてもミスを完全になくすことは極めて困難である。そうすると，どのようにミスを防ぐかだけでなく，ミスが生じた場合にはどのように信頼を回復するのか，同様のミスを再度発生させないためにどのようにすべきかまで考える必要がある(A1.9, A1.4)。

本件のような顧客とのトラブルは，対顧客，対監督官庁，対担当者という3種類の異なる法律問題を整理しながら適切に処理しなければならないが，その際，場当たり的に対応するのではなく，このように将来を見据えた対応が求められるのである(A2.11)。法務担当者において，顧客や銀行内の現場の要望をふまえつつ(A2.31)，法務・コンプライアンスの観点を持って迅速かつ適切に整理をして対応策を模索し，現実的妥当性をも有する方法を策定して解決を図ることで(A5.4)，顧客の銀行に対する信頼も回復されることになろう。

事例18 製品苦情対応の考え方
(西川正樹)

事 例　メーカーの法務部員のあなたに，国内小売店への営業および消費者向けのアフターサービスを行う営業所から，自社商品を購入した顧客の対応について以下の相談があった。

　顧客より，「貴社商品をとある小売店から購入して実際に使用したが，広告や店頭での商品説明とは使用感がまったく違った。商品に初期不良があると思い，先日，商品のサービス条項に基づき小売店を通じて貴社あてに品質検査と修理を依頼したが，貴社の調査結果は『初期不良はなく，品質に問題なし』という結論だった。自分としてはこの結果に納得がいかないので，商品を返品し，購入費用を返してもらいたい。あわせて，貴社の品質管理基準と検査手法が信用できないので品質管理基準を示していただき，自分で購入した商品の不具合の有無を調査したい。応じられない場合は，一連の貴社の対応についてブログに掲載して，他の消費者への注意喚起を行う予定である」との要求が来た。自社と小売店との関係は，いわゆる販売店契約の関係にあり，商品のサービス条項には，商品に初期不良があれば無償修理を行い，修理不可の場合には，交換または返金手続ができるとの記載がある。

　上記のような顧客からの要求に対してどのように返答すべきかという相談があった場合，どのようなアドバイスをすればよいだろうか？

◆ 事例解説

1　はじめに

　消費者等の顧客からの要求は，理論上，経営に役立つ「クレーム」と，単なる「不当要求」とに区別される。このうち前者は，経営に有益であり，CS (Customer Satisfaction) 活動の一環として誠実に顧客の要望に応える方法が検討されるのに対し，後者は経営に有害であり，いかに顧客の要求を拒絶し，不当要求に応じないかという拒絶方法が検討される 。そして，実際の顧客対応では，多くの企業が顧客第一主義の理念を掲げ，前者の対応を中心に位置づけている。もちろん，その方針自体何ら問題ない。

　他方，近年ではレビューサイトや口コミサイト，ツイッターに代表される

SNSの普及によって，わずかな商品・サービスの不良・不手際が企業不祥事とされ，短期間に拡散・炎上するため，拒絶すべき「不当要求」を拒絶できない場合も生じるなど，「クレーム」と「不当要求」の区別自体が非常に難しくなってきている。

すなわち，顧客満足を達成するという理由だけで，無条件に「クレーム」に応えることはできないし，法的な根拠がないという理由だけで，「不当要求」を拒絶できない事態が生じている。その上，柔軟すぎる対応によって「不当要求」に安易に応じる事例が積み重なってしまえば，「不当要求」を拒絶できなくなるだけでなく，一部顧客の優遇になってしまい，一般顧客の信頼を失いかねないのである。

したがって，顧客対応についてのアドバイスを求められた場合，一概にCS活動の問題であるからビジネス側のジャッジにゆだねるとか，不当要求であるから法務として厳格に対応するというように，簡単に結論を出すべきでない。CS活動も念頭に入れつつ，法的観点から合理的かつ実践的な判断・アドバイスをしていく必要がある。その過程では，ビジネス側と法務側が協同して対応する必要が高い案件ということができる(A1.1, A1.3, A1.4, A1.8)。

さらに，顧客からの要求が社内のコンプライアンス上のリスクを顕在化させる契機ともなり得る。したがって，一見して不当要求と思われるような顧客への対応であっても，単にその場限りの対応として終わらせるのではなく，コンプライアンス上のリスクを発見する経営に有益な情報として活用することも求められている(A3.4)。

2 実体法的な視点

(1) 法律構成

ここでは，メーカーである当社，小売店，顧客の3当事者が関係してくるため，最初に，その法律関係を整理し，原則としてどのように対応すべきかを検討する(A1.7)。顧客から見た場合，第1に，売主である小売店に対して返品や交換を要求することが考えられる。この場合，顧客からの要求に応じるかどうかの判断は，売買契約上の問題であって，売買契約上の売主である小売店が行うべきである。ところが，実際には，小売店において返品・交換の可否はメー

カーの回答次第によるという対応をすることが多い。商品の不具合の有無の検証や判断は，メーカーでなければできない場合が多いからである。それゆえ，メーカーである当社は小売店に対する回答という形式をとりつつ，小売店の顧客に対する売買契約上の責任問題として，商品の瑕疵について検討することが必要である。

　ところで，売買契約における瑕疵担保責任は，現行法上，一般的には法定責任と解され，特定物にしか適用されない。その上，目的物の修補義務は，信義則または黙示の特約によって認められるにすぎない。しかし，民法改正後は契約不適合という債務不履行責任とされ，請負契約だけでなく売買契約でも特定物・不特定物を問わず修繕義務が認められる予定である。したがって，民法改正後は，瑕疵の有無は，小売店の責任を法的に決定する問題になるので，一層の注意が必要である。

　顧客から見た場合，第2に，メーカーである当社に対して，返品や返還を要求することが考えられる。これは，商品に付帯する保証規定，アフターサービス条項等（以下「サービス条項」という）によるもので，無償修理や交換・返金の規定が定められているものが多く見られる。サービス条項の定める条件が満たされれば，当社はみずからの義務として，顧客の要求に応じなければならなくなる。

　瑕疵やサービス条項の条件については，条項の表現と実際の瑕疵によって個別に判断されるが，一般的大局的にいえば，その商品が通常有すべき性能を備えていなければ，これらの責任が生じることになる。本件は，品質検査の結果，商品の品質に問題はないという結論があるため，上記いずれの法律構成であっても法的な責任はないことが前提になる事案であり，顧客の要求に応じない，という対応が原則になる。

(2)　要求に応じる場合

　しかし，例外的に顧客の要求に応ずべき場合もある。

　例えば，消費者契約法により顧客に取消権が発生する場合があり，その中でも特に重要なのが，小売店による不実告知があった場合である。

　この取消権は，上記第1の法律構成に関するものであり，メーカーである当

社に直接関係しないが，メーカーと小売店側との契約関係次第では，初期不良等の場合と同視して当社が引き取る場合も考えられる。CS活動の観点から，サービス条項に基づく返金と同視して顧客の要望に応じるものである。

そこで，どのような場合に取消権が発生するかが問題になるが，消費者契約法では，「勧誘」に該当する場合に取消権が発生しうる。「勧誘」には，特定の消費者に働きかけ，個別の契約締結の意思の形成に直接に影響を与える場合は該当し得るものの，不特定多数の者に働きかけ，個別の契約締結の意思の形成に直接に影響を与えない場合は該当しない。そして，従来は不特定の顧客に配布するような広告・チラシ等は「勧誘」に該当しないとする見解が有力であったが，この見解は判例（最判平29.1.24）により否定されるに至っている。それゆえ，取消権の有無の判断においては，小売店向けの商品説明・営業マニュアル等のみならず，広告・チラシ等を含めた広告表示全体についての妥当性を対象とすべきである。

仮に，不適切な「勧誘」行為が存在するような状況にあり，事実確認の結果，顧客において取消権が発生していた可能性が高い場合には，商品そのものの瑕疵ではないものの，商品の瑕疵がある場合（サービス条項に該当する場合）と同視して，返品や交換などに応じることも合理性があると評価できる。

このように，厳密に見れば法的な責任があると断言できない場合であっても，それと同様の合理性が認められる場合には，顧客の要求に応じることの合理性を一緒に考え，現実的な解決に協力すべきである（A1.9, A1.10, A1.1, A5.4）。

(3) 品質管理基準の開示

他方，第2の要求である品質管理基準の開示については，応じるべきではない。

品質管理基準は，基本的には商品の品質に関する重要な機密事項であり，よほど信頼できる取引先以外にこれを開示することは考えられないからである。

仮に顧客が商品の瑕疵による被害者であったとしても，会社の品質管理体制や運用が適切であったかどうかを検証すべき立場にはなく，その必要がある場合には裁判所などの公的な機関に委ねるべきであり，開示要求に対しては，譲歩の余地のある対応ではなく，むしろどのように毅然と拒否するべきであるか，

という視点からアドバイスすべきである(A5.7)。

3　組織法・手続法的な視点
(1)　アドバイスの具体性を考える
　担当者への回答方法としては，上記のような法的構成を明確にし，営業担当者に対し当社の置かれた立場や理論構成を理解させることに重点を置くべき場合と，むしろ具体的な回答文言やその後に想定されるやり取りまで，具体的に一緒に考えるべき場合が考えられる。顧客からの苦情や要求が極めて多い場合には，営業担当者自身の対応力を高めなければならず，いちいち手とり足とりアドバイスすることは，かえって会社全体の組織的な対応力を下げてしまうが，このような要求が珍しく，その対応が会社にとって重要な先例になるような場合には，むしろ現場と一緒になって対応を詳細に検討すべきである(A2.4, A1.4)。

　しかし，いずれにしろ担当者がイメージを共有し，適切に行動できる程度に具体的でなければ，対応を誤らせることにつながりかねないので，本件のような苦情対応の場合には，最低限度の具体性が必要である(A2.18, B6.3)。

(2)　コンプライアンス上のリスクの顕在化
　メーカーの法務部門にとって，自社の商品のユーザーとのトラブルを直接検討する機会は実はそう多くはない。

　そこで，本件のような事案は，普段意識的に検証する機会の少ない，営業活動のルールや運用を検証する絶好の機会である(A1.8, A3.4)。事例の対応としては，上記のとおり，広告などよりも顧客対応マニュアル等の記載の方が重要である(A2.11)，と指摘したが，コンプライアンス上のリスクの検討の観点からは，顧客から当社の広告にも問題があると指摘されており，広告内容が適切であるかどうか，どのような管理体制になっているのか，などまで掘り下げて積極的に検討すべきである。トラブルが発生し，何とかしなければと営業側も問題意識を抱いているときであれば，体質改善のアドバイスに従ってくれる可能性も高いはずである(B1.1, A2.11)。

4 留意点

(1) 事実確認と初期対応の重要性

顧客からの要求は「不当要求」ばかりではなく，会社にとって有益な「クレーム」の場合もあるが，その場合も，事実確認と初期対応が重要である(A5.1, A5.6)。商品やサービスの内容をより良くするためには，曖昧な情報や要求を鵜呑みにしたり軽く見たりするのではなく，各事案の事実関係を明らかにしなければならない。特に，顧客の不満が会社の初期対応への不信感から生じていることも多いことから，事実関係を調べる際には，初期対応がどうだったのかについても明らかにし，今後の初期対応の改善に結び付けるべき場合が多いであろう。

(2) 広告法務への取組み

企業の広告活動については，平成26年に景品表示法の改正も行われ，社会的にも注目されている部分であり，消費者の目線も非常に厳しくなってきている。しかし，明確に規制対象になるかどうかの判断は多くの場合極めて微妙であり，法務的な立場からNOを突き付けるのは難しいことがある。

だからこそ，本件のような実際の顧客からの苦情を，広告のあり方を考え直すきっかけとして活用すべきである。すなわち，実際の苦情をきっかけに，外部の意見を重視する体制やルールを整備していき，CS活動の実効性を高め，広告部門も納得いく体制を目指すのである(A3.4, A1.4, A2.10, B1.5)。

5 おわりに

顧客対応については，相手方は敵ではなく顧客であり，法律的な観点から一刀両断することによっては適切な解決に導いたということはできない。どのようにして顧客満足と自社の利益とのバランスをとるのか非常に悩ましい問題である(A1.7)が，適切に解決した際には，自社の担当者のみならず顧客の満足の声も聴くことができ，非常にやりがいのある分野である。

事例19　女性専用車両における男性客トラブル
（齊藤玲子）

事例

鉄道会社Xは，女性専用車両を導入しており，現在，平日朝・夕の通勤時間帯および深夜時間帯に同車両を設定している。中には，「男女平等であるべき」との考え等から，あえて女性専用車両に乗車したり，抗議活動を行ったりする男性客もいる。

このような状況で，以下の問題が発生し，社内弁護士に相談がきた。

① 女性から，「女性専用車両に乗っている男性を降ろしてほしい」と要望された際，Xは男性客を降ろすことが可能か。

② 男性客がデモを起こして女性専用車両を全てデモ参加者の男性で埋め尽くしたため，女性がまったく乗れなくなった場合は，どのように対応すべきか。

③ 女性客が自身で男性客を無理やり女性専用車両から降ろしたことで，男性からXに「女性の行為は強要罪などに当たるのではないか」というクレームが入った。どう判断すべきか。

◆ 事例解説

1　はじめに

女性専用車両（女性等に配慮した車両）とは，「鉄道事業者において，輸送サービスの一環として導入された女性等に配慮した鉄道車両」と定義されている[58]。国土交通省が2003年に行ったアンケートによると，女性は9割近く，男性も6割前後が女性専用車両に賛成と回答しているものの[59]，「男性差別に当たる」「一般車両が混雑する」等の理由で，女性専用車両に反対する人も少なくなく，トラブルに発展する事例も多い（A5.1, A1.7）。

そこで，女性専用車両の法的な位置づけと，どのようなルールが適用されるかを明らかにした上で，各問題について，具体的にどのように対応したら良い

---

[58] 国土交通省　用語解説ページ（http://www.mlit.go.jp/yougo/j-s2.html）。
[59] 国土交通省「女性専用車両　路線拡大モデル調査報告書」64～103頁参照（平成15年3月）。

か検討する^(A1.9)。

2 実体法的な視点

(1) 男性客を降ろすことは可能か

　まず，男性客が女性専用車両に乗ることに関する規制である。

　関係する鉄道営業法は「制止を肯せすして左の所為を為したる者は十円以下の科料に処す」(34条)と定め，該当する行為として，「婦人の為に設けたる待合室及車室等に男子妄に立入りたるとき」(同条2号)をあげている。これを素直に読めば，男性客が理由もなく女性専用車両に乗るのは違法と解釈しうる。

　これに関して，国土交通省は，「現行の女性専用車両に，鉄道営業法34条2号の適用は想定していなく，男性のお客様のご理解とご協力の下に，鉄道事業者が輸送サービスの一環として成り立っているものであって，強制的に乗車を禁ずる法的根拠もなく，男性のお客様を排除するためのものではなく，利用者のご理解とご協力のもとで成り立っています」[60]としている。

　これは，現在の女性専用車両は「婦人の為に設けたる待合室及車室等」に当たらない，という見解と考えられる。この見解は，1900年に公布された鉄道営業法34条は，痴漢行為の抑制等を目的とする現在の女性専用車両[61]を想定しておらず，「婦人の為に設けたる」とは，女子トイレなどを意味するという限定的な解釈と，運用上，女性専用車両は男児，障害者の男性，介助の男性も利用できるとしている鉄道事業者が多く[62]，男性の利用を全面的に禁止していない，という事実を理由にすると考えられる[63]。

　このように，女性専用車両に男性客が乗車することは規制対象とはいえない。

　では，鉄道事業者は男性客に対して女性専用車両から下車するよう請求でき

60　PRESIDENT Online – PRESIDENT2011年10月31日号，国土交通省ヒアリング。
61　現在の女性専用車両が本格的に導入されたのは2001年である。
62　このような利用を明示しているか否かは，鉄道事業者でばらつきがある。また，男児や身体障害者とその介助者が単独で乗車できない事業者，条件付きで男性の利用を認めている事業者もあるなど，女性専用車両の運用も，鉄道事業者間で統一されていない。
63　女性専用車両には，男児等が利用できる旨示すステッカー等が貼ってあることが多いが，違反した場合の罰則なども書かれていないことからも，法的な効力がないと考えるべきであろう。

るか[64]。

　そもそも女性専用車両は，本来はモラルの問題であるが，痴漢被害を軽減する手助けとして鉄道事業者が講じた対策である。ところが，男性客に下車するよう法的に請求できると解釈することは，モラルを手助けする対策という趣旨を超えることになってしまう。鉄道事業者は，あくまで男性客に対し，任意の協力を促すにとどまると考えられる。

　以上より，鉄道事業者は，女性専用車両に乗車している男性客を，強制力をもって車両から降ろすことはできない[A1.6]。

(2)　**女性客がまったく乗れなかったときの対応はどうするか**

　実体法的には，たとえ女性客が一切乗車できず，女性専用車両を設置した意義が失われるとしても，車両からデモ参加者を降ろすことは原則としてできない。女性専用車両が，あくまで男性客の理解および協力のもとに運用されているからである。

　しかし例外的に，42条は「左の場合に於て鉄道係員は旅客及公衆を車外又は鉄道地外に退去せしむることを得」と定め，同条4号は「其の他車内に於ける秩序を紊るの所為ありたるとき」と定めている。そのため，車両の破損行為が行われた場合はもちろん，他の乗客に対し物理的に危害を加えるような行為が行われた場合には，当該デモ参加者を車両から降車させることができる[65]。また，デモ参加者が車両等を破損した場合には，「車両，停車場其の他鉄道地内の標識掲示を改竄，毀棄，撤去し又は灯火を滅し又は其の用を失はしめたる者は50円以下の罰金又は科料に処す」（36条1項）に当たり，罰則の対象となる。

　だからといって，手をこまねいているわけにもいかない。手続面で配慮すべき点があり，これについては3(2)で後述する。

---

[64]　鉄道営業法に明文の根拠規定はなく，これを認める場合には，鉄道事業者と男性客との間の乗車契約が根拠となろう。
[65]　もちろん，これは女性専用車両特有の問題ではなく，他の車両で行われた場合も同様である。

(3) 女性の行為にどう対応するか

　まず，女性客が男性客に対し別の車両に移動してもらいたいと頼むことは，男性客に任意の協力を求めるにとどまり，女性専用車両の趣旨に反しないため，適法である。

　ところが，退去に応じない男性客に対して女性客が退去を強要したり，男性客を力づくで押し出したりすることは認められない。女性専用車両は，あくまで男性客の任意の協力の上に成り立っており，男性客の乗車は適法だからである。とはいえ，強要罪（刑法223条）などの犯罪が成立するかについては，個別の判断が必要になろう。刑事処分に値すべき違法性と責任が必要だからである。

　具体的には，行為態様の違いがある。例えば座席に座っている男性客を無理やり引きずり出す場合と，戸口に立っている男性客を軽く押し出す場合を比較すれば，前者の方が危険性が高く，強要罪に当たる可能性が高い。

　また，行為状況の違いもある。女性専用車両が他の車両より乗車率が高く，女性で超満員の状態の中，無理やり男性客が乗り込む場合と，女性専用車両にほとんど人が乗っていない場合とでは，評価が異なってくるであろう。

　このように，個別事案ごとの検討が必要になるのである。

3　組織法・手続法的な視点

(1) 駅勤務員の対応の重要性

　女性専用車両に関するトラブルへの対応は，利用者に法的構成を説明し，結論を示せば良いというものではない。鉄道事業者は，地域住民や利用者にとって大きな存在であり，安定したサービスを提供する必要があるため，公共性が高いという特色がある。利用者にとって代替性が低く，独占ないし寡占になりやすい業種であるが，競争相手がいないからといってサービスの質を低下させることは許されない。

　ところで，女性専用車両は「専用」という文言を使用しているため，男性客の利用はすべて禁止されており，それが法的拘束力を持っているという印象を与えかねない。そのため，ステッカーやプラットホームに表示する，ホームページに掲載する，アナウンスで周知する等して，女性専用車両の趣旨や利用について周知し，男性客・女性客問わず理解を深め，トラブルを未然に防止す

ることが必要である。

　さらに，実際にトラブルに対応する現場の駅勤務員らが正確な知識を有することが重要である。駅勤務員ごとに対応や説明が異なることになれば，余計なトラブルを引き起こしかねず，他方，特に乗客の誤解ゆえのトラブルは，現場の人間が適切に説明することにより，減少させることが可能だからである。

　したがって，定期的に駅勤務員向けの講習会および簡単なチェックテストを行う等，鉄道会社が一体として対応できるようにするための日ごろからの施策が，極めて重要になるのである(A1.9, B6.3, A2.13)。

(2)　デモへの対応

　前記2(2)で触れたように，女性専用車両に反対する団体がデモを起こした場合，原則としては，デモ参加者を強制的に降車させることはできないが，例外的に，車両秩序維持などのために降車させることが可能である。

　だからといって，そのような事態になるまで放置するべきではない。鉄道運輸規程1条にあるように，鉄道会社は「運輸の安全便益を旨とし係員をして懇切に其の職務を行はしむ」必要があるからである。

　具体的には，鉄道事業者は，停車駅に駅勤務員を配置するなどして，トラブルを防止する体制を整えるべきであろう。また，デモ参加者に対して，痴漢被害の減少という女性専用車両の趣旨を説明した上で，他の車両への移動に協力するよう，働きかけるべきであろう。痴漢被害を恐れる女性客が安心して乗車できるよう，可能な範囲で協力を根気よく呼びかけることで，女性客とデモ参加者相互の理解と歩み寄りを目指すのである。

　それでもおさまらず，デモ参加者による危害の恐れがある場合には，さらなる注意が必要である。場合によっては，駅勤務員が車両に同乗し，トラブルを未然に防ぐ対策をとるべきである。それにもかかわらず，デモ参加者が実力行使に及んだ場合には，前記2(2)で触れた罰則や下車請求が問題になってくるのである。

　このように，鉄道事業者は，安全確保のためにできるだけの対応を行うべきである。

4　留意点

　大きな枠組みは以上のとおりだが，1点細かい点を指摘しておく。

　それは，男性客の精神的被害に対する鉄道事業者の責任である(A1.1)。

　男性客が，女性専用車両に乗った際，女性客から降りろといわれたため，駅勤務員を呼んだにもかかわらず，適切に対応してもらえず精神的被害を被ったとクレームが来た場合，鉄道事業者は慰謝料を支払う必要があるのか。

　この場合，不法行為（民法709条）の成立を検討することになるが，駅勤務員が悪質な害意を持って男性に対応した場合はともかく，対応にやや不適切な点があったというレベルでは，駅勤務員の不法行為が成立することはほぼないと考えられる。

5　おわりに

　女性専用車両のように，長きにわたって議論されている，業界特有のセンシティブな問題については，その時々の世論の動きや，それをふまえた利用者からの意見，導入の効果を長期的に検証していくことが不可欠である。高齢化が進む中，駅によっては階段等から離れた車両まで男性利用者が歩くことになる可能性や，性同一性障害の男性への対応など，社会情勢に即した問題を検討することが必要になってくる。

　また，2014年の東京都内の痴漢発生件数は約2,000件である。場所別に見ると，56.0％が電車内，17.1％が駅で発生し，時間帯別に見ると，約30％が午前7時から午前9時の通勤通学時間帯に集中している[66]。このようなデータを年ごとにふまえた上で，女性専用車両の効果を長期的に分析し続けることも必要といえる。その点で，当事者として会社に長く深くかかわっていける社内弁護士を活用する意義は大きいであろう(A1.11)。

---

[66] 警視庁ホームページ。
　（http://www.keishicho.metro.tokyo.jp/kouhoushi/no1/koramu/koramu8.htm）

事例20　会社名，ロゴマークの不正利用
ネットによる営業妨害
（明石幸大）

事例　① 最近，顧客から次のような抗議文が届いた。
「先日，私のスマホに次のようなメールが届きました。『当社（○×△カメラ）から42インチの4Kテレビをプレゼントします。』と書かれており，さらに『詳しくはコチラ↓』と書かれたところをクリックすると，出会い系サイトに誘導されました。そのメールには御社の名前と，よく似たロゴマークも表示されていました。そのため，すっかり信じてしまったのです。非常に迷惑ですので，ぜひ何とかして頂きたいと思います。」
　これを受けて調査したところ，不特定多数の相手に，このようなメールが送信されていたことが判明し，問題のサイトの存在も確認された。なお，当該メールには当社のイニシャル（○'s）を白抜きしたマークが表示されている。
　② また，別の顧客からは次のような連絡があった。
「インターネット上で御社が実施しているプレゼントキャンペーンに応募したところ，その直後からいかがわしいメールが大量に届くようになった。応募の際に記入した個人情報が悪用されているとしか思えない。御社とは関係がないかもしれないが，何らかの対応をとってやめさせてもらいたい。」
　サイトの存在自体は，IT担当の部署が確認をした。
　③ ある地方の食料品店で，当社のグループ会社と記載したクーポン券を配っている，という情報がその地方の営業担当の社員からあった。当然ながらそのような会社は自社のグループ会社にはない。
　社内弁護士としてどのように対応すべきか。

◆ 事例解説

1　はじめに

　家電量販店は，専売店（いわゆる町の電気屋さん）と比べて，安い価格で家電製品を売ることを生業としている。価格を低く抑えているからといって，タダでプレゼントするということにはならない。
　しかし，なんとなくそのようなイメージがあるのか，ネット上で家電量販店の名前を騙るサイトやメールがしばしば出現する。これらの中には，無料で家

電をプレゼントする旨を謳って個人情報を応募フォームに記入させ，データを悪用するものや，出会い系サイトへ誘導するものが多い。当然，このような行為を行う者は，家電量販店と何も関係はないが，家電量販店の名前を信用したにもかかわらず，意図しないサイト等からのメールが大量に届くといった事態に見舞われた顧客の企業イメージは著しく低下する可能性が高い。そのため，自社の名称等を悪用したサイト等への対策を適切にとることが必要となる（A1.1）。

そのようなトラブルへの対処方法を考えたい。また，いわゆる商標や名義の冒用もしばしば問題となるのであわせて考えたい。

2 実体法的な視点

(1) 商標法

商標法は，商標を保護することで商標を使用する者の信用を維持することを目的としている（1条）。第三者が，自社が登録している商標（おもに社名やロゴマークが考えられる）を無断で使用している場合には，商標権侵害を理由として，差止請求（36条1項）や予防に必要な措置の請求（36条1項，2項），損害賠償請求を検討していくことが考えられる。本件では，会社名およびイニシャルを白抜きしたマークが商標登録してあれば，これらを勝手に使用していることを理由として，商標法に基づく措置を検討することになる。

商標法においては，1類から45類までの類型が定められており，登録した類型に該当する方法で商標を冒用された場合，または登録された商標に類似するものを使用された場合に，商標権侵害を理由として，差止めおよび損害賠償請求が可能となる。判例上商標の類似性は，①商品の出所混同のおそれの有無を基準として行うべきこと，②商品の外観，観念または称呼の異同だけでなく，商品の取引実情を考慮して行うべきこと，③浮動的な取引実情は考慮すべきでないこと，とされている[67]。

ただし，商標の登録は各類型ごとになされており，自社が商標登録をしていない類型については，商標権侵害を主張することができない。また，商標の登

---

[67] 最判昭和43.2.27民集22巻2号399頁。

録自体をしていない場合にも同じことが当てはまる。

(2) 不正競争防止法

　商標法と合わせて，また商標法が適用しづらい場合に，別途検討していくことになるのが，不正競争防止法である。不正競争防止法は，事業者の営業上の利益と公正な競争秩序の維持を目的とした法律（1条）である。

　2条1項1号では，「他人の商品等表示…として需要者の間に広く認識されているものと同一若しくは類似の商品等表示を使用し…て，他人の商品又は営業と混同を生じさせる行為」を禁止している。

　この条項を利用するメリットは，商標の無断利用があった場合に，商標が自社の登録していない類型で使用されていても違法性が主張できる点，および商標が「需要者の間に広く認識されている」場合には，当該商標が登録されていなかったとしても，自社の権利が侵害されていると主張することが可能になる点にある。

　また，2条1項2号では，「自己の商品等表示として他人の著名な商品等表示と同一若しくは類似のものを使用…する行為」を禁止している。

　このうち後者（2号）については，前者（1号）と異なって自社の商品等表示が「著名な」といえるまでのものであることが必要であるが，無断使用者と自社との混同が生じていなかったとしても，相手方による権利侵害を主張できるという点でメリットがある。

　ここで「著名」というのは全国的に知られていることまでは必要なく，ある一地方で知られていることで足りるとされている[68]。裁判例では，「青山学院」[69]や「J-phone」[70]に著名性が認められている。○×△カメラが全国47都道府県に展開し，毎日のように全国ネットでコマーシャルを流しているような企業であれば，この著名性が認められる可能性はより高くなろう。

　不正競争防止法において，被侵害者に差止請求権，予防請求権（3条）およ

---

[68] 経済産業省知的財産政策室編『逐条解説不正競争防止法　平成23・24年改正版』（有斐閣，2012年）62頁。
[69] 東京地判平成13.7.19判時1815号148頁。
[70] 東京地判平成13.4.24判時1755号43頁，東京高判平成13.10.25出典。

び損害賠償請求権（4条）が認められている点は，商標法と同じである。

(3) その他
さらに，刑法233条の偽計業務妨害罪が適用される場合もあろう。

3 組織法・手続法的な視点
(1) 情報収集
　このような事案では，初動で速やかに対応し，できるだけ早く問題となるメールの送信をやめさせたり，ホームページを閉鎖させたりすることが問題の早期解決のために重要になる。そのために鍵になるのが，早期の情報の収集である[A5.1]。
　このような情報は主に迷惑メールや迷惑サイトの被害にあった顧客からの通報や，定期的なインターネット上の監視，来店客からの情報提供によってもたらされることが多い。これらの情報を収集することを主な業務としているCS（Customer Satisfaction）担当部門やIT担当部門，営業部門との連携を日ごろから深めておき，不審な情報を入手した際には速やかに法務まで連絡がなされる体制を構築しておくことが重要である[A2.9, A2.13]。
　また，このような問題が発生したときに，「うちとは関係ないし，大した問題にはならないのだろうから，放っておけば良いのでは？」という意見が出ることがある。これには一理あるものの，放置して被害者が増えた場合には，自社に対する顧客の信頼やイメージの低下にもつながり得ることから，問題が発覚し次第，速やかに解決を図るべきと思われる。社内で説明する際には，最悪のケースでどのようなことが起こるかを具体的に説明すると有効である[A1.1, A2.4]。

(2) 提携の有無の確認
　当然のことだが，自社と関係があるかのように表示しているサイトや企業等と自社や関係会社が何らかの提携をしていないかを確認する必要がある。いわゆる出会い系サイトやわいせつなサイトであればその可能性は低いが，正式に何らかの提携を行っているのであれば，相手方がそのような表示をすることは

何ら問題がない。また，その確認なしに何らかの手段をとってしまうと，当該提携先との間で関係が悪化することは避けられない。慎重な検討が必要である。

　そのために，関係のありそうな部署に対し事前の確認を行うことになる。その際は，関係会社等も対象としておくべきである。関係会社まで対象とした場合，範囲が広がりやすく，思ってもみない関係が後で発覚することがあり得るので，判断がつきにくい場合には，可能であれば事前に当該相手方に対して確認を行うことが望ましい。

(3)　証拠の保全

　法的手続を検討するにあたり，実際のメールやサイトの画像，その他クーポン等の実物を予め手元に入手しておく必要がある。これは，警告等を出した後では相手方にサイト等を消去されてしまい，証拠を入手することが困難になり得るためである。また，社内的な手続きを進めるためには決裁権者にスムーズに問題を理解してもらう必要があるので，ビジュアル的な資料があると重宝する。

(4)　内容証明および警告メール

　まずとり得る手段としては，内容証明郵便が挙げられる。他の手段と比べると速やかに行うことができる上，相手方がこれを受けてメール送信やサイトの運営等問題の行為をやめてもらえれば事件は終了する。事例①，②では，送り先が一見して明らかにならないため，誰を送り先とするかが問題になる。

　広告メールについては，特定電子メールの送信の適正化等に関する法律（特定電子メール法）に基づいてメールの送信者の氏名等を記載することが，インターネットサイトについては，特定商取引法に基づいてサイトの管理者を記載することが義務づけられている。これらの記載に基づいて内容証明を送付することが考えられる。事例①のような迷惑メールのケースでは，実際のメールの送り主と，サイトの運営者が異なっている可能性があるので，必ずしも迷惑メールを送った張本人に届くとは限らないが，1つの手がかりであることに間違いはない。その欄には連絡先も記載されていることが多いため，可能であれば実際に連絡を取り，当該場所にメールの送り主やサイトの運営会社があるこ

とを確認した上で，内容証明郵便を送付する。

　内容証明郵便を送る際の注意点としては一般的なところで，不必要に過激な文言を使わないこと(A5.6)，そして内容証明郵便を送る段階では法的構成が固まっていない場合には，あまり具体的な法の内容に言及せず，「法的措置をとることも検討せざるを得ない」等の抽象的な言い回しを用いることが挙げられる。

　ただ，意図しないサイトへ誘導したり，不適切な形で個人情報を取得し，それを悪用するような相手であるため，このような記載がきちんとなされているとは限らない。また，仮に記載があったとしても，虚偽の情報である可能性もある。

　内容証明郵便よりさらに簡易迅速な手段としては，警告文をメールで送付することが考えられる。

　警告メールについては，内容証明の場合に検討した送り先以外に，メールの送り主に直接送信することや，場合によってはメールのヘッダ等から送り主の情報を得た上で送信することも可能となる。

　これらの方法と合わせて，状況に応じて「特定電気通信役務提供者の損害賠償責任の制限及び発信者情報の開示に関する法律」(プロバイダ責任制限法) 4条2項に定められている発信者情報開示請求を利用することも検討するべきと思われる。

(5) 法的措置

　内容証明等によって事案が終了しなかった場合，さらに訴訟等の対応が必要となる。その際は，上記の商標法または不正競争防止法等に基づく差止請求や損害賠償請求をすることになる。

事例21 口コミサイトの投稿への対応
営業妨害か，内部告発か
（河井耕治）

> **事例**　マンション分譲を業とする当社（X社）は，A区内に用地を取得，同地における分譲用マンション（鉄筋コンクリート造14階建，全60戸）の新築設計・監理・施工をY社に発注し，現在工事中である。建築確認後，1戸当たり7,000万円〜1億円の価格帯で発売し，無事全戸契約済みとなったが，その後2戸キャンセルとなり，当該2戸は引き続き販売中である。
>
> そのような中，本物件を担当する住宅建築部の職員から，「2週間くらい前から，『マンション口コミ情報サイト』にデマと思われる書き込みがなされています。どう対処したらいいでしょうか」という問い合わせがあった。
>
> そこで，法務担当者が同サイトを確認したところ，約2週間前に，匿名で「この物件，柱の鉄筋が全然足りてないよ。施工図，取り違えちゃったかな。下請けのZさん，やっちゃいましたね。Yもグルだよこれ。Xは知らないみたいだけどね…Yの物件はやめた方がいいよ。」（なおZ社はY社の下請負建設会社である）との書き込みがあり，これに対して，「悪質なデマではないか」等の書き込みがなされ，注目を集めている状況にあった。
>
> 当社として，どのように対処するか。

◆ 事例解説

1　はじめに

本事例では，マンション分譲を行う宅地建物取引業者（X社）で実際に起きそうな事例を題材に，サイトへの対応，不動産販売上の問題，不正行為が存在した場合の対応等について議論したい。

2　実体法的な視点

(1) 削除請求権，発信者情報開示請求

第1に，当該書き込みの削除を法的に請求できるだろうか。

① 人格権侵害等

まず，当該書き込みが名誉・人格権・財産権に対する侵害行為であることを理由に削除請求権が発生するかどうかを検討していく必要がある。

理論的には，企業であっても名誉・人格権・財産権に対する侵害行為は成立し得る。侵害行為が成立する具体的なレベルについて，裁判例などを調査し，より明確化していくことが必要となる。事例の記載内容程度のみでは，企業の存立目的である事業の遂行に悪影響が与えられたことの証明はおそらく不可能であろうが，初期の段階で請求権の発生の有無を軽々に判断せず，事実関係について詳細に調査を行い，適切な見極めをしていくことが重要である(A5.1)。

② 発信者情報開示請求（プロバイダ責任制限法）

いわゆるプロバイダ責任制限法（特定電気通信役務提供者の損害賠償責任の制限及び発信者情報の開示に関する法律）による発信者情報開示請求（4条）も検討の対象となる。

しかし，同法の発信者情報開示請求は，一般私人に対する方が公的な存在である企業に対する場合よりも成立しやすいとされており（「プロバイダ責任制限法名誉毀損・プライバシー関係ガイドライン」[71]等参照），個人顧客に対する侵害行為が存在しない限り，現実的な選択肢とはならない局面が多いものと考えられる。

(2) 不動産売買契約上の責任等

本件のように完成前のマンションを販売している顧客がある場合，顧客に対しては民法上の売買契約に基づく売主の責任として，問題が生じた事象については適切な説明責任を果たすことが求められる。また，もし，本建物の構造耐力上主要な部分（住宅の品質確保の促進等に関する法律94条，95条参照）に回復不可能な損害を発生させている場合には契約の解除，違約金の支払いなどの責任を負う可能性が出てくる。

また，販売中の住戸についても，民法上の売主としての説明責任の他，放置すれば宅地建物取引業法上の重要事項説明義務（35条），重要事実の不告知勧誘の禁止（47条）に違反するおそれがある。

---

[71] http://www.telesa.or.jp/consortium/provider/pdf/provider_041006_2.pdf。

したがって，状況次第では，一旦販売を停止し，事実関係を的確に見極めていくことが必要になる場合もある^(A1.1)。

(3) 内部通報者保護

本件では，書き込みを行っているのがX社の社外の人物と考えられるため，X社の内部通報の問題ではない。文章からは，下請けであるZ社関連の二次下請会社等の関係者と推察される。

X社としては，Z社等の内部通報の問題に不当に介入することのないよう，注意深く対応する必要がある。

3　組織法・手続法的な視点

(1) サイトへの対応

不適切な書き込みがある場合，特に一般消費者に商品を販売する事業者としては，営業上の影響を考慮する必要がある。したがって，できるだけ早期に何らかの対応を行うかどうかの判断を行う必要がある。

まず，サイトの性質を考慮し，当該書き込みが会社にどのような損失を与えるのかを見極めることが必要である。書き込みが行われるサイトの性質は千差万別である。比較的真摯な対応を行うサイトもあるが，それとは正反対のサイトもある。比較的真摯な対応をするサイトの場合，例えば，削除要請をすれば運営会社がその要請の内容を審査し，合理的な要請であると判断すれば速やかに削除する。一方で，運営会社による真摯な対応を期待しがたい事例も実在する。例えば，削除要請を行っても適切に対応されず，そのために会社側が訴訟などを行う必要が出てくる一方で，会社が労力をかけ，ムキになるほどそれを嘲笑うような書き込みが殺到し（「炎上」し），かえって注目を集め，逆効果となってしまう事態にすら，発展しかねない。

また，削除要請の動機・目的も考慮すべきである。例えば，削除要請がもっぱら会社の経済的利害から行われ，個人消費者の利害に関係ない場合，仮に削除が行われたとしても，サイト参加者からの非難が殺到し，炎上へと発展するおそれがある。

このように，削除要請を行うことが社会的非難の対象とならないかを見極め

ることも重要である^(A1.8, A1.1)。

(2) 事実調査

サイトへの対応以前に最も基本的で重要なことだが，書き込みの内容の真実性を確認する必要がある^(A5.1)。

例えば，削除要請を行った後に当該掲示板の書き込みが事実であったことが判明した場合，会社の削除要請に対する社会的非難は，より一層激しくなってしまう。マスコミの注目を集める事態にすら発展しかねない。

このように，当該書き込みが事実でないことが証拠上明白である場合でなければ，削除要請を行うことはできないと考えておくのが妥当である。

そこで，当該書き込みが事実かどうかの調査のポイントを，具体的に示しておく。

事例では「柱の鉄筋が足りていない」とある。柱の鉄筋が足りておらず，そのことを施工会社が把握しているという事態は，場合によっては重要な不正行為が存在することを疑わせる。したがって，配筋に問題がないかなどの確認が必要であろう。そのために，設計・監理者であり，元請負会社であるY社に対する事実確認だけでなく，Y社を通じ（ことの次第によってはX社から直接），一次下請会社であるZ社にも十分に事実関係を確認する必要がある^(A5.9)。

さらに，会社内の本物件の品質管理・工程管理を担当するチームにもどのような事実を把握しているのか，ヒアリングが必要となる。万一，会社内で何らかの隠蔽行為が疑われる場合，監査部門，コンプライアンス部門，規制関係対応部門との連携も視野に入れて動くことが必要となってくる。当然ながら，リスク情報の管理体制にも留意が必要であり，不必要に問題情報を社内に拡散させない管理体制を敷くとともに，リスク情報が伝えられるべき部門に対しては速やかに伝達されることが必要となってくる^(A2.28, B4.2)。

(3) 販売活動の進め方

同時に，販売活動の進め方も検討しなければならない。

すなわち，仮に，当該書き込みが何の根拠もない，明らかな誹謗中傷の域にとどまっているのであれば，原則として，販売活動を継続することに問題ない

とも考えられる。

　ところが設例では，比較的具体的で内部的な事実（施工会社の社名，不正の手法（手抜工事とその具体的な場所や手法）など）が示されていることから，何らかの根拠があるようにも疑われる。

　このような場合には，実際に物件に瑕疵がある場合だけでなく，そのような疑いが持たれているという事実それ自体が，重要事項として説明対象になる可能性が出てくる（宅地建物取引業法35条）から，販売継続の可否や説明内容の見直しのために，販売活動停止などの措置が必要となる (A1.1)。

　その上で，社内の建築専門チーム，事業の開発・推進を担当する事業部，品質管理を担当する部門，重要事項説明書の作成を担当する文書チーム，法務部門といった関係各部門が適切に連携して，販売継続の可否や説明内容を詳細に協議・検討しなければならない。さらに，実際に瑕疵が判明した場合には，販売済みの顧客への対応なども検討しなければならない (A1.9, B2.3)。

　この結果，仮に，販売を継続し，特段説明しないという結論になった場合であっても，一旦販売を中止して十分検討したことを顧客やマスコミなどに適切に示すことにより，かえって高い信頼を得られる場合もあることを忘れてはならない (A2.28, B4.2)。

(4) 事実であった場合の対応

　では，当該書き込みが事実であった場合にはどのように対応すべきか (A1.18)。

　一方で，顧客にとって重大な情報を会社が長期間故意に隠蔽したとみなされた場合，大きな信頼失墜をきたしかねないことから，情報の開示については早期に的確な判断を行うことが必要となる。

　他方で，あまりに軽微な手直しにとどまるものまで何もかも説明すると，必要以上に不安を煽り，無用なトラブルまで引き起こしかねない。

　さらに場合によっては，一部の顧客のみに説明した内容が匿名掲示板に書き込まれるなどして，他の顧客への対応に支障をきたしたり，無用なトラブルを引き起こしたりする事例も想定しなければならないこともある。

　以上により，重要と考えられるポイントを整理すると，次のようになる。

　① 事実関係を迅速にかつ慎重に調査すること。その重大性を適切に見極め

ること^(A5.1)。
② 事実関係の重大性に鑑み，必要と判断される場合には，当該物件の既契約顧客に対しては，全ての顧客に，平等に，早期に適切な事実関係の開示・説明を行うこと（発生事実についてまず第一報を行い，後日詳細について別途報告する，等）^(A2.28, B4.2)。
③ 事実関係の重大性に鑑み，必要と判断される場合には，上場会社としての適時開示その他の情報開示（プレスリリース）を適時に適切な内容で行うこと（広報部その他の情報開示担当部門と連携）。
④ 対外的に公表される事実と対外的には公表されない事実を適切に区分して整理し，リスク情報の管理（しかるべき伝達がなされることに加え，しかるべからざる漏えいを起こさないこと）を徹底すること。

4 おわりに

インターネット上にこのような書き込みがされた場合，利害関係者が多様で，問題も錯綜しており，社内弁護士や法務担当者は，議論を整理する能力，各部門と有機的に連携する能力，さまざまな法の適用を想定して的確な要件事実の抽出と事実認定を行う能力，などの発揮が求められる^(A2.1, B1.5)。

コラム インハウスのライフスタイル　　　　　　　　　　　（丸山修平）

　サラリーマンの朝は早い。私は，次なる資格取得のため始業２時間余前に会社近くの喫茶店に入るが，そこは開店後すぐにサラリーマンで満席になる。皆思い思いに新聞を読み，あるいは勉強などしている。この生活を始めてから，仕事が生活の「一部にすぎない」と強く感じるようになった。法曹は常に研鑽が必要なため，仕事が趣味であり生活であり人生であるという方が多い。しかしヒラのサラリーマンであるインハウスローヤーは，法律と関係ない仕事も多いため，その真似をしたところで下手をすれば一昔前の「モーレツ社員」で人生が終わりかねない。幸か不幸か，休日と勤務時間と給料は決まっている。まずは色々やってみよう。モカの香りと，少しの苦みを感じる日々である。

事例22 外部向け文書の法務チェック（丸山修平）

事例 ある日，保険会社X社の法務部に勤めるあなたに，以下のような相談が寄せられた。

① 広報部から「Y社との業務提携を進めていくことが決定し，中間合意書を締結したので，新聞記者向けのプレスリリースをしたい。そのリリース文を法的観点から見てほしい。なお，中間合意書では法的拘束力がないと定めてある。」との相談。

② お客様相談室から「Zというお客様から保険金の支払いを要求されている。事実の詳細は確認中で，支給の要件はみたしそうではあるが，お客様の請求額が当社の基準より著しく大きく，しかも反社会的勢力との関係をほのめかしているため，お断りしたい。お断りの手紙を出そうと思うが，法的観点から見てほしい。」との相談。

あなたは社内弁護士として，それぞれどのように考えて対応すべきか。

◆ 事例解説

1 はじめに

今回の事例は，いずれも外部向け文書に対する法務チェックの依頼である。

このような依頼（法務照会）は，リスクコントロールや危機管理への意識の高まりから増加しているようであり，今後も法務部に期待される役割として重要な位置を占めることが予想される[B1.5]。

しかし，一口に「法務チェック」といっても，さまざまな観点があり得る。文章が正しい日本語になっているかどうかや，誤字脱字がないかどうかの確認も，広い意味では「法務チェック」といえなくもない。しかし，そのようなチェックは，別に法務部でなくともできるし，ましてや社内弁護士にしかできないというものでもない。そこで，「法務チェック」を依頼されたときに，具体的にどのような観点からチェックをすればよいのかを考えてみたい。特に本件では，ケース①とケース②でマスコミ向けの「プレスリリース」と個別のお客様に対する「お手紙」という点で違いがあるが，これが「法務チェック」で

どのような形で違いとしてあらわれてくるかという点や、「事実を調査中」であるというケース②において「社内弁護士」であることをどう活かせるかという点について考えてみたい(A1.9)。

2　実体法的な視点

(1) ケース①　プレスリリースの場合

　社外向けリリース文、いわゆるプレスリリースに関連する法令としては、上場会社であればまず金融商品取引法がある。すなわち、相場変動を目的とした虚偽の内容（合理的根拠のないものを含む）の社外発表は「風説の流布」（金融商品取引法158条）に当たり、10年以下の懲役または1,000万円以下の罰金を科される（197条1項5号、2項）。法人の両罰規定もある（207条1項1号）。また、金融商品取引法の適用がない場合であっても、偽計業務妨害（刑法234条）に当たるとされる危険性がある。

　したがって、法務部としてまずチェックしなければならないのは、これらの法令に違反しないような、あるいは違反していると疑われないようなリリース文となっているかどうかという点である。

　本件では、Y社との業務提携に関するリリース文なのだから、まずはY社との中間合意書の締結版を確認し、その内容とリリース文の内容とが一致しているかを確認する必要がある。ここで注意しなければならないのが、事業部門が作成したリリース文と、中間合意書の内容からリリースできる内容とが乖離していることが往々にしてあるという点である(A1.1, A1.2)。

　すなわち、事業部門としては、Y社との業務提携の事実そのものだけでなく、業務提携で取り組む施策や、それが当社の業績に及ぼす影響、あるいは社会に提供する新しい価値や未来予想図などといった、まさに業務提携の社会的意義まで広く社会にリリースをしたいと考えてリリース文を作成したものの、そこまでは契約書に書いておらず、場合によっては提携先もそこまで合意したという認識がないという事態すら生じ得る(A2.7)。しかし、リリース文で記載できるのは、あくまで事実ベースの事項であって、中間合意に至ったという事実と、その中で合意されている内容までである。

　したがって、法務部としては、リリースの内容が事実すなわち合意書に記載

のある事項といえるかどうかという観点から，いわば保守的なチェックを行うこととなる。

(2) ケース② お客様への手紙の場合

　お客様への手紙に関係してくるのは，まずは当該お客様との間の契約（本件では約款の定め）であり，その根底にある民法や消費者契約法をはじめとした取引法である。

　したがって，これらの定めに従い，当社としての法的な主張を組み立てつつ，当社に不利益な内容は避け，それを一般のお客様に分かりやすい表現で「当社の回答」として記載されているかという観点からチェックするのが一般的であろう。例えば本件では，お客様の要求には応じられない旨の記載とともに，反社条項に基づく解除の意思表示をしたことがわかるよう記載されているかをチェックすることとなろう。その意味で，お客様向けの手紙における「法務チェック」においても，当社の立場を正しく表明しているかという観点から行う，保守的なチェックとしての側面があるといえる。

　しかし，本件では別の観点からの検討も必要である。なぜなら，上記のような回答ができるのはあくまで事実関係の確認がとれた後であって，事実関係が未確定である本件では，調査を進めるうちに当社が前提としていた事実自体が崩れることもあるし，Zの出方も，単にZが単独で支払いを要求してくるだけで終わるのか，国民生活センターを通じたあっせん等となるのか，代理人を立てて訴訟を提起してくるのか，まだまださまざまな可能性があり得るからである。

　したがって，本件における「法務チェック」は，今後の動きを見据えた文書となっているかという観点からのチェックを行うこととなる[A1.9]。そして，このような場合にこそ，「社内弁護士」としての腕の見せ所である。

　具体的には，手紙のチェックに先立ち，(ア)事実の調査[A5.1]，(イ)過去の同種案件の調査，(ウ)関連部署との意識合わせや調整を行う，といった作業が必要であるが，その際には，「社内」の者だからこそ有する関連部署との信頼関係と，「弁護士」だからこそ有する専門知識と説得力が活きてくるのである（3(2)で詳述する）。

これらの作業の結果を踏まえた上で手紙の文面をチェックすることとなるが，そこでは，今後のZの動きを見据えつつ，当社の今後の対応で支障とならない文書とする必要がある。

　例えば，確認できた事実だけに基づく当社のストーリーを記載することもあるであろうし，あえて法的な要素を（法的な構成はもちろん，法律用語と受け取られるおそれのある表現も）一切使用せず，ただ当社のスタンスのみを記載することも考えられる。法務部だからといって，必ずしも法的な主張を展開しなければならないというわけではなく，「現状では法的な主張ととられるような主張はしない」という判断も選択肢として頭に入れておく必要があるのである (A5.2)。

　その意味で，この場合の「法務チェック」は戦略的な観点から行うこととなる。

3　組織法・手続法的な視点

(1)　ケース①　プレスリリースの場合

　プレスリリースでは，上場会社であれば金融商品取引所における適時開示が必要な場合があるなど，法令以外にも関係する規則等を遵守する必要があるため，手続上のミスをしないよう，十分に注意する必要がある。必要に応じ，社内の他部署（広報部，IR部，総務部など）と密に連携する必要がある。

　また，プレスリリースをすること自体がY社との契約違反とならないか，守秘義務の解除や公表における協議などの義務を果たす等の対応が必要となる場合もある。

　したがって，これらの点でも「法務チェック」は保守的なチェックとなるといえる。

(2)　ケース②　お客様への手紙の場合

　お客様への手紙の場合，手紙のチェックに先立ち，(ｱ)事実調査，すなわち当社の法的な主張を想定し，その主張を裏づける証拠等がないか関連部署に調査を依頼する (A5.1, A5.9)。(ｲ)過去の同種案件の有無を確認し，あった場合にはそのときはどのように対応し，その対応が現在どのように影響しているかを調査

する，(ウ)Zへの対応の際に関連する部署との意識合わせや調整を行う，といった作業を，社内の手続きに沿って行う必要がある．

　これらには，いずれも「社内」で「弁護士」をしている者だからこそ，発揮できる強みがある．

　例えば，(ア)事実調査の際には，証拠法的な観点から効率的かつ効果的な調査ができるようにアドバイスできる．

　特に，収集のタイミングによって証拠価値が変動したり，時間の経過によりそもそも証拠の収集自体が不可能となる場合もあるため，訴訟まで見据えた証拠の収集・保全が可能となるのである．

　また，(ウ)関連部署との十分な意識合わせでは，「訴訟になったとしたら勝てそうだ／負けそうだ」という見通しを提供することができる．

　ただ，ここで注意しなければならないのは，訴訟の見通しが全てではないということである．たとえ最終的に訴訟には負けたとしても，会社のスタンスとして拒否の姿勢を示さなければならない場合もあるし，訴訟までもっていくこと自体に意味がある場合もあり得る．特に，巧妙な手段で「お客様」が何らかの不正・不当な利益を得ようと画策していることが強く疑われる場合には，ステークホルダーとの関係の観点からも，争う姿勢を示すことが重要な場合もあるのである (A5.4, A5.7)．

　上記に加え，本件では保険金の支払いをどうするかという点について，究極的にはビジネス判断を行うこととなるのであるから，その過程と結果を形にする必要もある (A2.1, A2.12)．したがって，「経営判断」に必要な判断材料として，法的な手続きがとられた場合の見通しという情報を関係部署に提供した上で，その他のとるべき社内手続はとったという証拠も残しておかなければならない．

　これらの点で，お客様への手紙の場合，「法務チェック」は戦略的な観点からのチェックが重要となるのである．

4　おわりに

　以上のように，社外に向けた文書の「法務チェック」を依頼された場合には，ケースに応じてさまざまな観点からチェックすることが必要である．たとえ契約書以外の文書を手渡されたからといって，その文書の「てにをは」をチェッ

クして仕事をした気になってはならない。このような場合こそ,「社内弁護士」としての価値を十分に発揮し付加価値を提供することができる,格好の腕の見せ所である(B1.5)。

> **コラム**　協議条項を置く意味とは？　　　　　　　　　　（出橋徹也）
>
> 　事業部担当者A「第○○条の第2項として,『要求仕様について変更する場合は,甲乙間で協議して定める。』との一文を入れてもいいですか。」
> 　法務担当者B「(ああ,協議条項か。そんなの別に契約書に書かなくても,協議したければすればいいだけなのに。これを書いておいたら,訴訟になったときに何か有利になるとでも？　でも,書かなくていいなんて言ったら,この人理屈っぽいからあれこれ質問してきそうで面倒だな…まあまあ,書いたらダメだというわけでもないし,どうしても書きたいというなら,好きにしたら）いいですよ。」
>
> 　というような経験,みなさん一度はあるのではないだろうか。事業部の人は,必ずしも債権債務や法律関係の観点から契約書を見ていないのである。しかし,法務担当者Bにいろいろと思うところがあるように,事業部担当者Aにも思いがあるのかもしれない。例えば,Aは「(本契約書で取り扱う機械製品は現場で取り付け作業が必要で,毎回現場の状況に合わせて仕様の微調整をするんだよな。このあたりで客先とのコミュニケーションが不十分で後からよくクレームが来るから,きちんと現場で話をしてもらうようにしてもらいたい。そのために)協議条項を入れてもいいですか。」と思っているのかもしれない。そのような事実を知れば,Bとしても,「そういうリスクがあるなら,『協議する』の一文で終わらず,現場での調整内容を書面化するとか何らかの手続きを定めるのはどうでしょう。」といった提案ができるのではなかろうか。
> 　このように,法的にほぼ意味のなさそうな条項でも,それを文書に書きたいというからには何らかの背景があるのである。事業部担当者の何気ない一言を,「契約書を知らない素人が的外れなことを言っている」で片づけないで,その背景に想像を巡らせてみたいものだ。「ビジネスの現場を知らない素人が的外れな分析をしている」と思われないために。

第4章 演習問題

17.1

金融機関内で，法務部門とコンプライアンス部門の関係はどのように整理されているか。

17.2

保険会社に，変額保険の解約と投資信託の購入を一体として錯誤無効とし，原状回復する方法で対応するように協議を申し入れたい。そのための説明資料のうち，概要をまとめた資料を，Ａ４用紙一枚で作成せよ。

18.1

苦情客にもさまざまなタイプがあるが，本事例の苦情客の特徴と，対応する際特に配慮すべきポイントは何か。

18.2

この苦情客に対する回答書を，Ａ４用紙一枚で作成せよ。

19.1

女性専用車両に男性が乗れないようにし，乗った場合には排除できるようにする方法を考えよ。実現可能性は問題にしない。

19.2

女性専用車両に対する社会的認知を獲得するために，朝の通勤時間帯だけでなく，終日，女性専用車両への男性の搭乗を遠慮願う，とする運用が提案された。この提案の法的な問題点を整理した資料を，Ａ４用紙一枚で作成せよ。

20.1

本各事例について，警察の協力を得るためにどうすべきか。

20.2
本事例①に関し，通報者に対する回答文を，Ａ４用紙一枚で作成せよ。

21.1
「炎上」を防ぐために，不正があった場合となかった場合に共通して最も重要な点は何か。

21.2
不正行為がなかったことが確認されたが，「炎上」により株価にも影響が出ているため，適時開示を行うべきかどうかを議論することになった。検討資料として，適時開示の案をＡ４用紙一枚で作成せよ。

22.1
本事例①で，法務部門は提携交渉に関与していないが，提携交渉に早期から関与した場合にはどのようなメリットがあったか。

22.2
本事例①に関し，プレスリリースを，Ａ４用紙一枚で作成せよ。

ヒント

17.1

　法務部門もコンプライアンス部門（B1.2）も，ともに社会的規範に会社業務が適合するようにする，あるいは法的なリスクのコントロールをその業務とする点で共通する。したがって，両部門をあえて別にしていない会社も多いが，金融業界では，この両者を別に設ける場合が多い。

　この両者の区別と整理方法は，会社ごとに違いがあり，厳密な定義は難しいが，大きく分けると次のような2つの整理方法があるように思われる。

　① 業法と，それ以外の法分野

　担当分野による分類であり，前者がコンプライアンス部門で，後者が法務部門である。

　これと似た分類として，業法規制と，業法自体を含む法分野，という整理もある。後者の場合には，業法自体の解釈や評価にかかわる業務が法務部門の業務となるが，前者の場合には，この業務がコンプライアンス部門の業務となる点が異なる。

　しかし，金融庁などの監督官庁との対応をコンプライアンス部門が一手に引き受ける点で，両者は同じである。

　② 画一的なルールの徹底と，個別具体的な法解釈

　業務の特色からの分類であり，前者がコンプライアンス部門で，後者が法務部門である。

　この分類は機能面に着目したもので，本文で指摘したような「募集」のルールを制定し，社内で徹底する，という業務はコンプライアンス部門の業務となり，他方，個別事案として錯誤無効の主張を認めるかどうかを検討するのは法務部門の業務となる。

　実際は，この両者が混在している場合が多く，コンプライアンス部門は，①監督官庁の行政的な動きに詳しくないとできない業務を中心に，②しかも，監督官庁による規制には，会社が画一的に遵守しなければならないルールが多いことから，画一的なルールの徹底を担う場合が多くなる。

　業法ではないが，画一的な対応をする場合であったり，業法規制だが，個別具体的な判断が必要な場合など，両者のいずれとも評価できない場合は，会社の状況に

よって役割が決められることになる。

　金融機関のように業法規制が厳しい業界でなければ，②業務の特色から両者の違いを理解しておくと便利であろう。

　すなわち，画一的なルールの徹底を業務とするコンプライアンス部門は，ルールの徹底や公平性を重視し，厳しい指摘をすることから，現場に嫌われる場面が多くなるのに対し，法務部門は，ルールの例外を柔軟に解釈するなど，現場に慕われる場面が多くなり，コンプライアンス部門の嫌われ役と対になって，会社の規範意識を高める役割を果たすのである。同じく社会的なルールを遵守する目的でありながら，このような嫌われ役と，物わかりのいい役に分ける（「泣いた赤鬼」に例えることもできる(A2.20)）ことは，会社全体のリスクコントロールの観点(A2.5)から見て意外と使い勝手が良いので，それぞれの会社での業務や組織体制を検討する際(B1.1)，参考にしてほしい。

17.2

　まず書面の目的である。

　この書面は，単に保険会社に法的な問題を説明するだけでなく，保険会社としても，特別な顧客対応が必要であるという同じ問題意識を共有してもらうことまでも目的にする。すなわち，法的な整理だけすればよいのではなく，対行政的な観点からも重要であり，かつそのような対処が可能である，という意識を共有してもらうのである(A2.28, B6.3)。

　そこで，本文で検討した内容の中でも，特に行政との関係で重要な「原因分析」「再発防止策」まで検討されていること(A3.4)，そしてこのいずれもが保険会社の問題というよりは当社の問題であること（つまり，保険会社にあまり迷惑はかけない，ということ）も整理して含めておくべきである。

18.1

　苦情客に共通する特徴として，何らかの手応えを得たいという意欲が認められる。SNSなどへの投稿を示唆し，会社の対応を要求している点などに，その兆候が認められるのである。

　しかし，最終的に獲得しようとしているのは，金銭的な利益ではない。金銭的な

要求として，高額な要求をしたわけでも，「誠意を示せ」などのように責任追及されにくい高度な要求をしたわけでもなく，金銭的な要求としてはただ費用の返還しか求めていないからである。

むしろ，この苦情客が求めるのは，会社を動かした，という手応えであり，それを社会にも認められたい，という自己顕示欲である。原因分析と再発防止策の報告を求めるところは，自分自身が会社経営者や高級官僚だった時代の手ごたえを懐かしんでいるのか，売れないコンサルタントの鬱憤を晴らそうとしているのか，いずれにせよ現状への不満の矛先が当社に向いている様子がうかがわれる（A2.31）。

このような苦情客であれば，実際にこの苦情客がSNSなどで会社批判を展開した場合，情緒的で一方的な主張を展開し，逆に顰蹙を買うタイプではなく，理詰めでそれなりに注目される内容での批判を行うことによって，場合によっては世間の耳目を集めて会社に対する批判を炎上させてしまう危険がある。この意味で，周囲の状況だけから抑え込む方法を採用するべきではない。会社の対応が一方的であることだけでなく，会社の説明の不合理さまで冷静に指摘され，共感を獲得されてしまう危険があるからである。

他方で，自分自身のプライドも相当高いようである。情緒的で一方的な主張をするコメントが逆炎上してしまう様子も十分観察し，理解し，馬鹿にしているだろうから，自分が同じようにSNSで恥をかくような事態は避けようとすることが想定される。ビジネスとして，高飛車な印象が伴う点はともかく，会社のミスに対する対応が合理的であることの説明責任を押し付け，合理的な説明ができなければ，ミスや責任を認めたとみなされてしまう方向に追い込もうという動きは，自分のビジネスマンとしての能力に対する自信の表れであろう（A1.9）。

したがって，対応上のポイントとしては，①ビジネス対応である。馬鹿にしても，逆に警戒しすぎてもいけない（A5.6）。さらに，②理論の明確さを重視し，先方の感情に必要以上に配慮した，趣旨不明な回答を避けるべきである（A5.4）。

例えば，本文の2つ目の論点，審査基準について，企業秘密であり公開できない，と一言で明確に説明すればよく，「製品の品質管理基準などが簡単に公開されると思っていたのか」「ビジネスを何も知らないなこいつは」というような批判を恐れ（あるいは自分自身がこのような批判をしている可能性も高く），これ以上の追及が行われない可能性が高い。むしろ，感情を傷つけないように過剰に配慮した表現に

してしまうと，「何がいいたいのかわからない」「本当は何か隠しているからこのような表現になるのだ」と，かえって切り込んでくる口実を与えてしまう可能性の方が高いであろう。

つまり，このタイプの苦情客は，「理に対して理で答える」べきタイプと思われるので，例えば取引先からの少し厳しい質問や交渉に対峙していく感覚で，ビジネス的に合理性を中心に据え，淡々と対応するのが，その特性に最も合致していると思われる。

もっとも，苦情客の分析は，情報量を考えればまだ仮説でしかない。実際の反応を踏まえた分析を繰り返しながら対応方針を常に検証し，変更可能な柔軟性を確保しつつ，仮説を検証しながら適切にリスクコントロールすべきである。

18.2

本文で検討した内容を，18.1で検討した方向性で，適切に整理すれば良い。

19.1

男性客に反感を抱かれる場合が，どのような場合であるのか，が最大のヒントになろう。

例えば，通勤時間帯に，女性専用車両が比較的空いている場合に不満が多いのであれば，通勤時間帯で特定の乗客だけ優遇されている実例を先例とする方法が考えられよう。

具体的には，通勤時間帯の全席指定で必ず座れる快速列車や特急列車が走っているが，これと同様，女性客だけが追加料金を払って乗ることができる特別列車を仕立てる方法も考えられよう。別料金を払うことで，混んでいる一般車両客の不満も低減されることが期待されよう[A2.7]。

また，特別車両を仕立てず，通常の列車の中の特定の車両だけを女性専用車両にする場合でも，グリーン車や指定席車両のような女性専用車両とし，しかし他の車両と同様，立席もある通常車両なので，特別料金も低額だが，専用の定期券や乗車券を発行し，乗車や下車の際には定期券や乗車券を所定の場所にかざして乗車権限を確認する，という構造にすることで，それでも当初は乗車権限を確認せずに乗車する男性客も出てくるだろうが，昼間の空いている時間帯は乗車権限が確認されな

いと扉が開かないようにするなどの方法で，特別な車両であることの認識を広めていくことが可能である。

　これらの対策では，女性優遇は逆差別だ，という議論を克服することが，理論的に重要な問題となる(A1.7)が，①その分女性は，特別料金を支払っていること，②高齢者だけが購入できる特別乗車券など，社会的に特定のカテゴリーに含まれるものしか購入できない乗車券はこれまでもあること，③例えば差別問題に厳しい米国でも，マイノリティーへの差別解消のための政策であれば，例えば女性を出世しやすくするなどの「逆差別」も合理的な範囲で有効とされていること（アファーマティブアクション），などが理論的な根拠になるであろう。

　他方，ドラスティックな方法としては，鉄道営業法を改正させることも考えられる。ダイバーシティーが進み，多様なサービスの展開を可能にすべきこと，環境問題や高齢化社会に向けた鉄道の役割の見直しの一環として，公共性をより強く打ち出し，事業者の責任強化と同時に利用者への義務も広げるべきこと，など，改正の社会的合理性を設定することは困難ではなく，他の業法に比較した場合，あまりにも改正がなさすぎることから，あながち不可能な選択肢ではないと思われる（容易かどうかはともかく）。

　さらに，全ての乗客から，女性専用車両に男性が乗った場合には排除される，などのルールについて同意を取る方法が考えられる。例えば，ネットで商品を購入する場合のように，鉄道利用に関する合意事項について了解しなければ，券売機で定期券や乗車券を購入できないようにし，その合意事項の中に，男性の女性専用車両への搭乗が禁止されていること，無断で乗車すれば排除されること，などのルールを含め，法的に全乗客の事前の同意が獲得された状況にするのである。

　さらに，女性と男性を瞬時に識別し，男性の場合には物理的に乗車させないような装置を開発する方法も考えられるだろうが，都会での混雑時，最も女性専用車両の必要性が高い肝心の時間帯に機能しないことが想定され，実現可能性を問わないにしても，検討対象にはなりにくい。

　その他にも，法的な観点からアイディアを出す訓練として，積極的に議論してほしい(A1.4)。

19.2

　本文で検討した内容を，終日の場合に応用すればよい。

　法的に合理性を説明する場合，規制目的の合理性と，そのための規制手段の合理性が，重要なポイントとなる(A3.2)が，朝の通勤時間帯と比較した場合，それでも女性専用車両を設置運営することの合理性が相対的に低くなるものの，規制による弊害も小さくなる（男性客にとって現実的に選択可能な車両は，通勤時間外の方が広くなる）点を，うまく議論に反映させることがポイントであろう。すなわち，朝とそれ以外の時間帯の鉄道利用状況の違いが，「女性専用車両への認知度を高める」という目的に，どのように結び付けられるのか，が重要である。

20.1

　警察も，税金で成り立つ公的な機関であり，単なる喧嘩に軽率に介入することはできない。さらに，そのうちの一方当事者を一方的に擁護したり贔屓したりすることは，もってのほかである。よく，警察は肝心なときに動いてくれないといわれるが，民事訴訟で時間をかけてやっと専門家である裁判官が結論を出すような事案で，現場に呼びつけられた警察官がものの数分で結論を出すことは不可能である。

　実際に逮捕状が取れるような状況になる以前から，会社は「事件相談」などの形で所轄警察署に状況報告をし，会社としてできるだけの対応をしていることや，単なる当事者間での「喧嘩」の範疇を超え，社会的に許しがたい「犯罪」のレベルに達していることを理解してもらい，どのような段階になれば刑事事件として警察が動けるのかの認識をすり合わせておいて初めて，いざという場面で迅速に対応してもらえるのである。

　警察がすぐに動いてくれずに諦めてしまい，犯罪として認識されずに終わっている不当要求も数多くあると思われる。消費者は弱者であって保護されなければならない，という口実を隠れ蓑に不当な要求を繰り返す者は，明らかに犯罪者であり，企業としては警察と上手に連携することが必要である(A5.11)。

20.2

　当社もむしろ被害者であって，しかも原則として責任がない状況での回答書であり，回答書の目的の設定が難しいが，ともに被害者であって，情報提供ありがとう，

というスタンスが基本となろう。

　具体的には，有益な情報であり，法的な手段も含めた厳格な対応を視野に入れた調査を行っていること，今後も協力をお願いするかもしれないこと，などを回答するとともに，できるならば，その後の調査結果の概要でも報告すれば，CSの観点からも好ましいであろう^(A2.19)。

21.1

　会社が本当のことを説明していると理解されることである。

　不正行為がないのに炎上する場合は，不正行為がないという会社の説明が信用されておらず，本当は何かを隠しているに違いないと疑われているからである。

　不正行為があって炎上する場合は，もちろん，不正行為を許せないという社会的な評価があって「炎上」するが，それでも，原因分析と再発防止策の説明を信用してもらえれば，信用してもらえない場合，すなわち，もっと何かを隠していると疑われている状態に比較すればはるかにましである^(A1.3)。

　したがって法務部門は，広報部門とともに，①真実の解明と，②それを社会的に真実と評価してもらえる方法を考えることになる。

　この点で，「第三者委員会」「独立調査委員会」など，社外のメンバーによる調査組織を設置することが，日本固有の現象として見受けられる。現時点では，これら調査組織の設置とその報告に，日本社会は一定の説得力を感じているようだが，社内の実情を知らない外部の者が，実効的な調査を行えるはずはなく，いずれこれら調査組織の限界が社会的にも認識される可能性は高い^(B1.8)。

　法務部門としては，社内で不正行為が疑われた場合の効果的な対応策を予め検討しておくべきであり，そのために，これら調査組織の運用や評価についてアップデートしつつ，他の体制や手法による対応策についても，情報収集し，検討しておくべきであろう^(A5.3)。

21.2

　文書の目的は明確であり，実際に東証のHPなどで公表されている適時開示の例を参考に起案すること。不正行為が疑われる事態になって慌てて東証のホームページを見るのではなく，事前に実際に起案し，経験しておくと良い。

例えば，実際に起案してみると分かることの1つとして，適時開示の中では，21.1で検討したような調査体制や調査手法について，簡単に言及することはあっても，構成員，開催日と議題，などまで含めて詳細に説明しない点がある。調査体制や実際の調査手法の詳細を説明する機会は，プレスリリースや記者会見など，必要であれば別に設けるのが通常である。

22.1

① 交渉のスピードアップ

予備交渉などの場合，両者の精鋭メンバーによる交渉が行われるが，その段階から法的な問題点を整理できる(A2.13)。

具体的には，実際の交渉で以下のように，交渉のスピードアップが実現する。

すなわち，例えば通常であれば，交渉の場では結論を出さず，持ち帰って社外弁護士の意見を得るような過程を経るべき論点があった場合である。ここで，たとえ社外弁護士の意見確認が必要な場合であっても，法務担当者としてその結論の予測が立つのであれば，確認作業を並行して進めることにしつつ，確認されるべき結果を見越して次の検討に移る，という判断も可能である。この判断によって，少なくとも会議1回分は検討期間を短縮できるのである。

さらに，検討過程に法務担当者がかかわっていることから，契約書がまとまった後に契約書審査が行われ，契約内容を最初から検討する，というような二度手間が回避され，この点でも大幅な時間短縮が可能である。

② アイディア出し

法務を単なる事後的な検証機関として位置づけるのではなく，交渉担当者に含めることで，早い段階であれば検討可能な法的なアイディアが出てくることが期待できる。提携交渉の中で，両者にとって重要な利害を調整すべきルールに関し，ありきたりのルールではないオリジナルなルールが創造されることが期待できる(A1.4)。

③ リスクコントロール

交渉過程から，「十分な情報で十分な検討」がなされたかどうかを検証し，議論を重ねられるので，意思決定過程がより安定し，法的なリスクも小さくなる(A2.6)。

④ 経営判断のための情報の充実

営業的，経営的な観点だけでなく，法的な観点からも情報が上がるので，意思決

定の前提となる情報の厚みが増し，判断の安定感も高くなる。

⑤　多角的な検討

交渉のメンバーに，営業や経営と異なる視点を持ったメンバーが加わることで，検討も多角的となり，より安定度が増す（A2.27, B2.3）。

⑥　一体感の醸成

提携を推進する側から見た場合，早期に法務担当者を仲間にすることができ，会社全体で提携に取り組む体制や雰囲気作りが可能となる。

⑦　人材育成

法務担当者などの「バックオフィス」にも，会社全体の動きを理解し，判断できる人材を育成するきっかけとなる（A2.16）。

同様に，営業や経営を担う側の人材が，法的なリスクコントロールの重要性や，それを自分自身が行わなければならないという自覚を持つきっかけとなる（A2.17）。

22.2

文書の目的など，重要なポイントは本文記載のとおり。

実際に，さまざまな会社のプレスリリースをホームページなどで見て，それらを参考に起案すること（A1.8）。実際には広報部門などの業務となろうが，みずから起案した経験があるのとないのとでは，アドバイスやサポートの臨場感や説得力が大きく異なるので，この機会に実際に起案してみることを推薦する。その際には，本文にある法務的な観点だけでなく，ビジネス部門や広報部門の観点からも検討し，かつ，投資家からどのように読まれるかも想像してみるのが有益である（A1.3, A1.8）。

● おまけ小説　法務の小枝ちゃん ●

第4章　苦情対応

「え，ついに来た？」
　当社に初めて，一般顧客からの苦情電話がかかってきた。当社は素材メーカーで，取引先はメーカー，一般顧客との接点はなく，典型的なB to B。一般的な顧客からの苦情に対応する部署も担当者も決まっていない。
　ところが，新素材はバイオ。今は化粧品の一部に使われているけど，いずれは医薬品にも用途を広げたい，というのが鈴重の提案であり，技術部もそのために盛り上がっている。
　たしかに，鈴重との交渉の中で，化粧品に素材を提供するようになると，必ず一般顧客から苦情や問い合わせがくるから，そのための準備をしておいた方が良い，とアドバイスされた。社内でその話を議論した際，結局，まずは経験を積みながら徐々にルールやプロセスを作っていこう(A5.3)，ということになった。つまり，良くいえば臨機応変，悪くいえば行き当たりばったり。
　それで，当面の担当が私になったのよね。

　話はこうだ。
　苦情客（匿名なのでX）は，以前から有名な化粧品メーカーの製品を使ってきた。同じシリーズの新商品が，「注目の新素材配合」と銘打っていたので，これを試しに使ってみた。最初は良かったが，気づいたら，この化粧品をつけるだけで赤くかぶれるようになった。今までこんなことは1回もなかったが，違いは新素材しか思い当たらない。調べたら，この新素材を提供しているのが御社だとわかった。化粧品は女性の顔に塗るもの，女性にとって顔は命，つまり人の命にかかわる素材を販売しているんだから，責任は重いはず。どうやって責任を取るのか。
　さらに，当然のことながら消費者生活センターにも通報している。幸い，すぐに気づいて使用を中止したので，自分に被害はないし，後でリコールになった際に代金だけ返してくれればいい。だから今日は匿名だ。

　鈴重とも，社内でも，十分検討していたし，苦情の内容も，想定の範囲内。

社内で情報共有のメールを流した後，事前の打ち合わせどおり鈴重の担当者に電話を掛けた。
「木ノ内さんですか？　鈴重の法務の海野です。」
「契約交渉終わって，全然お会いしてないですけど，お元気ですか？　きっとお元気なんでしょうね。」
「また飲みに行きましょうよ。」
「え？　あ，お仕事のお話ですね，失礼しました。」
「いよいよきましたか，こういっちゃなんですが，おめでとうございます。御社の新素材が社会と接点を持ち始めたのですね。」
　よくしゃべるし，さすがにポジティブだね，商社ってそういうことなのか。。。
「失礼，初めての苦情客だからこそ，丁寧に対応しなければいけないですね，今後の役割や対応を確認しておきましょう。」
　決まったことは，化粧品メーカーに今回のXからの通報を報告すること，当社が新素材の安全性をどのように検査したのかについては，検査方法や検査結果についてすでに化粧品メーカーに提供しているので，新たな検査がなければ特に報告しないこと，他方，苦情内容が事実かどうか，また，化粧品メーカーとしてどのような事前の検査を行ったか話を聞くこと，そのうえで役割分担や段取りを相談することになるが，第一次的な責任は化粧品メーカーにあるので，化粧品メーカーが常に対応窓口になり，鈴重やうちはこれをサポートし，連携するのが原則になること，などが話し合われた。

「いやあ，鈴重さまさまですね。私たちだけでは，苦情客対応の方法を化粧品メーカーと詰めておくことはできなかったと思います。」
　藤堂先輩の机の脇の小机は，何も置かれていなくて広々としている。私が自分で持ってきた，緑茶のペットボトルだけ。
「今回はしっかりと頼むよ，良い先例にしたいから。」
　はい，それはもう。
「さて問題は，新素材の品質がまだ不安定で，先月は何とか乗り切ったものの，鈴重への納入義務との関係で苦情がどのように影響するか，を見極めたいな。」
　どうだ，小枝。先月の納入義務問題のときと同じように，今回もXの苦情をうまく梃子として活用できないか？ (B2.2, A2.6, A2.20)
　ちょっと待ってください，話がつながってません。先月の納入問題との関係

を見極める，ということと，今回も梃子に使ってしまおう，というのは，論理が飛躍しています。

　藤堂先輩は，先月末の一連の騒ぎで，原材料会社との取引条件が見直されたり，研究費や設備投資予算が増えたりしたことを，私の手柄と思って評価してくれている。たしかにどさくさに紛れて皆の危機感を高めて，この問題を提起したけれど，詳細な資料を作って，精力的に根回しをして，会社の意向をまとめ上げたのは，杉田と藤堂次長，それに宗方部長(B4.2)。

　いえいえ，私は青木部長と違いますから。

　いやいや何をおっしゃる，青木部長が古狸なら，小枝は子狸だよ。

　むっ。

　だってさ，初めての苦情なんでみんな焦ってるけど，実はうちにとっては大したことなくて，この機会に会社を強くする投資をしよう，という状況は同じだろう？　先月の応用じゃないか，頼むよ子狸さん。

　ちょっと待ってください，どさくさとか，そんな話じゃなくて，会社を強くするための再発防止策なんですよ，判断の合理性を否定するような評価は，まずいです。

　わかったわかった，いい方には気を付けるよ，けど，この機会に会社をもっと強くしよう，ということだから頼むよ。

「強くしたいですね，わかりました，考えておきます。けど，子狸はひどくないですか？」

「いいじゃないか，可愛いぞ，子狸。だから，今夜どうかな，お詫びするから，アイディア聞かせてよ。」

　う〜ん，どうしようかな。

「頼むよ，ご馳走するからさ。」

　その晩は，ステーキ，流行りの立ち食いのステーキ屋さん。私，お肉大好き。赤ワインも合うし，霜降りの和牛よりも，がっつりと赤身，私もこっちの方が好きだと思いました！

　今回は，ISOの業務品質の認定を獲得することや，一般顧客向けの研究体制を強化すること，一般顧客からの苦情に対応する体制を作ること，を獲得目標と定めた。

　どれも，苦情対応体制の強化という名目だけども，将来うちの会社がみずか

ら小売ビジネスを開始するための体制作り，というところが本音だ。素材会社が，化粧品や医薬品を作って自分で販売する，という業種を超えた事業展開は，有名なフィルムメーカーもやっていること。とはいえ，短期間では準備できないので，早目に準備しておきたい，という藤堂先輩の気持ちもよくわかる。

　今回も，本音と建前がずれていますよ[A1.15]，藤堂先輩。それにしても，また悪だくみにかかわってしまいました，私は一体，どうしてしまったのか。。。

　「ところで，『お客様相談センター』の専用回線はすぐに開始できるよな。通信料は当社負担。当面の電話担当は，小枝，やってくれるよな，会社でたった1人の苦情対応経験者だし。」

　しまった，これがステーキと赤ワインの対価なのか，うますぎた。

　もしかしたら最初からこれを考えていましたか，藤堂先輩？

第5章

労働法

事例23 パワハラ事案への法務的アプローチ

（岩田　浩）

事例

① 工場の上長が，部下である作業員に「作業が遅い。給与泥棒だ。」等といって，ヘルメットの上から頭を小突くような言動をたびたび繰り返した。作業員は体調不良となり，心療内科で適応障害と診断され，休暇を取得した。休暇中も上長が架電し，仕事復帰を促したことから，病状が悪化した。

② 財務部の上長が，作業の遅い財務部員に「早くやれ，あれはどうなったんだ。何でやっていないのか。」と他の従業員のいる前で15分から30分ほど叱責することが繰り返され，財務部員が答えに窮していると「何かいえ。コミュニケーション能力がないのか。」ということもあった。財務部員は心療内科を受診し，抑うつ気分等のため自宅療養の必要があるとの診断を受けた。

社内弁護士として，どのように対応すべきか。

◆ 事例解説

1　はじめに

近年，パワーハラスメント（以下「パワハラ」という）によると思われる精神障害の労災補償の支給決定件数[72]が増加している。対応を誤ると，加害者と会社が法的責任を負うだけでなく，職場環境が悪化し，企業活動に支障が生ずる。したがって，パワハラ発生時の対応を適切に行うのみならず，パワハラを未然に防止するための対策が必要となってくる。

2　実体法的な視点
(1)　パワハラの定義

「パワーハラスメント」の法律上の定義は存在しないが，厚生労働省の「職場のいじめ・嫌がらせ問題に関する円卓会議」が2012年3月15日に公表した「職場のパワーハラスメントの予防・解決に向けた提言」（以下「パワハラ提言」という）では，パワハラを「同じ職場で働く者に対して，職務上の地位や

---

[72]　厚生労働省「過労死等の労災補償状況（別添資料２）」。

人間関係などの職場内の優位性を背景に，業務の適正な範囲を超えて，精神的・身体的苦痛を与える又は職場環境を悪化させる行為をいう。」と定義した（同別紙）。

この定義によれば，「優位性」さえあれば，上司だけでなく，先輩・後輩間や同僚間，部下から上司に対しても，パワハラが成立し得ることになる。

また，職場のパワハラの例として，①暴行・傷害（身体的な攻撃），②脅迫・名誉毀損・侮辱・ひどい暴言（精神的な攻撃），③隔離・仲間外し・無視（人間関係からの切り離し），④業務上明らかに不要なことや遂行不可能なことの強制，仕事の妨害（過大な要求），⑤業務上の合理性なく能力や経験とかけ離れた程度の低い仕事を命じることや仕事を与えないこと（過小な要求），⑥私的なことに過度に立ち入ること（個の侵害），を挙げている（同別紙）。特に④～⑥は業務上の適正な指導との線引きが難しく，慎重に判断する必要がある。

(2) パワハラ防止義務違反

企業は，従業員に対し安全配慮義務を負っており（労働契約法5条），これには，「職場内での人権侵害を生じないように配慮する義務（パワーハラスメント防止義務）」も含まれる（津地判平成21.2.19労判982号66頁）。

したがって，パワハラが発生した場合，パワハラをした従業員個人だけでなく，パワハラ防止義務を果たさない企業も損害賠償責任等を負う可能性が高い。

さらに，パワハラ発生後の対応が不適切な場合（懲戒権を適切に行使しない場合[73]）にも，安全配慮義務違反があるとして，企業は損害賠償責任等を負う可能性が高いのである[A1.1]。

3 組織法・手続法的な視点

(1) 人事部と法務部の連携

パワハラ対応では，人事部と法務部の連携が必要である。人事部は，人材を

---

[73] セクハラの場合，厚生労働省の「事業主が職場における性的な言動に起因する問題に関して雇用管理上講ずべき措置についての指針」（平成18.10.11厚労告615号）が，行為者に対する適切な処分（懲戒など）を求めている。規定はないが，パワハラの場合も状況は同じである。

どのように配置すべきか，という将来を見据えたヒアリングや情報収集に長けている一方で，法務部は，責任の所在を明確にするための，事実関係のヒアリングや証拠収集に長けているからである。

例えば，事実関係が不明確なまま処分すると，行為者や被害者に対して責任を負う危険（セクハラの事例であるが，京都市（北部クリーンセンター事件）大阪高判平成22.8.26労判1016号18頁）があるが，行為者と被害者を一緒の職場に配属したまま人事的な対応をせずに，事実関係の調査だけを行っていると，パワハラがエスカレートする危険もある。つまり，このいずれにも偏らないよう，人事部と法務部が連携して対応すべきなのである(A1.7, A2.29, A1.1, B2.3)。

(2) 被害者への聞き取り

事実調査は被害者への面談から始まるが，その際，特に被害者への配慮が重要である。パワハラ被害者はうつ状態になっている場合も多く，被害者が不安定な場合には，医師やカウンセラーを紹介する等の配慮が必要となる(A2.19)。

また，被害者のプライバシーに配慮しなければならない。被害者に部下がいる場合など，自分がパワハラを受けていることを知られたくない場合もある。したがって，第三者に聞き取り調査をする場合には，可能な限り，被害者の意向を尊重する必要がある。したがって，事実調査にあたっては，第三者からの聞き取り調査を先行させてはならない(A2.31, A1.1)。

次に，パワハラの申告を理由として，被害者は不利益処分されないことを明確に告げる必要がある。被害者はこれからの自分の処遇を心配していることが多く，被害者に不利益となる取扱いをしない旨，明確に伝えて少しでも安心させなければならない。

(3) 客観的な証拠の収集

パワハラの認定のため，客観的証拠が重要になる(A5.1)。具体的には，電子メールや日報，月報，写真，ICレコーダ等を用いた録音体[74]が挙げられる。日

---

[74] 録音テープの証拠能力が肯定された裁判例として，東京高判昭和52.7.15東高民事報28巻7号162頁，録音体の証拠能力が否定された裁判例として，東京高判平28.5.19ジュリ1496号5頁。

記やノートは，被害者自身が記したものだから信用性が乏しいと判断される可能性があるものの，記載内容が具体的かつ詳細だったり（セクハラの事例であるが，東京地判平成21.2.13　2009WLJPCA02138017)，第三者の証言と一致する場合等，客観性を高める要素になる場合もあるので，収集しておいた方が良い。

(4) 第三者への聞き取り

　第三者は，被害者と異なり，一般にパワハラとの利害関係が薄い。したがって，一般的に第三者の供述は，加害者や被害者の供述よりも信用性が高い。もっとも，パワハラの直接の被害者ではないが，日ごろ，加害者や被害者に対して快く思っておらず，報復をしようとしている場合も考えられるので，当該第三者と加害者・被害者との関係性については，注意を払う必要がある（A1.1）。

(5) 加害者への聞き取り（弁明の機会の付与）

　その後，加害者への聞き取りをする。①いつ，②どこで，③誰が，④どのような被害を受けたのかを加害者に示す必要がある。セクハラの事例であるが，これらが不明のままで処分した場合に処分が無効とされた裁判例がある（上記大阪高判平成22.8.26)（A2.6)。加害者の供述と被害者や第三者の供述とで異なる事実がある場合には，その事実について，再度，確認をする（A5.9）。

(6) 行為の存否の判断

　客観的証拠によってパワハラを認定できる場合もあれば，客観的証拠がない場合もある。後者の場合，供述の信用性で判断せざるを得ないが，両当事者の供述を比較し，①内容が詳細か，②合理的であるか，③重要部分が一貫しており変遷していないか，④迫真性があるか等を総合考慮の上，判断する（A1.18）。

(7) パワハラ該当性の判断

　まず，被害者が主観的に「パワハラだ」と思った行為の全てが，違法なパワハラと認定されるわけではないことに留意する必要がある。

　次に，パワハラ該当性の判断については，当該言動が「正当な職務行為」，例えば，適切な業務指導であるかの判断が重要になる。

注目すべき裁判例が，ザ・ウィンザー・ホテルズ・インターナショナル（自然退職）事件である。この事件の第１審（東京地判平成24.3.9労判1050号68頁）は，「（諸事情を）総合考慮の上，…通常人が許容しうる範囲を著しく超えるような有形・無形の圧力を加える行為」をしたと評価されることが必要とした。

しかし，控訴審（東京高判平成25.2.27労判1072号5頁）では，このような基準を述べないまま，第１審では不法行為と判断されなかった行為についても不法行為に該当すると判断した。

第１審は，通常人が許容しうる範囲を「著しく」超える行為をパワハラ行為としており，不法行為とされる範囲が狭くなってしまうと考えられる。

また，「他人に心理的負荷を過度に蓄積させるような行為は，原則として違法であるというべきであり，…例外的に，その行為が合理的理由に基づいて一般的に妥当な方法と程度で行われた場合には，正当な職務行為として違法性が阻却される場合がある」とする裁判例（福岡高判平成20.8.25判時2032号52頁）があり，職務行為を理由に正当化される場合は限定的である。

さらに同裁判例は，「心理的負担を過度に蓄積させるような言動かどうかは，原則として，これを受ける者について平均的な心理的耐性を有する者を基準として客観的に判断されるべき」として，過敏でも鈍感でもない平均的な社員を基準に評価するという立場が示されている。もっとも，企業が当該被害者の特殊性を知り得た場合には，特別な配慮が要求される場合もあるので，この基準を機械的に適用しないように注意が必要である。

このような裁判例を考慮すると，パワーハラスメントを行った者とされた者の人間関係，当該行為の動機・目的，時間・場所，態様等を総合考慮し，通常人が「パワハラ」と感じるかどうかを基準にしてパワハラ該当性を判断するのが，原則ルールと整理されよう（A1.11, A1.10）。

(8) 懲戒処分の検討

以上の結果，パワハラを認定する場合，前例等も考慮に入れ，適切な処分を決定する必要がある。過度な懲戒処分をすると，懲戒処分の無効を争われる場合があるので，注意が必要である。

4 本事例の検討

以上の点に留意しつつ、本事例を検討する(A3.1)。

事例①では、「給与泥棒だ」という発言が侮辱的であり、精神的な攻撃に該当する。ヘルメットの上からであっても、小突く行為は、暴行であり、身体的な攻撃に該当する。直接架電をして仕事復帰を促す行為は、パワハラ提言に示された類型には直接該当しないものの、診断書を出して休職を願い出たにもかかわらず、これを阻止する行為が不法行為を構成するとした裁判例（東京地判平成26.7.31労判1107号55頁）があることを考慮すると、これも不法行為に該当し得ると考えられる。

事例②では、部下の仕事の進め方に問題があり、指導すること自体は適切であるものの、他の従業員の前で長時間の叱責をすることは、屈辱的であり、精神的な攻撃に該当する。また、「コミュニケーション能力がないのか」と申し向けることは、人格攻撃、すなわち精神的な攻撃に該当する。よって、不法行為に該当し得ると考えられる。

5 留意点

パワハラが発生した場合の対応は上記のとおりであるが、社内弁護士は、会社に対して、パワハラ防止策も講じさせなければならない。パワハラには厳しく対処するという会社の立場を表示したり、通報機関を周知したり、パワハラ防止研修を実施していくことになる(A2.4)。

6 おわりに

パワハラはどの企業にも起こりうる問題であり、対処を誤ると風評被害も大きくなる。パワハラが生じた場合には、迅速かつ適切な対処が求められるのはもちろんのこと、最新の裁判例や厚生労働省の発表にも常に注意を払っておく必要があるだろう。

事例24 障がい者へのパワハラ
合理的配慮の提供義務
（国本聡子）

事 例　人事部より，年度末で任期満了にて雇止めとした契約職員（任期1年／更新あり）の代理人弁護士から，雇用契約終了後在籍中の上司によるパワハラを主な内容とする通知書が，診断書を添付されて，送付されてきた。診断書の診断名は「心身症・過敏性胃腸症候群」であった。なお，当該契約職員は「四肢機能障害」の障害を持っており，障害者雇用義務制度に基づく障害者雇用枠での採用であった。早速，在籍時の所属部署の関係者にヒアリングを実施することとしたが，人事部から相談を受けた社内弁護士として，どのように対応すべきか。

◆ 事例解説

1　はじめに

　身体障害者の雇用促進については，「障害者の雇用の促進等に関する法律」（障害者雇用促進法）が適用され，企業による障害者雇用義務制度の障害者となる定義や法定雇用率，負担金について定められている。さらに，平成25年の改正後の障害者雇用促進法では，障害者に対する「合理的配慮」が法的義務となっており，「合理的配慮」の内容について企業側も説明責任を求められる。特に37条では雇用義務の対象を精神障害者（精神障害者保健福祉手帳所持者）にも広げ，法定雇用率の算定基礎に精神障害者を加えることとしている（平成30年4月1日施行予定）。

　このように，企業では人材のダイバーシティとして障害者の雇用につき積極的に検討する時代に入っている。

　本事例は，障害者枠で雇用した労働者の労務管理につき，どのような点に留意すべきか，採用段階，就業段階，雇用契約終了後という段階を追って検討していきたい。また，実際に，診断書どおりの傷病が認められ，業務起因性が疑われる場合に，雇止めが法的に可能かどうかについても争点となる。

2 実体法的な視点

(1) 採用段階

障害者雇用促進法上，企業側が実施すべき「合理的配慮」の内容は，障害者の個別事情によりさまざまであることから，支障となっている事情や，その改善のために必要な措置は，企業側に提案義務があるのではなく，まず障害者側が申し出ることとされている（34条）。これを受けて企業側は，具体的な措置の内容および理由を，障害者に説明する。

具体例としては，神経性因膀胱直腸障害の身体障害者であったバスドライバーに定期的にレスト休憩がとれる運行通路を認めた裁判例（神戸地裁尼崎支部決定平成24.4.9労判1054号38頁〔阪神バス事件〕）があるが，病院に通院する時間に外出を認める，出張を伴う勤務を命令しない，等の措置の提案が一般的であろう。

例えば，採用段階で「週1の通院のため休ませてほしい」という申し出があり，有給から消化し，足りない部分は欠勤にする点は明確に合意されたが，その頻度については曖昧だった場合で，実際は欠勤率が非常に高く，しかも突発的な欠勤が多い場合，明確な合意内容が記録されていなければ，「自由に休めるように配慮すると約束したはずだ」「そんなに頻繁に休むことはないと約束したはずだ」などというトラブルに発展しかねない[A2.7, A1.1]。

このようなトラブルを回避するために，採用段階にいかなる申し出があり，障害者と企業側がどのような「合理的配慮」で合意したのかを明確にしておくべきである[A2.12]。

なお，要求される措置が過重な負担になる場合は採用を見合わせる結果にもなるが，その説明には客観的な根拠が必要となる。

(2) 就業段階

採用後の就業段階では，「合理的配慮」は障害者の申し出を契機とするのではなく，企業側が提供義務を負う（36条の3）。採用後は，採用段階の申出内容も踏まえ，企業側も障害者の勤務状態を把握できるから，障害者の申し出がなくても，合理的配慮の提案が可能になるとの立法的判断がある[A1.6]。

よって，採用後の出勤状態，欠勤の場合の欠勤理由，就業中の様子や業務遂行状況（電話をとる，受付印を押す，資料を整理する等）について，記録化す

ることが必要であり，採用段階の申し出にはなかった事情が発生しているのかどうかの確認が必要となる（A2.12）。

実際に新たな事実が判明した場合には，人事部からの提案として就業形態の変更等の提案を行うべきであろう。

(3) 雇用契約打ち切りの決定

雇用契約の打ち切りに際し，欠勤の理由となった傷病が業務上災害である場合，労基法19条1項は，「使用者は，労働者が業務上負傷し，又は疾病にかかり療養のために休業する期間及びその後30日間……は，解雇してはならない。」と定めており，労災で休業している期間とその後30日間は，原則として解雇を行うことは違法である。精神的なものも含め，傷病が業務上災害といえるかどうかは，客観的な証拠があるか（パワハラが原因であるならば，録音記録や第三者の証言）どうかに依拠する。

また，障害者雇用における業務起因性の判断基準については裁判例があり，「業務上の災害といえるためには，災害が業務に内在または随伴する危険が現実化したものであると要すると解すべきであり，その判断の基準としては，平均的な労働者を基準とするのが自然であると解される。しかしながら，労働に従事する労働者は必ずしも平均的な労働能力を有しているわけではなく，身体に障害を抱えている労働者もいるわけであるから，……身体障害者である労働者が遭遇する災害についての業務起因性の判断の基準においても，……身体障害者であることを前提として業務に従事させた場合に，その障害とされている基礎疾患が悪化して災害が発生した場合には，その業務起因性の判断基準は，当該労働者が基準となるというべきである。」（名古屋高裁判決平成22.4.16判タ1329号121頁〔豊橋労働基準監督署長事件〕）。

よって，業務上災害の判断基準は，当該障害者となるため，当該障害者の障害の内容，程度を踏まえ，他の労働者と同様に仕事量やスピードを要求することが現実的でない場合の，業務命令や指示の出し方には一層注意を払う必要がある。

次に本件では，いわゆる雇止めが問題になっているが，雇用期間中の解雇を前提とする労基法19条1項の解雇禁止規定が，雇止めにも類推されるかが問題

になる。行政解釈では，「一定期間又は一定の事業の完了に必要な期間までを契約期間とする労働契約を締結していた労働者の労働契約は，他に契約期間満了後引き続き雇用関係が更新されたと認められる事実が無い限りその期間満了とともに終了するので本条（19条，解雇制限）の適用はない」としている（昭和63.3.14基発150）。しかし，有期労働契約も反復更新されることによって，契約更新について合理的な期待が生じている場合は期間の定めのない労働契約と同様に扱われるため，繰り返しなされてきた更新が無期雇用への合理的期待にまで高まった場合等には，解雇権濫用法理が類推されることとパラレルに考え，保守的に対応すべきである。

(4) 雇用契約終了後の法律関係

最後に，雇用終了後に，障害者が業務起因性を前提とする傷病を主張し，業務起因性が認定された場合の法律関係を整理しておく（業務起因性などがどのように議論され，争われるかについては，後に検討する）。

まず，障害者であっても，疾病療養中の解雇や雇止めは法律上禁止されていると解すべきである。この場合の雇用関係は，企業側の過失に基づく労働債務の不履行となり，給与支払義務は残存するものの，労働者側の労務提供義務は免除される。このようなケースは企業にとって高いリピュテーションリスクともなるため慎重な対応が必要である。

このように，多様な人材を確保するという視点から，採用後の労務管理も徹底する必要がある一方，労基法だけでなく障害者雇用促進法などのより専門的な問題への対応も必要なため，社内弁護士や顧問弁護士も加えて検討することが必要となる(A3.5)。

3 組織法・手続法的な視点

(1) 合理的配慮の記録化

本件では，障害者である労働者が，事後的に「障害者であることが配慮されなかったため，精神的苦痛をうけ，心身症等を発症した。」と主張してきたが，トラブル解決にとって，当初採用段階に申し出られた合理的配慮の内容が重要なポイントとなる。

そこで，合理的配慮をどのように記録に残しておくかが問題になるが，それは，面談表の記載でもいいし，録音記録でも構わない。複数人立会いの下で実施された面談なら担当者の議事録も考えられる。また，障害者雇用枠の応募書類に，企業側に要望する措置の記載欄を設けるのも一案である。

次に，就業中は，他の労働者よりも，定期的な面談の機会を頻繁に設けることが重要である。さらに，直属の上司に対し，面談記録だけでなく，日常の勤務状況や気になること等を記録にまとめておくよう，人事部から指示を出すべきであろう。先に述べたとおり，就業後は採用段階と異なり，企業側が合理的配慮の提供義務を負うところ，その義務を果たす前提として，採用時のままの措置で十分かどうか，十分でないなら，どのような代替的措置が必要か，などを吟味検討する必要があるからである。

なお，本事例のモデルとなった事案では，さまざまな記録からパワハラの事実が確認できないとして，1か月分の解決金の支払いを提案し，和解が成立している。

(2) 法的手続

雇止めに不満がある場合，当該労働者が，労基署への申告や，労働審判の提起，地位確認の訴えおよび賃金の仮処分命令申立等の法的措置をとることが予測される(A1.1)。ここではそれぞれの手続きのポイントを簡単に確認しておく(A1.9)。

労基署への申告の場合，申告がなされると，業務起因性につき労基署の調査官から事実確認のための資料の提出や関係者に対するヒアリング調査が行われる。個別的労働紛争案件については当該調査に必要な範囲でのみ実施されるのが原則であるが，他の職員に対しても波及的影響が見込まれるものについて，任意で事情聴取を求められることもある。

労働審判の場合，3回の期日で終了する労働審判手続では判断が困難であるため労働者の身分を取り戻すための地位確認請求はなじみにくく，裁判所からは総じて金銭的解決を内容とする和解案が提案される場合が多い。よって，労働者側の代理人も，最終的に労働者が従業員たる地位を回復したがっているのか，金銭的解決を望んでいるのかを見極めて労働審判と訴訟の間で手段を選択

労働審判では，実務上，「3・6・12の原則」があるといわれる。すなわち，企業側の過失の程度によって，労働者の給与の3か月，6か月，または12か月分を支払うことを和解案として提示される傾向がある。

　地位確認訴訟の場合，訴訟提起されれば，おおよそ1年半～2年程度の長期の訴訟係属が見込まれ，その対応に関係者が追われるというリスクがあり，最終的な判決で，パワハラや過重勤務の実態が暴露されるリスクもある。

4　おわりに

　身体障害者だけでなく，障害者雇用促進法が定義する障害者には「精神障害（発達障害も含む。…中略…）その他心身の機能の障害（…中略…）があるため，長期にわたり，職業生活に相当の制限を受け，又は職業生活を営むことが著しく困難な者をいう」とされている。このように，障害者の定義が時代とともに多様化されていく今後は，当事者間の相互の理解とともに，障害者の属性に合せた適切な労務管理が必要となってくるであろう。

　なお，平成28年4月に施行された障害者差別解消法と障害者雇用促進法との関係であるが，前者が，事業者（行政・民間事業者）に対するもので雇用の場面に限られていないのに対し，後者は雇用の場面において使用者と障害者である労働者に関し優先的に適用されるものであることから，一般法と特別法の関係になる。

コラム　**辞書登録の技法**　　　　　　　　　　　　　　（匿名）

　パソコンの辞書登録機能は，メール作成時間の短縮に役立つ。そこで，私が登録している文字列を少しご紹介したい（例えば，「お世話になっております。」であれば「おせ」と打てば変換できるようにしている）。
　・「ご質問の趣旨に沿った回答になっていますでしょうか。」（質問の趣旨がよくわからないときや，初歩的な質問を受けたときに使う）
　・「本件はイレギュラー案件のため，」（複雑な案件のみならず，非常識な案件についても使える）
　・「お伺いしたご事情を踏まえ，」（枕詞として使う）

事例25 裁量労働制の導入と運用
（美馬耕平）

事例 人事総務本部から、以下のような相談を受けた。
　会社は、ワークライフハーモニーの実現のために、社員の生産性を向上させ、働き方の自由度を高めるため、新しい労働制度を検討している。
　長時間会社にいることを美徳とする考え方を一新し、時間による管理ではなく、パフォーマンスを評価する体制を構築したい。そうすることで、社員が自由に働き余暇を楽しむこともできる労働環境が作られ、仕事の効率や生産性が高まり、その結果会社全体の業績も上がるという、理想的な好循環を実現したいということである。
　この会社の社内弁護士として、どのように対応すべきか。

◆ 事例解説

1 はじめに
(1) 社内弁護士のプロジェクトへのかかわり方
　社内弁護士は、一般的な社外弁護士のように、ある程度できあがったプロジェクトに対する適法性の検討のみならず、極めて初期の段階から関与し、アイディアを求められることも珍しくない(B2.3)。
　この場合、プロジェクトチームに対するアドバイス役に徹することもあれば、チームの主要な構成員としてプロジェクト遂行の重要な部分を担うこともあるし、また、プロジェクトリーダーとしてチームを牽引することさえある。いずれの場合も、相談があれば応じるというリアクティブなかかわりではなく、プロアクティブなかかわりが求められるが、それは常に社内におり、ビジネス部門と日常的にコミュニケーションをとっていればこそである(A2.1, A2.9, A7.4)。
　本件では、社内弁護士から以下の複合的な提案を行った。
　すなわち、企画業務型裁量労働制を導入するとともに、対象外の社員には在宅勤務が可能となるように社内ルールを変更し、加えて、人事考課制度は成果を評価する部分の評価基準を見直しつつ、その割合を高め、これら制度が適切

かつ効果的に運用されるよう，社員全体の意識改革を促すという内容である。

これらの取組みは，全ての施策の歯車がきちんと噛み合う必要があり，どれ1つが欠けても効果を最大化できないため，いずれも等しく重要な要素であるが，まずは「企画業務型裁量労働制」について詳述する。

(2) 企画業務型裁量労働制とは

労働者は，労働力提供の対価として賃金を受領しているが，労働基準法上，提供された労働力は，実労働時間によって算定することを原則としている。つまり，就業規則によって定められた時間，指示された就業場所で，指示された業務に従事することで，賃金が支払われるのである。

ところが，企画立案等の業務の中には，決められた時間，場所，方法で働くよりも，自由な時間，場所，方法で働く方が，望ましいアウトプットを得られる業務がある。また，労働時間の長短ではなく，仕事の質や成果によって評価することこそが相応しい業務もある。より根本的に見れば，会社側には，労働者の創造的な能力を発揮させる環境を作りたいという希望があり，労働者側には，自己の能力をより活かせるよう主体的に働きたいという意識がある(A1.7)。

このようなニーズに応じて制定された制度が，企画業務型裁量労働制である（労働基準法38条の4）[75] (A1.6)。

2 実体法的な視点

まず，企画型裁量労働制が導入されるための実体法的な要件と，その効果を検討する。なお，組織法・手続法的要件は，後に検討する。

(1) 企画型裁量労働制導入の要件

まず「業務」が対象業務でなければならない。

すなわち，当該業務が，①事業運営に関すること，②企画，立案，調査および分析であること，③業務遂行の方法を大幅に労働者の裁量に委ねる必要があ

---

[75]「Q6 裁量労働制とは何ですか？」独立行政法人 労働政策研究・研修機構。
(http://www.jil.go.jp/rodoqa/01_jikan/01-Q06.html)

ること，④実際に，遂行手段および時間配分等に関し具体的な指示をしないこと，の4要件を満たす必要がある（同条1項1号）。

以上の4要件全てを満たした業務が対象業務となり得るのであって，ホワイトカラーの業務全てが対象となるわけではない。例えば[76]，同じ経営企画に関する業務であっても，経営計画立案やそのための調査分析はこれに該当するが，経営会議の庶務はこれに該当しない。人事記録の作成保管，給与の計算支払い，各種保険の加入脱退，採用研修の実施はこれに該当しない[77]（A2.7）。

次に，「従業員」が対象労働者でなければならない。

すなわち，労働者には，対象業務を適切に遂行するための知識経験が必要である（同項2号）。具体的には，少なくとも，3〜5年の職業経験が必要と考えられている。

(2) 時間外賃金の発生

上記各要件に加え，次に検討する組織法・手続法的な要件も満たされれば，所定の時間労働したとみなされる（同項柱書，3号）。仕事の内容で評価する，という目的を，所定時間労働したとみなす，という手段によって実現し，かつ，従来からの賃金ルールとの整合性を確保するもので，実際の労働時間が所定時間を超えていても超過分の賃金請求ができないのである[78]（A1.6）。

しかし，この「みなし労働時間」制度は，ブラック企業のように長時間労働を強いる方便として使用されてはならない（A1.15）。

すなわち，普通に働けば所定時間を超える労働時間が必要な業務を指示した場合，会社は，所定時間ではなく，普通に働けば必要な労働時間がこれを超える部分について，残業代を支払わなければならない。

したがって，会社は，対象労働者に残業代が支払われる余地がまったくないと誤解させないことはもちろん，残業代の請求がなされないまま放置しておくべきでない。会社は，対象労働者にその内容を十分に理解させて真摯な同意を

---

[76] 会社の状況によって異なるので，これは一般的な例である。
[77] より詳細な解説として，厚生労働省「企画業務型裁量労働制」（平成27年3月），東京労働局・労働基準監督署「『企画業務型裁量労働制』の適正な導入のために」（平成24年1月）。
[78] 西谷敏『労働法』（日本評論社，2013年）310頁。

得ることはもちろん，対象労働者に与える業務内容や量を適切にするよう，マネジャーを教育しなければならない。さらには，適切な業務分担が可能なように，会社組織や人員配置といった根本的なところから見直すことも必要である。

3　組織法・手続法的な視点
　同様の理由で，この「みなし労働時間」制度では，以下のような厳しい組織法・手続法的な対応も必要である。

(1)　労使委員会の設置
　企画業務型裁量労働制を導入するためには，労働組合または労働者の過半数を代表する者で構成される労使委員会を設置しなければならない（38条の4第2項1号，2号）。

(2)　労使委員会の決議事項[79]
　労使委員会では，以下の8つの事項について，出席委員の5分の4以上の多数による決議が必要であり，かかる決議内容を，所轄労働基準監督署へ届け出なければならない（38条の4第1項）。
　8つの決議事項とは，①対象業務の範囲，②対象労働者の範囲，③所定時間，④対象労働者への健康福祉のための措置，⑤苦情処理の措置，⑥不同意の労働者を不利益取扱いしない等，⑦決議の有効期間，⑧対象労働者ごとの記録の保存，である。
　上記のうち，⑥について，個別の同意を得たというためには，就業規則で包括的な同意を規定することでは足りず，各人から個別に同意書などを取得すべきであると解されている。また，⑦については，3年以内が望ましいとされる[80]。

(3)　所轄労働基準監督署への報告
　上記決議の日から6か月以内ごとに1回，対象労働者の労働時間の状況や健

79　平成15.10.22厚生労働省告示353号，平成15.10.22基発1022001号。
80　同脚注3。

康福祉のための措置の実施状況について，所轄労働基準監督署に定期報告する（38条の4第4項）。

4 留意点

　企画業務型裁量労働制には，このような厳しい規制だけでなく，違反への処分や風評のリスクがあるため，これを踏まえた人事体制が必要であり，社内弁護士は，そのリスクコントロールに貢献すべきである(A2.5)。

(1) 社内体制の構築

　例えば，所定時間では終わらない過重な業務を対象労働者に与えていたり，労使委員会の活動に必要なサポートがまったくされていなかったりすれば，これらの規制の逸脱が起こりやすい構造的な問題を抱えてしまう。

　具体的に，どのような部門にこれらの運用を所管させ，どのようなルールや手続きを設けるのか，という組織法・手続法的な対応は，それぞれの会社の実情に応じて検討されなければならないが，法務部は，リスクコントロールの観点からこの制度設計にかかわり，サポートすべきである(B1.1)。

(2) プロジェクトの検討

　さらに，在宅勤務の導入や，成果をより重視する評価制度への改定など，人事制度全般の見直しも予定されている。

　そのためには，幅広い労働法上の問題点を適切に把握し，適切にそのリスクをコントロールできるよう，社外の専門家との連携が必要となる。特に本件のような根本的な制度改革には，それまで会社が経験したことだけで想像できる範囲を超えた事態が懸念されることから，専門的な知識が豊富なだけでなく，他業種や他社の事例に関する経験が豊富な労働法の専門家のサポートを得るべきである(A3.5)。

　さらに，人事制度全般の改定は，会社業務全般に多大な影響を与えることから，会社経営だけでなく，会社現場の情報や実現可能性に関する確認が必要である(A1.1, A1.4, A1.9)。

　ここで，社内弁護士は，社外の専門家の実力を十分に引き出すために，社内

の実情を適切に社外弁護士に伝え，他方，社内での現場各部門との連携の際に，法的な問題意識を誤解なく理解させ，法的に重要な情報を適切に吸い上げるなど，社外弁護士とは異なる形で関与することが期待されるのである。

特に，実際に運用できるのかどうか，それが法的な要請に合致したものかどうか，という点まで掘り下げて検証し，必要な対策を検討するためには，労働法に関する専門的な知見と，社内の実情に対する理解の両方が必要となる。

5 おわりに

会社が，ある制度の導入を検討している場合に，単に可否のみが問題となるのであれば，相談を受けた社内弁護士としては，調査の上，可否の見解とその根拠のみ述べれば，責任は果たせるであろう。しかしながら，本件のように，制度の導入は可能であっても，問題点はその運用にあるという場合も多く，そのような場合には，単に可能であるとの見解を述べるだけでは足りず，運用が正しく行われる素地を作った上で，実際に正しく行われていることの監視までが，社内弁護士の責任であると考えられる[B1.5]。

さらに，導入やその後の運用の適法性だけではなく，導入すること自体の妥当性についても，その実現のために求められるものと，実現によって得られるものを総合考量し，適否を述べるべきである。

このように，概して，労働関係における問題は，制度そのものの導入可否という入り口段階の単純な法的検討だけでなく，その運用段階の問題も重要である。社外の労働法の専門家も，多くの会社の実例について経験が豊富であり，相当程度まで会社の実情を理解し，対応してくれるが，各部門や各従業員に与える具体的な影響や必要な対策まで具体的にイメージし，人事部門と連携して対応する上で，実際に社内で活動している社内弁護士の活躍が期待されるのである[A2.29, A2.1]。

したがって，このような領域においてこそ，会社に深くかかわることのできる社内弁護士であることの強みが存分に活かされるべきである。すなわち，会社は，社内弁護士がいることで，さまざまな制度をより適法かつ効果的に導入できるのである[A2.9, A1.9]。

第5章　演習問題

23.1
パワハラではなくセクハラの場合，何が異なるか。また，ハラスメントの加害者が役員の場合，何が異なるのか。

23.2
パワハラの関係者からヒアリングを行うこととなった。パワハラの被害者からのヒアリングを担当する人事部員に対する，法的な問題点を整理した資料を，Ａ４用紙一枚で作成せよ。

24.1
障害者が配属された部門の管理職に対し，どのようなアドバイスをすべきか。

24.2
本事例で，雇用期間満了の通知書を，Ａ４用紙一枚で作成せよ。ただし，すでにパワハラ被害については口頭で申告がなされていたとする。

25.1
労働時間が多少長くなっても残業代が支払われないような方法として，他にどのような方法が考えられるか。

25.2
実際に，企画業務型裁量労働制の導入対象と予定されている部門の管理職も含めた，導入可能性についての検討会議が予定されている。そこでの検討資料として，法的な問題点を整理した文書を，Ａ４用紙一枚で作成せよ。

ヒント

23.1

　上司の言い訳が,「教育」ではなく「自由恋愛」が多くなる。

　また,セクハラの場合は雇用機会均等法の中にその用語が定義されており,対価型と環境型があるとされる。

　しかし,パワハラの場合もセクハラの場合も,被害感情と同時に,加害者である上司に対する尊敬の気持ちも入り混じっていて,かえって精神的な苦痛が大きい場合もあるなど,パワハラの場合と同様,被害者の精神面に対する配慮が重要である（二次被害の防止）。

　加害者が役員の場合は,雇用契約ではなく,委任契約が締結されており,就業規則も適用されないなど,会社と加害者の間の基本的な法律関係が異なる。

　しかし,ハラスメントに関していえば,会社から権限と責任を与えられている範囲で従業員に対する配慮義務を行使すべき立場にあると評価できる点は異ならない。職務上,どのような権限と責任が付与されるか,ということは,雇用契約や委任契約という契約形態と無関係だからである。

　したがって,本文で検討した事項のうち,契約形態の違いが影響を与える部分以外は,全て同様に対応すればよい。

　契約形態の違いが影響を与える部分は,懲戒処分などの処分を行う場合であろう。

　けれども,役員も懲戒処分の対象となることは,多くの会社の役員契約で予め定められているように思われるので,その点で差がなければ,現実に両社で差が生ずるのは,解雇／解任する場合である。役員の場合には,それが取締役など会社法の機関として選任された場合,株主総会での決議が必要になるからである。

　また,役員の解任の場合には,解雇権濫用の法理による保護は与えられないが,従業員の解雇の場合には,解雇権濫用の法理による保護が与えられ,後者の場合には,退職金の積み増しや示談金の交付など,金銭的な負担がより多く求められる可能性が高いように思われる。もっとも,その必要性の有無や程度は,ハラスメントがどこまで証明されたか,被害の程度はどうか,加害態様はどうか,加害者の関与の程度はどうか,など個別事案ごとに検討すべき問題である。

23.2

パワハラでないのにパワハラを認定した場合には，上司が被害者となって，会社に責任が発生し，パワハラなのにパワハラでないと認定した場合には，パワハラ被害者に対する会社の責任が一層重くなる，という，難しい立場に会社があることを明確にする（A1.7, A1.1）。

パワハラの被害者は，すでに精神的に苦痛を受けており，そこへの配慮が必要である。

パワハラの関係者を引き離すなど，今後のトラブル回避だけでなく，パワハラが発生した原因を解明し，同様の事案が再発しないように根本的な対策を講じる必要があることも指摘する（A3.4）。この点は，人事部は前者の将来に向けた対応が得意なものの，ときに後者のような個別事案を徹底的に調査して教訓を導き出すことが得意でなく，根本的な対応ができない場合が多いことから，意識的に取り組むよう注意喚起すべきである（A2.29）。

24.1

本文の内容を，特に就業中の管理についての説明を中心に，想定されるトラブルなども具体的に示しながら適切に説明すれば良い（A2.7）。

24.2

解雇通知書や更新しないことの連絡文書の記載内容について，特に紛争化が懸念される事案の場合，文書の目的をどのように設定するか，という違いにもつながり得るが，大きく分けると2つの方法がある。

1つ目は，解雇通知の効力を発生させるという最低限の目的に合致した文書，すなわち，適用される就業規則などの根拠規定だけを明示し，文字どおり「三行半（みくだりはん）」の通知書とする方法である。

2つ目は，さらに紛争予防も目的とし，解雇（または雇用終了）理由について，その判断の前提となった事実を詳細に記載する方法である。後者の場合，その理由説明部分だけで数十頁に及ぶ場合もある。

後者は，①例えば金曜日の午前中や午後早い時間に，解雇を通知する場を設定し，②この分厚い解雇通知書を手渡す。③その際，明確に解雇を宣告するとともに，も

し月曜日に自主退職を選択すると判断すれば，会社も自主退職とすることに合意するので，この解雇通知書を返還するように伝える。という運用と組み合わせて用いる。

この目的は，解雇を通知された従業員が，週末に労働法の弁護士と相談する事態も想定し，そこでこの解雇通知書をその弁護士に見てもらい，実際に訴訟になった場合に会社側が主張するであろう事実を全てその弁護士に見てもらう，という発想である。これは，労働事件に限らないが，被害者意識が強い相談者の中には，自分の都合の悪い事実を弁護士に伝えず，都合の良い事実だけでストーリーを作り上げ，実際の勝率以上の勝率を訴訟の中に見出して，無謀な訴訟に踏み切る場合が多く，そのような事態を防ぐ，という問題意識による。もちろん，全て弁護士に相談するわけではないが，週末，職場を離れて過ごす時間の中で，会社のいい分も眺めながら冷静になって今後のことを考えてもらえれば，解雇を言い渡したその場での対応よりも冷静な対応が期待されるのである (A1.9, A1.19)。

このような目的に照らした場合，解雇通知書（本事例では雇用終了の通知書）の理由として記載されるべき事項は，労働審判や仮処分が提起された場合の答弁書に記載されるような内容であり，解雇通知書の理由欄の記載内容に証拠番号さえつければ，そのまま答弁書になるというイメージで作成される。すなわち，抽象的な記載ではなく，具体的な事実の記載が中心となるのである。

ここでの質問はＡ４用紙一枚という指定があり，しかも本事例で示された事実は極めて限られているため，後者の方法による通知書を起案することは難しいが，通知書の理由部分についてはそこに記載されるべき事項を箇条書きにその骨子を示すなどの方法で，練習することが可能である。

25.1

全従業員を役員にしてしまうような離れ業（すなわち，相当なリスクを伴うスキーム (A1.15)) を除けば，現実的なスキームは次の２つであろう。

１つ目は，みなし労働時間制度の導入である。

これは，労働時間を正確に把握できない業務に関する特例として設けられた制度であり，運用上の制約もさることながら，適用される業種についても，条件が厳しく，実際に採用できる場面が限られているので，注意が必要である。

２つ目は，給与に最初から一定時間の時間外手当を含めてしまう方法である。

この方法は，一定の条件の下に合理性を認めた裁判例が出たことから，ここ数年で多くの導入例と裁判例を見るようになった方法である。現時点では，①時間外手当に相当する部分の給与が明確に計算され，②実際にその想定時間を超えた場合には超えた分が支払われることが，最低限の条件とされているようであるが，例外と評すべき裁判例もあり，ルールとしては流動的である。

しかし，この2つのいずれの方法でも，実際の運用がブラック企業と同様，労働基準法の規制逃れであると評価されれば，会社の責任が問われるであろうから（A1.15），本文で指摘したとおり，実際の運用が適切に行われるための仕組みもあわせて検討する必要がある。

25.2

本文で検討した内容を適切に整理すれば良い。

特に，実際に導入する部門での管理が，リスクコントロール上きわめて重要だから，当該部門長が実際に必要な管理ができるかどうか，そこまでしてこの制度を導入する価値があるかどうか，の意見を聞くことが重要である。したがって，特に実際に導入する部門で必要な管理等，運用の在り方を具体的に会社の実態にはめ込んで議論できるように，会社の実態に合った問題提起をすることが，重要なポイントとなる（A1.2, A2.19, A1.13）。

● おまけ小説　法務の小枝ちゃん ●

第5章　労働法

　久しぶりだね，ちゃんと白ワイン，取っておいたよ，今日はそれから始めていいよね。前菜はいつものように盛り合わせで良いかな。じゃあ，ゆっくり楽しんでいってね。後で，スペシャルパスタの説明に来るから，呼んでね。
　久しぶりのマスターに，いつものとおり大歓迎されて，この間スペイン料理に行ったことを切り出せなかった。ちゃんと説明しなきゃね。
　でもまずは，乾杯。

　スペイン料理も良いけど，いつものマスターのイタリアン，落ち着くね。
　そうだね。小枝，じゃあ，ステーキはどうなの？
　ぎょっ。
　桜子，なぜ知っているのだ，立ち食いステーキ屋での悪だくみのことを？
　やっぱり本当なのね。
「じゃあ小枝，藤堂先輩のパワハラ，知ってる？」
「えっ？？」

　話はこうだ。
　営業企画部には2人の課長がいるが，杉田茂ではない方の課長，葭原二郎（よしはら）課長が藤堂次長にパワハラを受けている，という。
　何で桜子がそんなこと知ってるのよ？
　知らなかったかな？　小枝が入社する前だもんね，私が入社したときの最初の上司が，葭原課長なんだ。その葭原課長から連絡があって，お前は社内弁護士の小枝と仲良いよな，聞いてみて欲しいんだ。パワハラが成立するのか。この会社が大好きな自分は，どうすべきなのか。
「藤堂先輩が何をしたの？」
「要は，えこ贔屓よ。杉田課長を可愛がっているし，それに小枝，あなたよ。」
「私？　私がえこ贔屓されているの？　藤堂先輩に？」
「そう。今回の新素材の一連の対応がそう。会社を動かすようなプランは，以前は自分が一緒に議論しながら作っていた(A2.18)のに，今回は自分が蚊帳の外

だって。この間の苦情対応だって,藤堂先輩と小枝がステーキ屋で話を決めちゃった。そんなこといってた。」

「それは誤解よ,藤堂先輩は,裏方を全部葭原課長が受け止めてくれてる,って盛んにいってたよ,どうしてそんなことになっちゃうの？ 藤堂先輩は,葭原課長を嫌っているんじゃなくて,逆に頼っているのよ。嫌いな人を頼れるわけないじゃない。」(A2.17)

私だって信頼されて,ほったらかしにされたいわ,といおうと思った。けど止めた。

「それにね,杉田君のこと。生意気だけど,藤堂先輩から見ると育て甲斐があるんでしょ？ 2人が賑やかに仕事していることも,葭原課長には痛いと思うんだなあ。」

とはいうものの,藤堂先輩の方にも悪気はなく,葭原課長を信頼しきっていて気づいていないだけかもしれない(A2.30),というのが桜子の意見だった。

楽しく盛り上がるはずが,しみじみと語り合ってしまった。

馴染みの店で良かった。こんなときは店長も気を利かせて近寄ってこない。美味しいワインと美味しい食事を少しずつ。かえって料理の味がわかるかもしれない。

そうなんだ,葭原課長,傷ついてるんだ。

葭原課長は,社会人経験のない私の,要領を得ない仕事に,ニコニコと気長に付き合ってくれた。営業の人は気が短くて,他の営業の人からはよくどやされたけど,葭原課長はそんなことをしなかった。誰でも初めてはあるんだよ,といってくれた。

分かった,桜子。

まずは,葭原課長に,私が話をする。労働法はプロセスだから,まずは話を聞かなきゃ。藤堂先輩も大事だけど,藤堂先輩を支える葭原課長も大事な先輩。みんなが仲間だから,この会社が動いているんだ。そんな中で葭原課長だけ傷ついていたなんて,おかしい。私に何ができるかわからないけど,でも,葭原課長と話をしなきゃ。葭原課長を一人ぼっちにしちゃいけない。

そうだ,まずは赤尾人事部長に話をしよう(A2.28, B4.2)。桜子の自殺未遂のときだって,私に最初に話を聞きに行かせてくれた。今回も同じこと。葭原課長の話を聞いてきますね,赤尾部長,桜子。

第6章

経済法

事例26 入札公告前のコミュニケーション
（山本晴美）

事例　事業部門から法務部に対し、以下の相談があった。

　当社は、地方公共団体に対して、会計に関する助言・指導業務を提供している。かかる業務契約は、随意契約によって行う場合もあれば、入札や公募によって行う場合もある。

　今回、過年度より指名競争入札によって継続受注している案件に関して、地方公共団体の契約担当者から、来期の入札に向けて、仕様書の内容についてアドバイスしてほしいと相談されている。

　入札公告前の仕様書を受領し、その内容に対して当社がコメントすることは可能か。

　コメントするとして、留意すべき事項は何か。

◆ 事例解説

1　はじめに
(1)　指名競争入札について

　地方自治法234条は、地方公共団体が締結する契約について、原則として一般競争入札の方法によることとし、例外として指名競争入札、随意契約またはせり売りの方法によることができるとしている。

　原則とされている一般競争入札は、手続きが煩雑であるものの、公正な競争や客観性の確保の面で有用である。これに対し、随意契約は、手続きが簡単であり、信用のおける業者に継続して発注でき、安定した契約関係を維持できるものの、地方公共団体と業者との癒着、恣意的な業者選び、または割高な契約金額の設定等が生じる可能性が類型的に高いといわれている。

　本件で用いられている指名競争入札は、予め業者登録をしている事業者から複数の入札参加者を選び、その中で競争をさせるものである。地方公共団体が入札参加者を選ぶことができるため、事業者は立場が弱くなるといえるが、発注者である地方公共団体としては、一定の安定性と公正性・客観性を担保できるため、実務上、一般競争入札よりも多用されてきた。しかし、昨今は、入札

参加者が限定されていることから，談合を起こしやすい入札形態であると指摘されている。

(2) 相談の背景

入札にあたっては，発注者である地方公共団体が注文内容を仕様書に定め，これを公表して入札参加者を募り，入札価格を提示させる。仕様書の内容は，入札に参加するかどうかの判断や入札価格の設定に影響する重要なものであり，その内容は，どの業者が見ても一義的に明らかであり，専門的知識に照らして正確であることが求められる。しかし，地方公共団体の契約担当者が当該業務の専門家であるケースは極めて稀であり，独力で仕様書を作成することは困難な場合が多い[81]。そのため，地方公共団体の契約担当者は，入札参加予定業者に，専門情報の不足を補填する趣旨で仕様書の内容を相談することがある。

このような相談には，発注者である地方公共団体・事業者間の情報格差を減らすという一定のメリットがある反面，当該事業者のみに有利な内容（裏を返せば，他の業者には不利な内容）に修正される，あるいは入札前に受注予定者が決定しているような外観を呈するおそれがある。昨今，談合に対する社会の目がより厳しくなっていることからすれば，仮に官製談合そのものに当たらない場合であっても，レピュテーションの毀損は生じ得るため，このような相談に対しては慎重な対応が必要になる (A1.7)。

2 実体法的な視点

(1) 官製談合防止法上の規定

入札談合等関与行為の排除及び防止並びに職員による入札等の公正を害すべき行為の処罰に関する法律（以下「官製談合防止法」という）は，発注者である国・地方公共団体等の職員が入札談合に関与する「官製談合」について，入札談合等関与行為を排除するための改善措置請求，損害賠償請求，懲戒事由の調査お

81　背景には，受注業者との癒着を防ぐ趣旨で契約担当者が長期間同一部署に配置されにくいため，専門的知識を蓄積しにくいといった事情がある（鈴木満『公共入札・契約手続の実務（初版）』（学陽書房，2013年）44頁参照）。

よび刑事罰について定めている。官製談合防止法に基づく請求・刑事罰は、発注者である国・地方公共団体等の職員を名宛人とするものであるが、契約担当者が官製談合防止法に基づく請求・刑事罰を受ける場合には、違反行為の相手方である事業者においても、民事責任やレピュテーションの毀損が生じ得る。

官製談合防止法では、入札等関与行為として、①談合の明示的な指示、②受注者に関する意向の表明、③発注に係る秘密情報の漏えい、および、④特定の談合の幇助を定め、改善要求の対象行為としている（2条5項、3条）。本件に関係するのは、③発注に係る秘密情報の漏えいであるが、この「秘密情報」とは、(ア)特定の事業者または事業者団体が知ることにより入札談合等を行うことが容易になる情報であって、(イ)秘密情報として管理されているものであるものを指している。典型的には、事業者の働きかけに応じ、事業者に対して予定価格や予定価格を推知しうる非公開情報を漏洩する場面を想定している[82]。

また、8条は、職員が事業者その他の者に予定価格その他の入札等に関する秘密を教示すること等について、刑事罰を設けている。8条は入札等関与行為とは異なり、独占禁止法違反行為の存在を前提とする必要がなく、また、上述の①ないし④の類型に限定されないとされる。同罪は身分犯であるため、事業者側の担当者については共犯が成立する余地があるが、公契約関係競売等妨害罪（刑法96条の6第1項）よりも法定刑が重くなっている。

(2) 独占禁止法上の規定

独占禁止法では事業者や事業者団体間の談合のみならず、私的独占や不公正な取引方法を禁じている（2条5項、9項、3条、19条）。また、官製談合防止法の見地からも、発注者の関与は競争の実質的制限の成立を否定するものではなく、これを理由に独占禁止法違反行為の成立を免れることはできない[83]。

したがって、他の事業者の取引を妨害するような内容のコメントを行った場合、独占禁止法違反に問われるリスクが生じる。

---

[82] 公正取引委員会事務総局「入札談合の防止に向けて〜独占禁止法と入札談合等関与行為防止法〜」（平成27年10月分）60頁参照。

[83] 大胡勝「不当な取引制限における正当化事由」商事法務2072号46頁参照。

(3) 刑法上の規定

事業者側の担当者の行為について，公契約関係競売等妨害罪（96条の6第1項）が成立する余地がある。

(4) 確認すべき事項

以上のとおり，本件については，①予定価格またはこれを推知しうる非公開情報を受領してしまうおそれ，②当社のみに有利な内容（裏を返せば，他の事業者には不利な内容）に修正することによって入札妨害につながるおそれ，③入札前に受注予定者が決定しているような外観を呈するおそれという懸念事項がある。とはいえ，地方公共団体の契約担当者としても，専門的知識に照らして正確な仕様書を作成するためにインプットを必要としているところ，現任の事業者にこれを尋ねるのは自然な流れであり，内容にかかわらず一律に断るのは現実的ではない（A1.7）。

法務としては，まずは，実体法的な視点から，地方公共団体の契約担当者から受領する情報に予定価格またはこれを推知し得る非公開情報が含まれないか（①の懸念に対して），また，当社のコメントが，当社に特に有利になるような内容（裏を返せば他の事業者の取引を妨害するような内容）になっていないか（②・③の懸念に対して）という点を確認する必要がある。したがって，法務としては，どのような経緯・場面で地方公共団体の契約担当者から相談を受けたか，相談内容はどのようなものか，当社の提供業務はどういったものか，仕様書の記載内容はどのようになっているか，入札に有利に働き得る当社特有の（他社にはない）スキル・権利等があるかなどを事業部門からヒアリングする必要がある（A1.1, A1.13, A5.1）。

事業者から積極的に仕様書の提示を求めないとしても，地方公共団体の契約担当者から一方的に仕様書を送付される場合や，打ち合わせの際に仕様書の提示を受け，その場でコメントを求められる場合など，事業者は受け身の対応にならざるを得ないケースもあり得る。そういった場合に，仕様書の受領を拒否することは現実的ではないものの，事業者としては，仕様書を受領した経緯や仕様書に予定価格またはこれを推知しうる非公開情報が含まれていないことを記録化しておく必要がある。

3　組織法・手続法的な視点

　また，手続法的な視点でいえば，当社の入札に参加する頻度によっては，同種の相談に備え，社内で対応ルールを制定する，あるいは，相談フローを整備する対応が必要になろう（A2.10, A2.11）。ここで注意すべきは，入札談合等関与行為の背景・要因として，「信用確実な事業者へ発注し，品質を確保するため」「発注機関からの要請によく応えていた従前の契約当事者など，特定の事業者との契約を継続するため」といった理由が挙げられている[84]という点である（A1.6）。すなわち，「過年度と同様の品質を維持したい」「信頼できる事業者に依頼することで安定した契約関係を維持したい」という地方公共団体の契約担当者の意向を汲んで，事業部門が相談に対して積極的な姿勢を見せるケースも考えられる。「地方自治体の契約担当者の知識不足を補うための情報提供」の名目の下に，必要以上の情報交換がなされることがないよう，ルール整備にあたっては事業部門との認識のすり合わせは不可欠といえよう（A2.8）。

　そして，ルール整備においては，地方公共団体の契約担当者に対する対応方針に限らず，何らかの疑いの目を向けられた場合に備え，対応過程や対応内容の報告フローや記録化についても定めておく必要がある。もっとも，入札案件を抱える部門は複数に跨ることもあり，また案件数によっては，全件についてモニタリングすることは現実的に難しい場合もあろう。ルールの設定にあたっては，形骸化してしまうことのないよう，組織の実態に鑑みて現実的に実行可能かという視点も持って検討する必要があろう。

　また，談合に発展した場合のリスクの大きさに鑑み，対応ルールを作成する場合には独占禁止法・官製談合防止法等に関する専門知識を有する外部の弁護士のレビューを経ておくといった対応も考えられる（A3.5）。

4　留意点

　入札案件に関するルールを厳しくすることにより，本来入札にかけるべき案件について，事業者側から随意契約とするよう積極的に促してしまうようなこ

---

[84] 公正取引委員会「官製談合防止に向けた発注機関の取組に関する実態調査報告書～発注機関におけるコンプライアンス活動～」（平成23年9月）5頁参照。

とがあれば，本末転倒である。したがって，ルールの整備にあたっては，背景事情や趣旨を十分に説明し，地方公共団体の契約担当者と接触することが想定される現場担当者を含め，事業部門全体にそのルールを周知・徹底させる必要があろう(A1.5, A1.1)。

5 おわりに

上述の法律上の要件を充足し，法的責任が生じるに至った場合はもちろんのこと，これに至らない場合であっても，疑わしい行為として社会の目に晒されれば，レピュテーションの毀損は生じ，今後の取引全般にも影響が出る。とはいえ，地方公共団体の契約担当者と事業部門の現場担当者とのやりとりの実態は，なかなか法務部まで上がってくるものではなく，そもそも問題の萌芽に気付くことが難しい場合もある。

また，多くの人は「犯罪＝他人事」と捉えていることから，「談合防止」と抽象的に銘打ってしまうと，せっかくルール化しても，本当の意味で事業部門の各人に届かず，読み流されてしまうおそれがある。違法行為につながるおそれやその場合のリスクの大きさを伝えつつ，具体的に遵守すべき事項を掲げることが必要であり，そのためには，法務が一方的に発信するのではなく，事業部門の責任者からの発信・啓蒙も不可欠となろう(A2.13, A2.19)。

事例27　談合リスク
競合他社との情報交換
（池谷明浩）

事例　重電メーカーA社は，A社が甲市に納入した電気設備Xについて，翌年以降の保守点検工事の受注を目指している。工事の受注者は入札により決定される。
① A社の代理店であるB社の営業担当者から，A社の応札価格を教えてほしいとの連絡があった。B社は，他の案件ではA社と協力関係にあるが，X保守点検工事の入札には単独で（A社の代理店としてではなく）参加するようである。
② 重電メーカー各社が集まる協議会で，今後の業界動向に関する意見交換のほか，「甲市のX保守点検工事案件の入札について，みなさんどうしますか？」との話が出た。
③ 競合の重電メーカーC社の営業担当者から，「甲市のX保守点検工事の見積をもらいたい。元々A社が製造した設備なので，C社が落札したときはA社に下請として工事を実施してほしい。」との連絡があった。
A社の社内弁護士であるあなたは，営業部門の担当者から以上の話を聞いた。どのように対応すべきか。

◆ 事例解説

1　はじめに

　市場における公正かつ自由な競争を促進するため，いわゆる独禁法は「不当な取引制限」を禁止しており（3条後段），カルテルや入札談合は不当な取引制限の代表例である。

　本件のような入札案件では，入札参加者と発注者との間の関係が問題になることが多く，発注者から不正に情報を入手するなどした場合，独禁法上の規制のほか，特に発注者が国や地方公共団体であるときは，官製談合防止法や公契約関係競売等妨害罪（刑法96条の6第1項）に注意が必要となる。

　一方で，発注者との関係のみならず，市場での競争相手である競争事業者との関係も重要である。ここでは競争事業者との関係に焦点を当ててみる。

2 実体法的な視点

(1) 不当な取引制限

「不当な取引制限」とは,事業者が,他の事業者と共同して相互にその事業活動を拘束しまたは遂行することにより,公共の利益に反して,一定の取引分野における競争を実質的に制限する場合をいう（独禁法2条6項）。

競争事業者は,不当な取引制限での「他の事業者」に含まれる。市場で競合する相手であれば,必ずしも同一業種の事業者に限られない。例えば,重電メーカーは機械メーカーと協力して電気設備と機械を一括納入することも多く,一方が元請けで他方が下請けという商流になるため,その場合,重電メーカー以外に機械メーカーとの間でも競争関係となる（A2.7）。

事例①のように,他の案件では協力関係にある代理店であっても,今回の入札案件で競合する以上,B社は競争事業者に該当する。

なお,同一企業グループに属する企業間の場合,法人格が異なる以上は「他の事業者」と捉えるのが一般的と思われるが,今日の企業経営の実態からすれば,多くの場合,独立の事業者の範囲を企業グループ単位で捉えるべきであるとする見解もある[85]。

(2) 意思の連絡

不当な取引制限における「共同して」「相互に」の要件の要素として,取決めに基づいた行動をとることを互いに認識し認容して歩調を合わせるという「意思の連絡」が挙げられる[86]。意思の連絡として問題となる,価格,販売・購入数量,市場シェア,取引相手等は,本来ならば事業者が独自に決定すべき重要な競争手段である。事業者間での取決めがあると市場での公正かつ自由な競争が機能しなくなるから,意思の連絡は,不当な取引制限の中核的な要素であり,明示か黙示かを問わないとされる。

このことから,競争事業者間の接触行為は,それが仮に違法と認定されなかった場合でも,意思の連絡を強く疑われ,トラブルに巻き込まれることにな

---

85 金井貴嗣・川濱昇・泉水文雄『独占禁止法（第3版）』（弘文堂,2010年）45頁。
86 最判平成24.2.20民集66巻2号796頁。

るが，トラブルに巻き込まれること自体が重大なリスクであり，まずは接触行為から注意が必要である。みずから積極的に接触を図ることだけでなく，競争事業者から連絡を受けることも接触行為といえる。また，面談，電話，メールなどあらゆる手段によるやり取りが含まれる(A1.1)。

事例①では，A社の応札価格を聞かれており，価格についての接触行為が生じているため，不当な取引制限の存在を強く疑わせることになる。

事例②では，「みなさんどうしますか？」という発言を受けて，受注意思の有無や応札価格等について各社のやり取りがあれば，意思の連絡が認定されよう。また，「みなさんどうしますか？」という発言自体はやや抽象的な内容ではあるが，競争事業者が集まった場で入札案件に関連した発言があったこと自体，接触行為として意思の連絡を強く疑わせるおそれがある。

事例③では，C社に見積を提出した場合，見積価格はA社が工事を実施するのに必要なコストにA社の利益を加えた金額となるので，見積価格からA社の応札価格を推認できてしまうかもしれない。そうすると，そのような意図がなかったとしても，見積のやり取りにより価格についての意思の連絡が認定される懸念がある。

では，見積を拒否すればよいのか。確かに，仕事を受けるか受けないかは各社の判断次第である。しかし，仮にX保守点検工事の中に，当該設備を製造したA社でなければ提供できない部品や作業が含まれていた場合，見積を拒否することによって他社が入札に参加できなくなり，かえって市場における競争を阻害してしまうおそれがある(A1.1)。

(3) その他

不当な取引制限については，他に「公共の利益に反して」や「競争を実質的に制限する」といった実体法上の要件の問題があるが，説明を割愛する。また，談合罪（刑法96条の6第2項）についても留意が必要である。

3　組織法・手続法的な視点

(1) 予防の仕組みづくり

会社が健全に発展するためには，仕事を獲得し売上・利益を増やしていく役

割を担っている営業部門が，日常活動で法令違反を疑われず安心して業務遂行できる必要があり，法務部門には，本件のような法令違反を疑われやすい状況の発生を予防する仕組みづくりが求められる(B1.5)。

予防の仕組みの1つとして，競争事業者同士での接触を原則禁止としてしまうことが考えられる。接触の機会がなければ，意思の連絡を疑われるおそれは格段に減少する。

具体的には，社内外に対して競争事業者同士での接触を原則禁止とする旨を宣言し，営業部門の関係先名簿や携帯電話から競争事業者の連絡先を消去する，事例③のような見積依頼には，営業部門とは別の見積部門を設置して対応する，といったことが考えられる。また，業務日報などで日々の営業活動を記録し，競争事業者と接触していないことを裏付けられるようにしておくことも有用である。

一方で，競争事業者と接触が必要な特別の事情があることも考えられるので，接触禁止に対する例外ルールづくりも重要である。例外ルールには，どのような場合に接触してよいかというルールに加えて，特別の事情で競争事業者に連絡したり業界団体等の集まりに参加する場合は，事前に上長の許可を得る，法務部門へ連絡をする，事後に議事録を提出する，といった手続ルールの整備が必要である。会社のルールに則って活動していることそれ自体も，仮に疑いをかけられた場合には潔白を主張するのに役立つ(A2.10, A1.10, A2.6)。

(2) 社内教育による意識啓発

担当者各自に危機意識を持たせることは不可欠である(A2.4)。そのための社内教育は各社で工夫を凝らしていると思うので，ここでは重要な点のみいくつか述べる。

まず，独禁法では，具体的にどのような行為が違法となるかの判断が簡単でない。このため，社員に法令の完璧な理解を求めることは現実的ではない。そこで，法令の事細かな説明よりも，自社の問題事例など身近な題材を使うなどして，こういう行為は危ないから上司や法務部門に相談した方がよさそうだ，という感覚を身につけてもらうことを意識するのがよい(A2.7, A2.4)。

次に，競争相手の企業風土や地域の商慣習などによって，法令違反行為のリ

スクに対する感度に差があることを意識する必要がある。法務部門から見えている景色と、営業部門から見えている景色に違いがあるので、法務部門から一方的に伝達するのみでなく、各部門に現場の実情を教えてもらう姿勢も重要である(A2.19, A1.13, A2.9)。

また、意思の連絡の内容として挙げた価格や販売数量といった情報は、そもそも企業としての秘密情報のはずである。したがって、秘密情報の管理の観点から、そのような秘密情報を社内外を問わず簡単に話してはいけないことを徹底するのも有用であろう。

(3) 問題発覚時の対処

事例①で、A社の価格情報をB社に教えていなければ独禁法違反とならないはずだが、接触行為のあったことから意思の連絡を疑われるおそれはある。そこで、A社としては意思の連絡がないことの証拠固めをしておきたい。具体的には、B社に対し、価格は教えられないし、聞かないでほしい旨をはっきりと伝える、それを業務日誌や電子メール等で残しておく、B社からの接触行為ややり取りも業務日誌等で残し、さらにこれを報告書にして上長および法務部門に報告させる、といった対処が考えられる(A3.3)。

事例②では、手続ルールがあれば、事前に会議参加のための手続きがとられていたであろう。加えて、議事録を作成して不適切な発言に自社が適切に対応したことを記録しておくなど、前後の記録を残すという対処は事例①の場合と同様である。

事例③では、見積を提出しても提出しなくても、それぞれにリスクがあり、個別事案ごとに判断せざるを得ない。見積の内容や重要性、提出しない場合に生じ得る競争制限的効果などの情報をできるだけ入手し、それをもとに社内の関係部門や社外の専門家の意見も聴取して十分な検討を行うことが求められる。十分な検討を経て判断したことが、有事の際には自社の対処の適切さを担保することになる(A2.6, B2.3)。

また、例えば、A社でしかできない工事がX保守点検工事の一部分に限られるのであれば、工事全体の見積は提出せず、A社でしかできない部分のみの見積を提出し、一般的な部品代や労務費等の見積は辞退するといった対処も考え

られる。これによって，提出した見積から応札価格を推認することが難しくなり，意思の連絡があったと疑われるリスクを下げることができよう。

実際に違反行為があった場合は，リニエンシーの適用申請も考えなければならない。課徴金の減免という問題だけでなく，誠実な姿勢を示すことで社会的評価への悪影響を減らし得ることを考えると，迅速な対応が要求される(A1.8)。

4 留意点

経済のグローバル化の進展に伴い，各国の競争法への注意も怠ってはならない。

各国の競争法の規制内容については個別の調査を要するが，規制の対象となる基本的な行為類型はほぼ同様といえる。一方で，近年，欧米では，取引先やコンサルタント等の第三者を介して情報交換が行われるハブ・アンド・スポークや，マスコミ報道を通じて情報交換が行われるプライス・シグナリングと呼ばれる概念を用いて，間接的に行われる情報交換への関心が高まっている[87]。問題視される情報の入手方法や発信方法など，各国の関心の動向にも留意したい(B4.6)。

5 おわりに

コンプライアンスの推進は法務部門にとって重要な仕事であるが，「利益を出すには多少の無理は必要」「何もかも禁止されては営業できない」といった反応に接することもあるかもしれない。しかし，不正な方法で一時的に利益を出しても，長い目で見れば企業の存続を危うくした例は数多い。不正に寛容な企業風土を看過すれば，社内弁護士自身の評価を毀損することにもなりかねないので，根気強く取り組んで社内の理解を得ていくことが必要である(B1.1)。

---

[87] 上杉秋則「間接的情報交換と独禁法～カルテル・コンプライアンス上企業はどのように対応すればよいか」国際商事法務Vol.44, No.8, 1144頁。

事例28　下請法
IT企業の委託案件　　　　　　　　　　　　（丸山修平）

事例　A社は，資本金2億円のインターネット通信販売会社であり，来月から3か月間，創業10周年記念キャンペーンを実施しようとしている。

キャンペーン期間中は社内も忙しくなるため，(i)キャンペーン用の特設サイトの制作，(ii)サーバの保守運営，(iii)特設サイトの管理・報告（サイト上の画像やコンテンツの入替え，サイトへのアクセス数の集計・報告など）を，急いでおり，普段からさまざまな業務を委託しているB社（資本金2,000万円）に委託することを考えている。なお，従前，A社は自社のサイトの作成・管理運営は自社で行ってきた。

あなたはA社の社内弁護士であるが，部門の担当者から「B社にインセンティブを与えるために，本件の費用は，一定の成果，つまりキャンペーン期間中のサイトへのアクセス数を基準に算定（アクセス数×0.5円）することとしたので，そのように契約書を作ってほしい。先方ともすでに合意済みである」旨の連絡を受けた。どのように対応すべきか。

◆ 事例解説

1　はじめに

近時，法令遵守やコンプライアンスへの意識の高まりを受け，内部統制システムへの関心が高まっている(B1.1)。本件で問題となる下請代金支払遅延等防止法（以下「法」という）に違反した場合，公正取引委員会から勧告・公表や，中小企業庁から行政指導を受けるだけでなく，行為者である担当者と雇い主である企業に刑事罰が科される場合もあり[88]，風評被害まで考慮すればリスクは極めて大きく，単純に費用対効果だけで判断できるものではない。したがって，ビジネス側だけで検討することが危険な事項といえるが，一方で，契約の交渉は現場の担当者あるいは会社のトップ同士が行うものであるため，法務部門か

---

[88] 書面交付義務，取引記録に関する書類の作成・保存義務違反等の場合，50万円以下の罰金に処せられる（10条，12条）。

らは目の行き届きにくい部分でもある。

　事例のように，担当者同士で契約条件をすでに合意してしまい，その文書化を法務部に頼みに来るケースもままある中で，適切に牽制を利かせつつ，かといって「評論家のような法務」にならず，「提案できる法務」としてビジネスを後押しする法務担当者となるためには，どのような工夫ができるだろうか。

2　実体法的な視点
(1)　規制内容

　法が親事業者を規制する内容については，公正取引委員会・中小企業庁のテキスト[89]や，公益財団法人公正取引協会の「下請法ガイドブック」に詳しいので詳細は譲るが，要するに，法の適用を受けると，親事業者は一定の義務[90]を負い，また一定の禁止事項[91]の規制を受ける。

　ここで，法の適用を受けるのは，(ア)一定の取引類型に該当する取引を，(イ)一定の事業者間で行った場合である。(ア)については，4つの取引類型（製造委託，修理委託，情報成果物作成委託，役務提供委託）について，行為類型に応じ適用の可否が定められている[92]。(イ)については，親事業者と下請事業者の資本金の額[93]により形式的に定められている[94]。

　法務担当者の頭を悩ませるのが，この(ア)取引類型であるが，自社でよくある

---

[89]　http://www.jftc.go.jp/houdou/panfu.files/H28textbook.pdf。
　　なお，公正取引委員会HP「報道発表・広報活動」内の「各種パンフレット」（http://www.jftc.go.jp/houdou/panfu.html）に毎年最新版がアップロードされる。

[90]　親事業者の義務として，書面の交付義務（3条），支払期日を定める義務（2条の2），書類の作成・保存義務（5条），遅延利息の支払義務（4条の2）が定められている。

[91]　親事業者の禁止事項として，4条には，受領拒否，下請代金の支払遅延，下請代金の減額，返品，買いたたき，購入・利用強制，報復措置，有償支給原材料等の対価の早期決済，割引困難な手形の交付，不当な経済上の利益の提供要請，不当な給付内容の変更・やり直し，が定められている。

[92]　白石忠志ほか編著『論点体系　独占禁止法』（第一法規，2014年）676頁の図表が非常に有用である。

[93]　財団の場合には出資相当額で判断する。

[94]　法では，「優越的地位」の認定を容易にするため，形式的に基準が設けられている。なお，各取引類型の中でさらに資本金の区分が二分されているのは，昭和38年改正の際，従前保護されていた事業者を引き続き保護するため以前の区分をそのまま保ちつつ新たな区分を設けたためである。

取引を整理してしまえば，その後はそれほど悩まずに部門にアドバイスすることが可能となるから，一度整理することを強くお勧めする。法の目的や趣旨に対する理解も深まり，応用力や対応速度も高まると考える。

(2) **本事例における検討**

① 法の適用の有無

本事例はITに関する取引であるから，前掲注89のテキストの分類に従い，「情報成果物作成委託」を検討し，次に「役務提供委託」の検討をするのが効率的である。「情報成果物」とは，プログラム（テレビゲームソフト，会計ソフト，家電製品の制御プログラム，顧客管理システムなど），映画・放送番組その他影像または音声その他の音響により構成されるもの（テレビ番組，テレビCM，ラジオ番組，映画，アニメーションなど），文字・図形もしくは記号もしくはこれらの結合またはこれらと色彩の結合により構成されるもの（設計図，ポスターのデザイン，商品・容器のデザイン，コンサルティングレポート，雑誌広告など）をいい[95]，創作的な作業がこれに当たる。なお，「プログラムの作成」と似た「情報処理」がある[96]。これは，電子計算機を用いて計算，検索等の作業などプログラムのいわば「利用」に当たる行為[97]であって，創作的な作業を伴わない「役務の提供」である。

本件では，(i)特設サイトの制作，(ii)サーバ保守運営，(iii)特設サイトの管理・報告が取引の内容となっている。(i)「特設サイト」は，「文字・図形若しくは記号若しくはこれらの結合またはこれらと色彩の結合により構成されるもの」に当たるので，この制作は情報成果物作成に当たると考えられる[98]。また，(ii)サーバ保守運営は役務提供に，(iii)集計・報告業務は役務提供のうち情報処理に，

---

[95] 前掲注89，9頁。なお，創作的な作業を行うかがメルクマールであり，これがないものは「役務」とされる。

[96] 「情報処理」は，役務提供委託の一類型であるが，法の適用対象となる親事業者の規模が大きい。

[97] 例えば，受託計算サービス，情報処理システムの運用（データ入出力，稼働管理，障害管理，資源管理，セキュリティ管理など）である。前掲注89，10頁参照。

[98] ただし，サイトの内容・仕様をすべて委託元で決定し，その作成のみを依頼する場合には創作的な作業といえず，情報成果物作成には当たらない。

それぞれ該当するであろう[99]。ただし，本件では自家使用のサイト・サーバであるから，(ii)(iii)は適用対象とならない。

そして，(i)について資本金要件を見ると，資本金の額はA社が2億円，B社が2,000万円であるから，この要件に該当することは明白である。

結局，本件では(i)の取引が法の適用を受けることとなる(A3.1)。

② 契約金額

まず，担当者が先方と合意した契約金額の定め（キャンペーン期間中のサイトへのアクセス数を基準に算定（アクセス数×0.5円）する）が問題となる。仮に成果が十分でなかった場合，すなわち特設サイトのアクセス数が少なく，算定金額が特設サイト制作費用を下回った場合には，B社は，実際の制作費用すら回収できなくなってしまうため，「買いたたき」（4条1項5号）に該当する危険性が高い[100]。

これを防止するためには，特設サイト制作の(i)部分を別契約とする方法が考えられる。ただ，本件では(i)〜(iii)全体について，「特設サイトを制作し，その管理運営も行う」といった一連かつ不可分の取引とみなされる可能性もある[101]。この場合には，契約金額の定めを「キャンペーン期間中のサイトへのアクセス数を基準に算定」するとしつつ，サイト制作に通常要する費用をミニマムギャランティー（A社が支払う最低保証額）として定めておく方法があり得る。なお，取引が不可分と考えられる場合，ミニマムギャランティーの額は本件取引の全ての部分（本件では，特設サイト制作，サーバ保守運営，集計・報告）についての金額とする必要がある。

③ 支払時期

また，担当者の口ぶりからは，上記契約金額の支払いは，キャンペーン期間

---

99 もっとも，実際の業務内容によっては本文の結論と異なることもあり得る。現場の担当者の話をよくヒアリングする必要がある。
100 「買いたたき」に当たるかは価格水準の他，価格の決定方法（下請業者と十分な協議を行ったか）を勘案して総合的に判断されるため，価格が低いことのみをもって買いたたきに当たるとされるわけではない。
101 なお，本件とは異なり，第三者がA社に特設サイトの制作を委託し，A社がB社に再委託する場合，(ii)の取引も法の適用を受けることとなるが，(ii)と(iii)は密接な関係にあるため，別契約とすることが認められない可能性は一層高まる。

終了後に行うことを想定していると考えられる（キャンペーン期間終了後でないとアクセス総数が判明しないため）。そうすると，特設サイトという「情報成果物」をA社が受領した後60日以上経過した後の支払いとなり「支払遅延」（4条1項2号）に当たる危険性が高い。

これを防止するためには，上記②のミニマムギャランティー部分の支払いを受領後法定の期限内に行い，それ以上の支払いはキャンペーン後に行うといった定めとする方法が考えられる。

3 組織法・手続法的な視点

(1) ビジネスへの配慮

本件では，「あなた」に相談に来た時点ですでに案件はかなりの部分まで固まっている。他方，2で検討した取引条件，特に②契約金額の条件は，ビジネス側がA社のためを思って設定したものであり，B社も合意しているのになぜ譲歩しなければならないのか，という反感を持たれる可能性もあろう。

そのような反感を避けるためには，現場とのコミュニケーションが不可欠である。法や社会的な規範の多くは，常識的な感覚を前提にしていること，A社の社会的評価やB社との信頼関係などの中長期的な視点に立てば，B社の立場にも配慮し，常識的に違和感のない取引にすべきこと，などビジネス上の観点からも好ましいことを理解してもらうことが重要である。そしてそのようなコミュニケーションを取りやすいのが，社内弁護士が社外弁護士と違うところである (A2.9, A2.13, A1.13, A2.19, A7.4)。

さらに，このような調整を事後的に慌てて行わなくても済むように，現場の感度を高めておくことも重要である。すなわち，普段から部門の担当者には法の概要を知っておいてもらい，疑問に思ったときにはすぐに法務部に相談してもらう体制・信頼関係を構築しておく必要がある (A2.4)。

なお，部門担当者に知っておいてもらいたい法の概要は，それほど詳しい内容である必要はなく，「委託」の場合は相手方の資本金の額に注意すること，実際に作業を行う会社との間に商社等取次を挟む場合（後述4）などには法務に必ず相談してもらいたい旨で十分と考えられる。

(2) 交渉経緯を残しておくことの重要性

　また，本件で「買いたたき」に当たるかどうかの一要素として，B社との協議が十分であったかも問題となり得る（前掲注100参照）。そのためには，B社との交渉経緯ややり取りを確認しておく必要がある他，仮にそのままの条件で契約する場合には，買いたたきを指摘された場合の抗弁となるよう，交渉経緯等を記録化しておく必要がある。証拠化は，B社とのやり取りを現段階で可能な限り記録化しておく他，収集した資料では不十分と思われる場合には，B社担当者に再度の確認（メールや文書等，形に残るもの）を取ることも考えられる（A5.1）。

4　留意点

　なお，本件でB社が資本金要件に該当するとして，例えばB社の親会社や関係会社を間に挟むことを提案されることがあるかもしれない。また，そのような意図がないまま間に商社等が入り，取引が行われる場合もあり得る。しかし，当該会社が事務手続のみをしているにすぎないなど，「委託作業の実態がない場合」にはA社とB社の間の取引に法が適用される場合があることに注意しなければならない[102]（A1.1）。

　脱法手段を選ばせないことはもちろん，うっかり違反しないよう，部門担当者との信頼関係，連絡を普段からしっかりしておくことが必要である。

---

[102]　前掲注89，16頁。

事例29 継続取引の解消

（重富智雄）

事例 医療機器Xを製造・販売しているA社は、国内にある製造会社B社に対して、Xの製造を委託していた。Xは、近年の円高の影響もあり、海外のメーカーが製造する廉価な競合製品により、価格面で苦戦を強いられるようになっていた。

① こうした廉価な海外製品に対抗すべく、A社は、B社に対して、Xの製造単価の引下げについて検討するよう依頼した。しかし、B社からは、「これ以上のコスト削減は厳しい」として、製造単価の引下げには応じられないとの回答がなされた。

そうしたところ、海外にある製造会社C社に製造先を移管すれば、これまでの約半分のコストでXを製造できることが明らかとなった。

② そこで、A社は、Xを今後はC社で製造することとし、B社に対し、取引基本契約で定めた約定解除権に基づき、3か月間の予告期間を設けて、取引基本契約の解約を書面で申し入れた。

そうしたところ、B社は、AB社間の取引基本契約の解約には少なくとも1年間の予告期間を置くべきであり、A社の行為はこの義務に違反するなどと主張して、A社に対し、債務不履行等に基づく多額の損害賠償の支払いを求めてきた。

A社は、この請求に対してどのように対応すべきか。

◆ 事例解説

1 はじめに

本項では、海外等に製造拠点を移管しようとする際に実際に起きそうな事例を題材として、取引関係の終了のときに気を付けるべき点などを検討し、また、こうしたトラブルが発生したときに法務が取るべき行動などについて検討したい。

2 実体法的な視点

(1) 値下げ要請（事例①）

　景気や為替の変動による影響を自社のみで負担しきれないような場合，メーカーは，製造委託先に対し，製造単価の値下げを要請することがある。もしもこうした要請を行う際に，①類似品等の価格または市価に比べて著しく低い対価を，②下請事業者と十分な協議を行わずに不当に定めた場合は，下請法で禁止されている「買いたたき」（4条1項5号）に該当する可能性がある。

　また，仮に製造委託先が下請法上の下請事業者に該当しない場合であったとしても，メーカーが「自己の取引上の地位が相手方に優越していることを利用して，正常な商慣習に照らして不当に」値引き等を要請した場合には，「優越的地位の濫用」（独占禁止法2条9項5号）に該当する可能性がある。

　これらの法令違反とならないようにするために，メーカーとしては，委託先に値下げを要請する際，①値下げの必要性について十分な検討を行うこと，また，②製造委託先の現況をきちんとヒアリングした上で，値下げ幅や値下げ期間について十分な協議をすることが重要である。

(2) 一定期間継続した取引関係の終了（事例②）

　一定期間継続した取引関係にある者については，たとえ契約書等で一定の約定解除権を定めていたとしても，無制限に解除が認められるわけではない[103]。特に，当事者間の契約がいわゆる賃貸借契約などを典型とした継続的取引契約である場合には，信頼関係理論による解除権の制限（更新拒絶，解約，解除）が認められてきた。

　信頼関係理論とは，商品または役務の提供を一定期間継続して行うことを義務の内容とする継続的取引契約の場合，一方当事者の利益に大きく依存していることが多いため，形式的に債務不履行事由や解除事由があったとしても，信頼関係が破壊されていないような場合には解除を認めないという理論である。

　この点，近時の裁判例[104]を見ると，こうした典型的な継続的取引契約に該

---

[103] 東京高判平成6.9.14判時1507号43頁等参照。
[104] 東京高判平成9.7.31判時1624号55頁，東京地判平成22.7.30判時2118号45頁等参照。

当しない場合であっても，当事者間の力関係，契約の交渉経緯，取引経緯，解除されるまでの交渉経緯等の諸般の事情を斟酌した上で，当事者の一方が取引関係の存続につき合理的な期待を抱くに至ったと認められる場合には，相手方に対して十分な予告期間を設けるなどの一定の配慮をすべき義務を信義則上認めるという判断がなされるようになってきた。

このように，近年は，解約自体は認めつつも，予告期間や金銭補償等で相手方の利益との調整を図るという考えが有力になりつつある。

したがって，A社としては，今回設定した3か月間という予告期間が，従前のB社との取引経緯等を踏まえても十分な期間といえるかどうかについて慎重に検討し，その上でB社への対応を考える必要がある。もしも，この3か月間という期間が不十分である可能性があるのであれば，いくらかの金銭補償をすることなども選択肢に入れながら，B社との間の交渉に臨むべきである。

3 組織法・手続法的な視点

(1) 社内調査

取引先とトラブルが発生した場合，まず初めに社内で事実関係を調査する必要がある。このとき，充実した社内調査を実施するためには，さまざまな点に配慮をすべきである(B1.8, A1.9)。

例えば，担当者からのヒアリングを行う際は，段階を分けて実施すべきである。最初はあくまで概要を説明してもらうことのみにとどめ，詳細な説明は，自分が記録を読み込んでから改めて実施してもらうようにすべきである。これは，担当者から先に詳細な話を聞いてしまうと，どうしても担当者と同じ目線で記録を読み込むこととなってしまい，証拠の評価を見誤る可能性があるからである。同じ職場で働いている人物の話なので，自然とバイアスが掛かりやすい状況にあることを常に意識することが重要である。

その他にも，何らかの落ち度がありそうな担当者からヒアリングをする際，その担当者の上司を同席させないことを検討すべきである。これは，取引先とトラブルになってしまった場合，担当者は自分の落ち度を責められるのではないかと不安になっていることがあり，そうしたときに上司がすぐ近くにいると，自分に都合の悪い事実を話したがらない可能性が出てくるからである。

(2) 相手方との交渉

　社内調査を実施したあとは，トラブルとなった相手方と直接交渉をすることとなる。このとき，トラブルがまだ初期の段階であれば，できる限り相手方と直接対面した上での交渉をするようにすべきである^(A2.19, A2.28)。

　なぜならば，トラブルが比較的初期の段階であれば，相手方の対立感情もそこまで高まってはいないため，協議の場を設けやすいからである。そして，相手方と直接対面して話し合いをすることにより，相手の会社の雰囲気や考え方などを感じ取ることができ，また，その場で質問することにより，必要な情報を聞き出しやすいからである。

　だが，ひとたび事態の深刻度が増すと，相手方の態度はどんどん硬化していってしまうため，協議の場を設けることすら難しくなる。そうなると，相手方から情報を引き出すことがずっと困難となり，そのような状況では和解的解決も難しくなる。

　在庫の買取りなどのように，相手方が何らかの物品の購入を要求しているようなときは，現物確認等をさせて欲しいなどと申し向けることで，なるべく初期段階で相手と直接対面する機会を設け，今後交渉を有利に進めるための情報を引き出せるようにすべきである。

4　留意点

(1) 相手方の資産状況等

　当事者間で何らかのトラブルが起きていたとしても，両当事者の事業が好調で，取引も順調に行われ続けているようなときは，相手に気を使って，そうしたトラブルを表面化させないまま終わらせている場合がある。しかし，ひとたびどちらかの事業が悪化したような場合には，相手方は過去のトラブルを突然持ち出し，金銭の請求を要求してくることがある。相手方が突然不自然な行動をとってきたときには，帝国データバンクなどの企業情報サービスを活用して相手方の資産状況等を調べることで，相手方の目的などを推測することができる場合がある^(A1.18)。

(2) 決算，予算，事業計画等のタイミング

　トラブルの対応をするときには，自身の会社や相手方の会社が現在どのようなタイミングを迎えているのかについても配慮が必要な場合がある。例えば，相手方が決算期に近付いている場合には，金額よりも支払時期にこだわりを持つ場合があるし，予算策定後に生じたトラブルだと，事業計画への影響を嫌って交渉が困難になる場合もある。こうした会社の状況等に関する配慮をした上での解決方法が提示できるようになると，より現実的な解決手段が導き出せる場合がある。

(3) 会社保有資産，許認可等について

　取引先とトラブルが起きたときに，取引それ自体だけでなく，取引に関連した資産の状況や取引条件によっては，相手方との交渉をさらに慎重に行う必要がある。

　例えば，製品の製造先を変更する場合に，製品の製造に必要な金型を相手方に預けてあれば，相手方は，商事留置権を主張するなどして，金型の引渡しを拒むことが予想される。

　また，相手方が予め注文数以上に製品を製造してしまっているような場合，注文していない製品について買取義務が発生するかどうかについても問題となり得る。

　さらに，製品の製造・販売に必要な許認可等を相手の名義で取得している場合，許認可の移転に必要な書類等の交付を拒まれる事態も想定し得る。

　こうした事態を避けるためには，予め契約書で両者の権利義務を可能な限り特定しておくことが必要である。契約を締結する段階では，両者はまだ良好な関係にあるため，契約終了時のことについて十分な検討をしないままにしてしまうことが多い。しかし，このようなトラブルが生じたときにこそ，契約書が効力を発揮するのだから，契約終了時にどのようなトラブルが起き得るかについて繰り返し検討を行い，万が一の事態にも対応し得るような契約書を作成することが肝要である。

(4) 中間合意の取得を目指す場合

　トラブルが複雑かつ深刻な場合，争点は多岐に及び，事実関係の調査や検討だけでも多大な時間を要する場合があり得る。これに加え，お互いの見解等を書面で主張し合う，その検討でまたさらに時間を要してしまう。

　このように，一挙解決が難しいトラブルの場合は，争いの少ない部分について，中間合意を取り付けることを検討すべきである。

　例えば，製造した製品について瑕疵の有無が問題となっている場合，瑕疵が問題となっている部分となっていない部分で切り分け，瑕疵が問題となっていない部分についてのみ，引渡しと支払いを先行することとし，瑕疵が問題となっている部分は，引き続き当事者間あるいは第三者を交えた継続協議とするなどの中間合意が考えられる。

　トラブルが発生した場合，100対0の解決を目指そうとすると，交渉が硬直化し，紛争が長期化してしまう可能性がある。両者の権利義務の範囲を中間合意等で明確化し，争点をスリム化することが，複雑かつ深刻なトラブルを解決する上で重要である。

コラム　"素朴な疑問"受け付け中！　　　　　　　　　　（永盛雅子）

　従業員にとって法務部の意義の1つは，外部の法律事務所と違って無料で，小さなことでも気軽に質問できることである。

　分厚い契約書レビューや差し迫ったトラブル相談とは違う趣で「基本的なことですが後学のために」「今更の質問でお恥ずかしいのですが」と前置きをしながら，素朴な疑問を質問されることがある。初めは簡単だろうとにこやかに聞いているのだが，これが曲者，聞き終わると，「ふむ，これは何の法律の問題だろう」「確かに今までの理論と矛盾するな」ということが往々にしてある。その昔教授が「ここは法も矛盾があるともいえ，諸説あるが判例もない」等と言っていたあの論点か，と思い出したりする。

　幸いにしてこういう質問は緊急を要さないし，わかるふりをすべき外部のクライアントでもないので，「実は難しい問題なので時間を下さい」と言って，週末にゆっくり昔の基本書をめくったりして自分なりに考える。時間に追われ結論だけを求める実務に埋もれて忘れていた思考の訓練と法律の基本のおさらいの場を，否応なく提供してくれるこのような現場の素朴な疑問を，私は有難いと思う。人はきっかけがないと，なかなか勉強を継続できないものだから。

第6章　演習問題

26.1

今後より厳しくなっていくことを想定して，これを機会に社内体制を強化しようとする場合，そのポイントは何か。

26.2

地方公共団体の担当者から，仕様書の記載方法について相談を受け，起案中の仕様書案が担当者に送付されてきた。このことを，将来のトラブル防止のために記録としてとどめておきたい。その記録を，Ａ４用紙一枚で作成せよ。

27.1

現場社員全体の，リスクへの感度を高めるために，教育研修の他に有効と思われる方法は何か。

27.2

事例③に関し，一定の範囲での情報開示を認める内容の記録を残したい。意見書，議事録など，自由な形式で，Ａ４用紙一枚で作成せよ。

28.1

競争法の問題が影響しない会社にシステム開発を依頼する。システム開発をベンダーに行わせる際のポイントは何か。

28.2

Ｂ社との契約の問題点を指摘し，対応してもらうためには，担当者同士では解決できそうになく，両部門の担当役員も含めた会議を設定した。そこでの会議資料として，法的な問題点を整理した資料を，Ａ４用紙一枚で作成せよ。

29.1

相手方との交渉により，価格を80％に引き下げた状態での取引を1年間継続し，その間，一定数量以上の購入も約束するが，その後，再度他社製品との比較を行ってB社との交渉を行う，という内容の合意が成立した。この合意を契約にする際のポイントは何か。

29.2

B社とは，比較的早期に実際に面談する機会が得られた。この会議に参加するメンバーと，それぞれの上司や担当役員の間で，会議の内容を事前に検討する会議が開かれることになったが，その会議の法的な検討資料を，Ａ４用紙一枚で作成せよ。

ヒント

26.1

　本文でも指摘しているとおり，現場の運用がなかなか会社本部で把握できない点が最大の問題であり，この点を改善するのが最大のポイントとなる。

　そのためには，実体法的な視点から，社内ルールを作り，組織法的な視点から，公共団体との関係の適正確保を任務とする部署を定め，手続法的な視点から，社内ルールや運用を常に見直し，最新化できるプロセスを定めることになるが(A2.10)，問題は実効性のあるこれら一体の制度を一挙に構築することは，これまでの経緯を見ると難しそうに思われる点である。

　そこで，まずは現場各部門と定期的（例えば月に1回）に運用をレビューする機会を設け，個別事案ごとに進捗を管理しながら，現場各部門が実行可能で，会社全体としてリスクコントロール可能なルールを模索する方法が考えられる。

　例えば，毎月レビューしていく中で(A2.13)，当初は数時間かかった会議も，徐々にレベル感が共有され，それとともに検討にかかる時間も減少していくであろう。そして，法務側と現場各部門の側が確認すべきポイントも共有され，絞り込まれ，概念や趣旨が明確になっていき，現場に判断を任せる部分と，そのための条件も定まってくる。

　この，判断を任せる部分とそのための条件を整理してまとめれば，社内ルールとなる。これは，現場も一緒に作り上げていったもので，現場の納得のうえで導入されるから，実効性が高い(A1.4, A2.31)。

　さらに，毎月行っているレビューの中で，案件管理の手法も確立していくだろうが，それを整理すれば社内プロセスとなるし，レビューする部門として法務部門がそのまま指定されれば，組織法的な対応も完了する。すなわち，社内ルールやプロセスが定まっていく過程で，現場に任せる部分と管理の兼ね合いも定まっていき，当初のレビューのために投入した時間や労力を大幅に減らすことが期待されるのである。

　そして，最も肝心な「最新化」「アップデート」の仕組みも，この中に組み込めばよい。毎月のレビューの中でルールを模索したことと同じことを，定期的に行うことを考えればよい。例えば，毎月，現場各部門に任されていることが適切に行われていることのレビューだけを行うものの，半年や1年に1回は，時間をかけて全て

の案件を棚卸し，ルールが適切かどうかも検証する，というような「年間スケジュール」も定めてしまうのである．

これは一例であるが，定期的に現場と案件レビューを行い，実効性あるルールを一緒に模索する，という手法は，編者が実際にいくつかの会社で実践し，それなりの効果を上げている方法であり，ぜひ試してもらいたい．

また，事例27など，他の事例や演習問題で検討されているところも参考にされたい．

26.2

本文で検討した問題点に留意し，それらを適切に反映させればよい．

27.1

人事考課基準の変更である（A2.29）．

すなわち，「コンプライアンスの遵守」という事項を，人事考課の中で例えば5％の比重を与え，社会的なルールの遵守状況に応じてこの5％部分の評価を定めることにすれば，それが給与や賞与，さらには昇進や昇格にも影響を与えることになるので，各社員のコンプライアンスに対する真剣度が驚くほど変化する．

27.2

本文で検討した問題点に留意し，それらを適切に反映させればよい．

28.1

システム開発で発注者とベンダーの間のトラブルになるのは，品質，納期，金額であり，その大部分は，開発内容を定める「要件定義書」の不備不完全に由来するといっても過言ではない．

システム開発のプロを雇ったのだから，きっと立派なシステムができるはず，という期待に対し，システムには強いが当社の業務にはまったくの素人，という現実のズレが埋まらないまま開発を開始してしまうと，「こんなはずではなかった」というシステムが出来上がってしまうのである．

このズレを埋めるのが，ベンダーが開発すべき条件を詳細に定めた「要件定義書」であり，トラブルを回避するために，発注者側もできるだけ多くの現場担当者を「要

件定義書」作成の作業に関与させ(A2.31)，必要な機能と不要な機能の峻別，必要な機能の詳細な内容（どのような操作画面にしたいのか，どのような操作手順にしたいのか，どのようにデータを管理したいのか，など）を定めることにより，トラブル回避がより確実になるのである。

契約書，という観点から見た場合，システム開発契約の「主たる債務」がこの「要件定義書」に記載され，まとめられることになるが，そうするとシステム開発を依頼した当初は，「主たる債務」の内容が未定ということになってしまう。

システム開発は，システムに対する要望をまとめる作業から依頼すると，実際にベンダーに依頼する業務の内容が，段階ごとに変化していくことになる。このように段階的に変化する契約内容を適切に管理し，無事システム開発完了に繋げるためには，その過程で，発注者とベンダーがどのような体制で連携を取り，必要な判断を行うのか，という「組織法」的な視点や，開発状況をどのような手続きで報告させ，管理し，確認し，次の過程に移行していくのか，という「手続法」的な視点が不可欠である。

かつて，発注者側とベンダー側の利害が鋭く対立したままでは日本の産業のシステム化の進捗にも影響しかねなかったことなどが背景にあると思われるが，経済産業省が，両方の立場の意見を踏まえた議論の末，モデル契約を取りまとめている。ここで検討したようなポイントが詳細なモデル契約や解説によって明らかにされており，勉強になる（「情報システム信頼性向上のための取引慣行・契約に関する研究会」最終報告書～情報システム・モデル取引・契約書～の公表について（http://www.meti.go.jp/policy/it_policy/keiyaku/）(A4.6)）。

28.2

本文で検討した問題点に留意し，それらを適切に反映させればよい。

今回の事案では，最小限の対応にとどめ，今後は事業部門が早期に法務部門と相談する(A2.13)体制やプロセスを獲得する(A2.6, A2.10)，というのが，想定される会議の結論の1つであろう。

29.1

この合意自体が，下請法違反にならず，また契約が終了する際には信頼関係破壊

の法理が適用されないようにすることがポイントである。

　法務担当部門がみずから対応できると判断すればそれで良いが、せっかく勉強する機会なので、無理をせず社外の専門家に相談し、当社起案への訂正やアドバイスをもらう方法や、最初から起案してもらう方法もある(A3.5, A3.6)。

29.2

　本文で検討した問題点の整理も重要だが、状況に応じた議論やプロセスの展開、最終的に想定される落としどころ、等の交渉過程の具体的なシナリオをいくつか示してイメージを共有することがポイントとなる(A1.9)。

　これは、上司や担当役員に広めの権限をもらい、交渉現場で柔軟に判断対応できるようにするためである(A2.23)。すなわち、極端な事態をさまざまにイメージし(A3.7)、どのような場合には持ち帰って検討し、どのような場合には交渉現場の判断で決断できるのかを、上司や担当役員と握っておくことで、交渉現場でできることとできないことが明確になり、交渉がやり易くなるのである。

● おまけ小説　法務の小枝ちゃん ●

第6章　経済法

　はい，木ノ内です。
「木ノ内さんですか？　鈴重の法務の海野です。」
「せっかくこの間お仕事のお話ができたのに，まだ飲みに行けてませんね。」
「今度こそ，飲みに行きましょうよ。」
「え？　あ，そうそう，今日はちょっと大きな出来事があったので，第一報のご連絡です。」
「それは，今日，当社が御社の新素材の販売に関して，公取のヒアリングを受けたんです。」

　話はこうだ。
　新素材のマーケットは，まずは化粧品メーカーと食品メーカー。鈴重が強い分野だし，当然，これまでの鈴重の取引先から，新素材を売り込んでいく。その中には，まずは試しに，とそれまで購入していた素材と一緒に購入してもらったところ，抱合せ販売といわれてしまったり，押し付けられて断れなかった，優越的地位の濫用だ，といわれてしまったり，そんないろいろな裏を公正取引委員会はすでに押さえてあって，だから鈴重にあたってきたようだ。
　けど大丈夫，この程度の誹謗中傷は，商社をやっている以上，ときどき発生するから慣れているし，特に今回は，取引先も本気で当社を非難しているところはほとんどなくて，公取もこれ以上何か具体的な行動を起こせそうにない，と踏んでいる。御社がバイオに参入することを快く思っていない素材メーカーの嫌がらせではないか，と思っている。

「海野さん，そんな貴重なお話やご意見，ありがとうございます。社内でも検討しますが，もし海野さんが私の立場だったら，弊社はどうすべきだと思いますか？　個人的な意見で結構です。まだまだ経験不足の私に，アドバイスをいただけませんか？」
「そうですね，これが正しいかどうかはわかりませんが，私たちに任せることだと思います。そのための独占販売契約ですから。私たちは，御社の株主でも

あり，御社にはバイオ素材のリーダーに育ってもらいたい。それを，私たちのミスで傷つけるわけにはいかない。こんなことに巻き込んだ私たちがいえる筋合いではないのですが，今の御社としては，じっと耐えて，私たちに任せていただきたいと思います。」

「海野さん，ありがとうございました。急いで社内で検討します。海野さんは，今日や明日は会社にいらっしゃいますか？」

「はい。念のため携帯の番号もお伝えしますので，いつでも結構ですよ。」

「ここしばらくは，この問題が私の最重要課題ですので，会議中でも出ます。」

「それと，今度飲みに行きましょうね。」

「絶対ですよ。」

本当にありがとうございます。

早速，お蝶夫人に会議の設定をお願いした。

まずは，今日の夕方，3時間後。次は，明日のお昼時，お弁当を食べながら。

私は，契約のときにアドバイスをくれた，父の事務所の先生にさっそく電話をした。父は，弁護士会の研修旅行でヨーロッパ。旅行担当の副会長らしく，下見旅行に行った場所にもう一度行っている。ご苦労なことで。

そこで我が先生は，昔事務所にいたけど，公取に転職し，現在は自分で事務所を作った若手の先生を連れてくる，といってくれた(A3.5)。また，状況を話して，事前に調べられるところは調べてもらう，ともいってくれた。最後に，おいしいお弁当を楽しみにしているので，お蝶夫人によろしく，とまでいってた。お蝶夫人のこと，何で知ってるんだろう。

我が先生が連れてきてくれた先生は，たしかに優秀だ。

自分が公取にいたときにはなかったけど，たしかに商社に関する苦情や問い合わせは多いらしい。もちろん，公取もある程度裏がなければ行動を起こさないが，逆に，放っておくことはできないので，仕方なくお茶を濁す場合もある。鈴重は，当社の新素材のことしかいっていないが，どうやら商社同士の綱引きも背後にありそうだ。

「当社でできることは，何かないですか？」

杉田茂が質問する。

そうですね，かえって邪魔でしょう。新素材の販売先に直接接点ありませんし，

そこに変な働きかけをした，と取られるだけです (A1.9)。

　そうか，何もしない，という対策もあるんだなあ。

　と1人で感心していたら，司会の宗方部長が私に聞いてきた。

「この機会に何かできることはないか，小枝？」

　また悪だくみですか？　しかも皆のいる会議で。

　せっかく鈴重を信じよう，鈴重に任せよう，我々は動かない，という流れになったのに。

「そうですね，まず何の工夫もない，オーソドックスなことですが，当社の独禁法対策のマニュアルなんかを整備して徹底する，ということが考えられます (A2.11)。それは，検討始めます。」

「もう1つは，当社は口を出さないので，そのかわり当社は何も知らされない，という現状の変更です。たしかに，今回の公取調査も，私たちが蚊帳の外なので，ほとんど何の心配も要らない状況ですが，今後新素材の市場での評価が高まってくると，知らないでは済まされない可能性があります。鈴重のやっていることを黙認していた，という責任です。

　そこで，鈴重に任せっきりの営業活動について，当社もリスクコントロールのために情報開示してもらうし，責任を果たすための相当の関与もさせてもらう，という関係に変更していくことが考えられます (A2.24)。」

　私からの意見がきっかけになり，いろいろな意見が出された。今回は，いくら公取の調査とはいえ，どうやら大したことがなさそうだし，鈴重の落ち度でもなさそうなのに，うちも関与させろ，というのは流石に感じが悪い。しかし，もっと正直に，当社が全く知らないというのは，いつまでも良い状況ではないので，時期を見て徐々に当社の関与と責任を大きくするべきではないか，と提案し，将来のプランの議論を開始する。

　我が弁護士チームも，交渉のロジックとして骨太で，現実的で，公正で，適切だと思う，奇をてらったロジックよりも，先方との信頼関係をより強くすることも期待できる，とコメントしてくれた。

　そこで，今後の交渉は，予備交渉チームが再招集され，担当することになった。適切な責任と権限の配分ルールを模索しつつ，そこにビジネスのチャンスをうかがう。上手く行けば，鈴重の取引先とうちが直接取引をすることまで辿り着きたい。つまり，鈴重からうちが卒業する道筋も見つけたい (A2.31)。

杉田社長が最後にいってくれた。

「小枝，これまでのことも聞いたぞ。辛いときにも，何かできることはないか，という姿勢，今後も期待しているからな^(A2.18, A2.30)。」

嬉しいけど，何をどういう風に聞いているんだろう。

最初のトラブル，納入義務を守れないかもしれない，ってときに，原材料の購入先との取引条件を改善したり，研究費や製造設備への投資予算を獲得したことだろうか。

Xからの苦情の機会に，顧客対応体制を強化したことだろうか。このときは，私自身が最初の苦情相談窓口にさせられてしまったが。。。

あるいは，葭原課長の不満を聞き出して，葭原課長が活躍できる場を見つけ出したことだろうか。

たしかに，こんなことばかり聞かされれば，私は悪だくみの専門家に聞こえてしまうけど，それは困る^(A2.25)。

第7章

国際事業

事例30　社内弁護士に必要な経営的視点
（柴田睦月）

事例　あなたは、水処理プラントを販売する企業の海外事業部を担当する社内弁護士である。下記2案件につき、どのように対応すべきか。
① 中国に向けた、水処理設備機器Aの段階的技術移転プロジェクトに加わっている。客先との直接交渉に同席したところ、最終段階にもかかわらず客先は以下のように主張してまったく折り合わず、交渉は決裂しそうである。「第○条では、重大な契約違反がある場合、契約解除できる。と書いてあるが、我々は莫大な先行投資をしたのだから、できないでは済まされない。実際にライセンスを受けた技術を元に製品を作ったら欠陥があったという場合、契約解除してきちんと教えもせず逃げられたのではたまったものではない。」社内弁護士としてどのような視点から説得を試みるか。
② 中東向け水処理設備機器Bを販売するべく以前から営業をかけていた韓国のエンジ会社がイランの水処理プラント建設案件を落札し、同社から、1年でBについて約10,000台の引き合いが来た。客先から契約書のドラフトが渡されたが、モノやサービスの内容や価格といった契約の主たる内容の他に、準備し、検討しておくべきことは何が考えられるか。

◆ 事例解説

1　はじめに

　社内弁護士の業務を時間軸で分類すると、具体的な紛争が発生しないように種々の策を講じる予防法務型と、紛争発生後にこれに対応する紛争対応型に分けられる。

　また、アクションの性質から分類すると、文書作成型と口頭型（具体的な相談に回答・対応する場合）に分けることも可能である。その中間に、いわゆるレター作成がある。訴訟弁護士の主たる業務は法廷提出文書の作成だから、法廷提出を予定しないレター作成は、従前の弁護士業務から見ると、口頭型（または第3分類）と位置づけられよう。分類はともかく、レター作成も法的アクションの1つであり、社内弁護士がプロとして力を発揮するニーズは高い。

本件各事案のような長期にわたる契約交渉の場合，上記分類が混在している点が特徴的である。

　時系列で見れば，最初は，案件自体は発生している（検討を開始している）が，紛争は未発生（予防のためにイメージする必要があるが）であり，予防法務型に近いものが，実際に事業が進捗する具体的事実が積み重なり，ときにはトラブルが生じたりと，紛争対応型に近づいていく。

　アクションで見れば，契約書の検討という書面作成型はもちろん，社内での検討プロセスや社外との交渉プロセスへの関与という口頭型も含まれる。しかも，例えば交渉中にその場で契約条項を作成して客先と議論を深めつつ，社内コンセンサスも取る等，文書作成型と口頭型を臨機応変に混合したアクションを取る場合もある。

　このように，業務分類に縛られないダイナミクスが，社内弁護士の醍醐味の1つである。そこで，どのような業務が混在しているのかという視点を持ちながら，検討してみてほしい(B1.5)。

2　実体法的な視点

(1)　経済的な視点

　契約交渉では，まず経済的な視点が不可欠である。

　すなわち，企業間取引は，双方に経済的なメリットがある状態，すなわちwin-winの状態でなければ，ビジネスとして成立しない(B2.1)。

　特に，客先も社運をかけているメガ案件では，イーブンで十分，51：49に持ち込めれば勝ち，というイメージを持っているとやりやすい。ただし，交渉なので，客先担当者の知識不足や論理的思考の弱さを見破った場合には，迷わずその弱点をテコにして，有利な条項を押し込んでいくべきである。

(2)　法的な視点

　次に契約交渉では，法的な視点も不可欠である。

　特に渉外案件では，私的自治の原則を前提に，全て合意によって権利義務の内容を定めることを基本とする。提供するべきモノ，サービスの内容，価格，支払いなど，契約の主内容に関するルールに加えて，保証や補償，損害賠償な

ど，予定通りに進まない場合に関するルールも多く含む。仮定に立脚している点で予防法務型といえるが，仮定の事実に立脚したロス分配という点で紛争対応型ともいえ，多くの交渉の主戦場となる(B4.5)。

他方で，渉外案件でも私的自治の原則の例外が存在する(B1.10)。

その一例が中国の技術輸出入管理条例[105]である。同条例には，25条[106]などに複数の保証義務が定められているが，具体的にどのような保証をすれば同条例をクリアできるのか，明確な基準がない[107]ことが問題である。保証義務が果たされたことの確認条項が必要だが，肝心の保証条項の内容は，結局契約者間の合意による部分が大きい。客先は，同条例を根拠に，完全，無瑕疵で，かつ，ビジネスの目的達成に有効な技術を提供してもらえて当然だ，と考えて交渉に臨んでいる。そのような相手のスタンスを理解した上で，説得していく必要がある。

事例①では，供与する技術の保証義務の内容を，数値，条件，確率など客観的かつ詳細に示して合意することで，客先は，解除すべき状況を具体的に把握すると同時に，自らが負うリスクも数値により客観化できるため，損害賠償額の予定条項等他の条件と合わせた再考の余地が出てくる可能性がある。

そして，このような契約条件の議論が深まるにつれ，ビジネスの未来が多角的に浮かび上がってくるのである。

(3) キャッシュの獲得①

さらに契約交渉では，全てはキャッシュ獲得が目的である，という視点も不可欠である(B2.1)。

例えば事例②では，すでにある程度の関係が構築され，契約の主内容（提供するモノやサービス等）も明確な点が事例①と異なるが，このような事案こそ，キャッシュ獲得，すなわち代金の確実な回収が重要になる。また，この当たり

---

[105] 国務院2001年10月31日制定，2002年1月1日施行。
[106] 「技術輸入契約の供与側は，その供与する技術が完全で，瑕疵がなく，有効であり，契約に定めた技術目標を達成できることを保証しなければならない。」
[107] 強行法規性が判例・学説上明確でない（遠藤誠『中国知的財産法』（商事法務，2006年）365頁）だけでなく，保証義務のレベルが争われた先例も少ない。

前の視点に立ち返ることで，複雑な論点を整理でき，社内も説得しやすくなる。

　すなわち，会社の利益は，契約書を作成した時ではなく，売上が立ち，キャッシュが実際に口座に振り込まれて初めて現実化する。ビジネスでは，合理的な理由のない支払猶予や前払いはあり得ず，支払分割やL/C発行による信用担保など，大局的には同時履行性の維持が模索される。

　また，検収などの条項も重要な契約条件であるが，ライセンス契約では，ライセンス品の品質に関する初物の検査合格時点を支払期限とするなど，検査内容や合格基準，通知方法等の条件が絡み合って支払いのスケジュールが決まることも多い。特に建設工事やプラントに納入する機器の売買の場合，むしろ普通に，Performance bondやWarranty bondを要求される。

　このように，契約締結で終わりにするのではなく，支払完了までのスケジュールを実際に書き出して，各支払時点における自社の義務内容と未回収リスクのある債権の総額を詳細に把握，検討するべきである。なお，キャッシュ獲得を確実にするためには，スケジュールの検討のみでは不十分である。これについては，3で後述する。

3　組織法・手続法的な視点

(1)　通　訳

　外国企業と交渉する場合の通訳も，チームとして動けるような意思疎通が重要になる。特に契約交渉の場での通訳は，意訳できないため正確に訳した結果，かえって日本人が日本語で感じるニュアンスと大きく異なるニュアンスで相手に伝わることがよくある。相手がこちらの主張のどこに抵抗を感じるのか，通訳の協力が得られれば，感覚的なズレを克服できることも多い。

　事例①では，客先に解除権があるので，仮に提供した技術に客先が不満でも，解除するまでの間は，当社は指導して技術を供与する義務があることを理解させ，保証義務に関して検討したように，提供すべき技術の内容と達成手段を詳細に契約書に明記することで，客先の懸念はほぼ払拭できるはずである。

　それでも納得しない場合は，「解約できる」のニュアンスを自分の上司が気に入る気がしない，という必ずしも理論的ではない問題が存在している場合もある。

(2) キャッシュの獲得②

事例②について、確実なキャッシュ獲得のため、2点検討する。

まず、信用力調査である。

与信管理部門があれば、信用調査レポートの内容とその分析内容を把握しておく。

次に、送金である。送金は、情報収集が勝負である。

ビジネスにとって、新規市場は探して見つかるものではないが、送金の障害がなくなり進出可能性が出てきた場合が多い。近事では、アメリカとEUのイランに対する制裁解除があった。これにより、外国金融機関のドル取引停止が解除され、イランからの送金可能性が出てきたが、予防法務型のさらに前段階、何がどのように売れるかも分からない段階で、営業はアクションを起こしている。仮にイランに資料を持ち出す場合、外為法上の許可（技術の輸出）が必要になり得るから、通常であれば輸出入管理部門等他部門が対応し、法務に相談に来る前の段階であっても、重大な法的リスクへの対応のために法務が介入し、協力する余地も十分ある。

さらに、イラン制裁解除後もOFAC規制は残っており、これに適合するための手続きが煩雑かつ厳格で、事実上依然として送金が不可能だったため[108]、決済が可能か否か、社外のみならず社内でも情報が錯綜した。その中で、決済の可能性が見えてきて、支払条件や決済条件を契約書に落とし込むためには、事業部と財務部（決済を担当し、銀行の窓口となる部門）とを結び、実際に有効なルールを策定する必要がある。

また、イランへの進出を複数部署が検討している場合もある。規制緩和等のケースでは、世界が注目しているが故に情報収集のスピードがキャッシュに直結する上に、先行事例が予測可能性に役立つので、自社内で共有化することには大きな意味を持つ。了解を得て社内事例をストックしておけば、タイムロスを減らしキャッシュ獲得に貢献できる。政府や銀行の規制の要件、事例の概要、結果、などを整理しておくと、その価値も一層高くなる。

---

[108] その後、徐々に緩和された。トランプ政権誕生を契機に、更なる情報収集の必要性が高まっている。

このような，送金に関する情報収集のプロセスは，口頭型の最たるものといえよう[B4.6]。

4 留意点

(1) 現場との一体感
営業とともに仕事をしていると，接待する側に回ることもよくある。中国では，白酒[109]を注がれたら飲み干さなければならないという慣習も存在するが，これにより距離感も縮まり，交渉をよくまとめてくれたと客先にまで感謝される経験をするのは，営業担当の社内弁護士の醍醐味でもある[A2.9]。

(2) 贈収賄規制
プラントでは性能が重要なため，いつ，どのような検査を行うかといった事項も，契約書の重要な部分を占める。立ち合い検査もよく実施され，契約当事者以外の関係者が集まることも多い。ここで，ホスト側が宿泊の手配等をすることは当然の光景だが，参加者に公務員が含まれていることもある。この場合，宿泊代の負担など細かいと思われることが，贈収賄に当たる可能性[110]があるので，立ち合い検査等契約の履行上必要な事柄については，事前に契約書に盛り込んでおくことで，利益供与に該当しないような証拠を残しておくことに加え，参加者の身元をなるべく早く確認しておく必要がある[B1.3, B1.4]。

5 おわりに
弁護士の業務拡大の一形態として社内弁護士が取り上げられるが，拡大するが故に，どこまでが自分のするべき仕事，できる仕事なのか整理がつかなくなることもあると思う。上に挙げた視点は1つのサンプルではあるが，自分なりの尺度を持って自分の業務を整理することで，社内弁護士としての自分の立ち位置を確立していただければと思う[B1.5]。

---

109 57〜58度の非常に強いアルコール。
110 事例33参照。

事例31 海外労働法の理解

(柴田睦月)

事例 あなたは,日本のメーカーの社内弁護士である。以下の事例について,どのように対応すべきか。

① ロンドンの販売子会社A社(100%子会社)には,従来日本人を社長として出向させていたが,近年の業績向上を受け,現地採用のイタリア人従業員B氏をManaging Director(以下「MD」とする)に就任させることになった。本社の担当者は,手元にあった英語のEmployment Agreementのひな型に手を加えてB氏に提示したところ,B氏はこれを以下のように強硬に突っぱねた。㋐有効期間を削除すること,㋑報酬額を大幅に増大すること,㋒競業禁止条項(Non-compete)と勧誘禁止条項(Non-solicitation)を削除すること,㋓1年分の報酬相当額のSeverance paymentを約束すること。

② 同じころ,あなたは国内の訴訟も1件担当することになった。
当社が管理するプラントで怪我をした作業員が提訴した労災訴訟であり,安全配慮義務違反が主な争点である。安全管理に問題がなかったことは,日常的な各記録から明らかであるが,原告は,「○○社(注:当社)は,原告に怪我を負わせないよう積極的に措置を講ずるべきであったのにそれを怠っており,さらにそれを放置した上に,訴訟の場においても嘘偽りを並べ立てるのであり,大企業○○は,ひたすら利潤追求に狂奔するエコノミックアニマルに成り下がったのである。」という少々過激な準備書面を提出した。これを見た担当部門の部長が,大丈夫なのか,我々は負けるのではないか,と青ざめてやってきた。

◆ 事例解説

1 はじめに

日本の弁護士が,外資系の会社でなく日本の会社に就職した場合,そこが海外で事業を展開する場合には,当該国の弁護士を活用して案件を処理する必要があり,この場合,ⅰ)弁護士として事案を整理し,ⅱ)当該国の適切な弁護士(外部専門家)を採用してその適切なアドバイスや意見書を獲得し,ⅲ)これを

日本のビジネスに適切にあてはめる，という業務を行う。同じ弁護士同士だからこそ共有できる問題意識や概念を使いこなすことで，当該国の法的な問題と日本のビジネスをつなぐ，という「通訳」の役割をイメージすると分かりやすい。

2 実体法的な視点
(1) 英国労働法のスタンス

事例①でBの対応が硬化した最大の原因は，労働法の多様性に対する当社側の無理解であろう。

すなわち，今日の各国の法制上，使用者に対して歴然とした交渉力の差がある労働者を保護する労働法は，多くの国で制定されている。

しかし，具体的な労働者保護のルールは，各国の歴史や社会経済の背景事情により極めて多様である。そのため，国際問題に適用される法律を決定する国際私法[111]でも，各国の社会的な実情や諸制度との強い関連性を根拠に，実際に労働力が提供される労務提供地の労働法が選択適用される場合が多い。したがって，事例①では英国法の専門家のサポートが不可欠である。

ところが，事例①では英国法ではなく米国法を前提としたひな形が用いられてしまった。

すなわち，米国では，Employment at-willの場合，使用者は，解雇を自由にできるのが原則ルールである。例外ルールは，連邦公民権法第7章（Civil Rights Act, Title Seven）をはじめとする差別禁止ルールである[112]。

他方，英国では，使用者は，原則として解雇時には解雇理由を付した通知をする必要があり，解雇理由が不公正な場合，被用者は労働裁判所[113]に提訴できる。状況に応じた程度の差はあるものの，労働契約を終了させるためには，公正な手続きと理由が必要なのである。

---

[111] ややこしいが，国際私法は国内法であり，国際的に統一されていない。そのため，訴訟を起こす国によって準拠法（適用される，特定の国の法律）が異なる，という事態も生じる。統一されていないが，例えば契約の準拠法は，第一次的には当事者が指定する国の法律と定める国際私法が多いようである。
[112] 日本法上も，解雇は原則自由であり（民法627条1項），原則ルールと例外ルールの関係だけ見れば同じ構造である。
[113] Employment tribunals，北アイルランドではIndustrial tribunal。

事例①では，at-willというフレーズが随所に用いられた米国法に基づいて作成されたひな形がBに渡された。ところが，それまでは公正な手続きと理由がなければ解雇されなかったBは，MDに就任すれば会社の裁量で簡単に解雇されると危機意識を抱いたために，上記4点の主張を崩さなかったのである。

A社にとって，代表者のEmployment Agreement[114]がいつまでも作成できないのは非常に危険である。そのような事態を避けるためにも，現地採用従業員については，その国の社会的実情や諸制度を踏まえて交渉に臨むべきである。

(2) Brexit

英国のEU離脱が決定したことの影響はあるだろうか。移民政策が大きな論点だったが，Bが英国国籍を有さない点が気になるところである。

現時点では，EUや英国内での人の移動に関するルールがどうなるのか決まっていないが，今後，就労ビザが必要になる事態も生じ得る。セミナー等を通して，事前に外部専門家の選定をしておきたいところである。

(3) 価格移転

事例①でA社が用意するべき契約書に関する弁護士費用を親会社が負担する場合には，税制上の価格移転と解釈される余地がある。

他方，A社が上記費用を負担する場合には，その負担を決定するのは，A社のMDということになる。仮に契約締結に先行して，BがA社のMDに就任していた場合，利益相反となる可能性がある。

このような事態を避けるためには，MDのEmployment Agreementについて，親会社からの出向者が社長を務めている間に，英国法を前提としたフォーマットを用意しておくべきである。

3 組織法・手続法的な視点

(1) 国内の訴訟対応との比較

事例②も，事例①でのBへの対応と同様，「1 はじめに」で述べたⅰ）〜

---

[114] 英国法上，MDとしての立場を失っても従業員としての立場は継続するので，主に従業員としての立場について検討した。

ⅲ)のプロセスをイメージすればよい。

　事例②で特に注意すべき点は，ⅰ)社内弁護士として事案を整理する点である。

　特に訴訟代理人を外部弁護士に依頼する場合，社内資料の収集や事実の聞き取りをサポートし，社外弁護士が素早く適切に対応できるように準備することになるが，労働関係訴訟では従業員からのヒアリングが重要である。

　ここで，いきなり「注意義務違反はなかったといえる事実を集めてください」と指示はしないだろう。例えば，「法令上現場の監督員は○人必要だが，それを示す内容を記載した日誌等はないか」「具体的に○○という怪我が危険と現場は思うか。支給した保護具で十分か」など，法律の素人が答えやすい質問をするはずである(A1.2, A1.3, A1.4, A1.18, A2.7, A2.19, A2.31)。

　また，訴訟では社内弁護士のコミュニケーション力を活用する場面も多い。

　例えば，訴訟の進行状況をかみ砕いて常にフィードバックすることで，その後の訴訟対応もスムーズになることは容易に理解できよう(A2.28, B4.2)。

　また，事例②の準備書面では過激な表現[115]が用いられているため，特に責任のある部長が不安になっているが，同僚として安心させ，落ち着かせることも期待される役割である。

　このようなコミュニケーションも，訴訟に向けた社内体制の整備の一環と評価されよう(A7.4)。

(2) 契約書の作成依頼

　話を，事例①に戻す。Bとの契約書の作成を外部弁護士に依頼する場合，依頼のタイミングと担当者の納得がキーになる。

　例えば，翻訳が必要などの理由で，交渉途中で契約書の作成を外部弁護士に依頼する場合を考えてみる(A3.5, B2.4, B2.5)。

　早期に外部弁護士に契約書の作成を依頼すれば，交渉の対象も明確になり，

---

[115] 事例②の準備書面の表現は，水俣病第一次訴訟の最終弁論の中の，名文として有名なフレーズである。しかし，名文にもなる日本語は，用い方を間違うと人を傷つけてしまうことに，常に注意しておきたい(長嶺超輝『伝説の弁護士，会心の一撃！　炎と涙の法廷弁論集』(中央公論新社，2013年)68頁)。

安心して交渉できるようになるが，他方で，契約書の修正が多くなると弁護士報酬も高くなってしまい，担当者に不満を抱かせてしまう。

このような事態を回避する方法の第1は，交渉での争点や問題点を見極め，追加作業の必要性が小さくなった時点で依頼をする方法である。

例えば，争点が複合的であれば修正の必要性は高くなるが，争点が限られていたり，金額だけだったり，簡単なものであれば，修正の必要性も小さくなる。

第2は，追加作業を減らす工夫である。

例えば，最初に作業を依頼する段階で，検討中の事項や疑問点も全て社外弁護士に対して説明させることで，追加作業の依頼の際も，そのために割く労力を減らすことが期待できる。また，追加作業の依頼が予想される場合には，相手との交渉状況を社外弁護士にも適時連絡することで，タイムロスの削減と外部弁護士と事業部との良好な関係構築が期待できる(A2.28)。

(3) 意見を取る

追加作業を減らす工夫として，さらに，交渉に先立って重要な論点について意見を取っておく方法も考えられる(A3.6)。

例えばBの関心事は退職後の生活であって，金銭が大きな意味を持つことになるが，報酬金額自体はビジネスが判断することであり，追加作業につながることは考えにくい。

他方，競業禁止条項と勧誘禁止条項は，金を払うか，制限を緩和するかというトレードオフの関係にあるので，交渉材料になりそうである。すなわち，A社のノウハウや競争優位性を維持するためにこれらの条項を残しておきたいが，その対価が要求であれば残しておく必要はなく，むしろBから何らかの譲歩を引き出す対価として削除することも考えられる。

そこで，交渉に先立って，英国法実務に照らして，これらの条項を削除することの可否や適否，具体的な内容（拘束期間や範囲，対価など）についてアドバイスをもらっておくのである。このことによって，以後の交渉の方向性などが整理され，契約書作成についての追加作業を減らすことも期待される。

(4) 翻　訳

依頼の仕方は，大きく分けて2パターンある。

第1は，日本の弁護士を通して，対象国弁護士に依頼する場合である。

この方法は，日本語によって日本の弁護士と十分議論した上で業務を依頼できるし，外国弁護士の説明も日本の弁護士を通して納得できるまで質問できるので，特に外国語に自信が持てない場合や，込み入った問題の場合に使われる方法である。

第2は，対象国弁護士に直接依頼する場合である。

この方法は，対象国の弁護士と直接議論し，質問できることから，上手にコミュニケーションを取れる場合には，コストも安く，伝言による誤解なども防ぐことができる。また，日本語の堪能な弁護士がいる場合には，よりコミュニケーションが容易になるので，セミナー等をうまく利用し，国内外の専門家との交流の機会を日ごろから積極的に作っておくことも大切である。

4　留意点

社内と外部を繋ぎ，論点を整理していくという仕事をしていると，判断を避けていると批判される可能性が出てくるので，判断から逃げないようにする姿勢を忘れないように心にとめておいてほしい (A2.25, A2.1)。

他方で，事業部が用意した結論に到達するための論理的思考のみを提供することで，役に立つ場面があることもさらに増える。

後日談であるが，Bは優秀なネゴシエーターであり，その実力を発揮してメガ案件を受注したため，人事担当者が，Bを社長表彰に推薦しようと動いていた。しかし社長表彰は，無期雇用の正社員であることが要件となっていたところ，日本の親会社の就業規則では，取締役就任が従業員の退職事由となっていたため，A社のMDは，無期雇用の正社員に当たらないという反論があった。何とかBを表彰対象者にしたいという担当者から相談を受け，英国法と日本法の違いを示しながら，日本の制度を形式的に適用することは適切ではなく，B自身がMD契約の交渉で退職に強い抵抗を示して反論した事実からも，Bは当社の発展に尽くす意思を十分兼ね備えた人物であるので，社長表彰の趣旨に照らし要件充足しているものと見て差し支えないという立論を試みた。

事例32　ライセンス契約のひな形作成
（出橋徹也）

事例　海外子会社を管轄する国際事業部から以下の依頼があった。
　「当社は，従前より生産・販売の拠点として各国で多数の子会社を設立し，当該各子会社と本社との間で，技術援助契約および商標使用許諾契約を締結している。
　しかし，これらは国や地域ごとの法制の違い等もあったため統一したひな形に基づくものではなく，拠点ごとに内容がまちまちである。そこで，このたびベースとなるひな形を作成し，内容の水準確保および新規契約締結時の業務効率化を図りたいので対応をお願いしたい。」
　このような依頼を受けた場合，どのようにひな形を作成すべきか。

◆ 事例解説
1　はじめに
　近年，海外に製造拠点を移転し，販売拠点を置くなど，各種メーカーの海外展開が増加しているが，その際，本社と海外子会社との間で，技術や商標の使用を許諾する契約を締結することがよくある。これによって許諾範囲を明確にする一方，本社はそのロイヤルティで収益を上げるのである。
　グループ外の会社との契約ではないため，内容について相手方と顕著に紛糾するということは基本的にはない。
　しかし，例えば現地パートナーとの間の合弁子会社であればその契約条件に交渉を要することもある。また，当該契約の内容が海外子会社の活動範囲を画するものであるから，海外事業戦略上，その内容には十分な検討を要する。

2　実体法的な視点
(1)　技術と商標
　海外子会社に使用許諾する「技術」とは，まず（当該現地国の）「特許」の実施権を指すが，特許の実施権だけで実際にモノが造れるわけではないので，

製造設備・生産工程・製造技術等さまざまな「ノウハウ」も使用許諾対象となる。この広い「技術」概念が当該子会社に何を製造させるかを決める概念になるので，事業戦略と整合するようにその内容を確定しなければならない。

また，ノウハウの使用許諾にあたっては，単に技術資料を提供するだけではなく，ライセンサー（本社）からライセンシー（子会社）に技術者等を派遣して指導したり，逆にライセンサーがライセンシーから技術者を受け入れてトレーニングを行うことによりノウハウを伝達したりすることになる。したがって，当該派遣・受け入れの方法・費用負担等も検討する必要がある。

商標使用許諾契約で使用許諾するのは，文字どおり（これも当該現地国の）「商標」である。しかし，使用許諾といっても，製品や包装に商標を付させるのか，従業員の制服に商標を付させるのか，名刺に商標を付させるのか，販促映像で商標を使わせるのか，商標を付す対象はさまざまである。この点も，当該子会社に何をさせるかという事業戦略を踏まえてその範囲を検討する必要がある。

さらに，商標の使用管理方法についてもルールが必要である。例えば，各子会社がグループのロゴの縦横の縮尺を勝手に変えたり，色目を微妙に改変したりすると，ロゴのイメージが崩れるので，制限する必要がある。商標の使用管理方法を徹底することで，模倣品が出回った際，真正品の商標との違いが明確になり，その対策がより実効的になる，という効果も期待できるのである。

(2) **品質管理**

本社の保有する技術（グループとして保有する技術）を現地子会社に使用させる以上，その品質は一定水準以上のものである必要がある。その管理方法としては，完成品の仕様に一定のレギュレーションを設けるだけでなく，サンプル試作・量産試作・量産の各段階での設計・製造に逐次本社のチェック・指導を受けさせる等，作業フローの形で定めることも考えられる。

この品質管理は，商標を使用許諾する場合に特に重要である。なぜなら，商標はそれが付された製品と一体となってブランドイメージが形成されるところ，少しでも粗悪品が流通してしまうと，それに付された商標（商標から想起されるブランドイメージ）が毀損されることになるからである[A1.1]。

(3) ロイヤルティ

本社は，技術や商標の使用対価としてロイヤルティを取得する。料率の設定は，事業戦略上の観点から設定するのはもちろんであるが，税制上の問題（移転価格税制による二重課税のリスク等）にも注意する必要がある。また，算定基礎（売り上げをベースに計算するか，製造個数をベースにするか等），イニシャルの支払いの有無，支払時期，グループ内販売も対象とするか，等の論点についても，事業戦略および税務の観点から検討を要する。

(4) 独占権

製造・販売の使用許諾に独占権を付すか否かも極めて重要である。海外子会社やその背後にいる現地パートナーは，競争を回避して自己利益を高めるべく独占権を希望するかもしれない。しかし，独占権を付与することは，当該会社に許諾対象地域における製造・販売を一切委ねることであって，製造の質や量，あるいは販売量等に不満があっても，他のチャネルを使えなくなってしまう。そこで，独占権の付与はなるべく避ける，仮に付与する場合には最低販売数を定める条項とセットにする，等の対応が必要である。

なお，別の観点の注意点であるが，独占権を付与する場合は，製造・販売の対象となる製品の範囲を不用意に広く定めないように気を付ける必要がある。というのも，複数の事業部・カンパニーが同一地域で事業展開する場合に，特定の事業部・カンパニーでの独占権付与が，他の事業部・カンパニーの製品を意図せず排除してしまうことがあり得るからである。

(5) 国ごとの規制

ライセンス契約では，一般にライセンサーの立場が強いため，一定の条項（製品の販売価格，地域の制限条項，技術の抱き合わせ，特許等の有効性に関する不争条項，改良技術の帰属・使用についての条項等）は各国の経済政策（独占禁止法等）に基づき規制されており，特に新興国では，国内産業の保護・育成の観点から各国当局による管理や積極的な介入が多い[116]。例えば，中国

---

[116] 長谷川俊明『英文・中文対比　海外子会社の契約書管理（第1版）』（中央経済社，2012年）24頁。

では,「技術輸出入契約の譲渡人は,自らが提供する技術の合法的な所有者または譲渡,許諾権者であることを保証しなければならない。」(技術輸出入管理条例24条1項),「ライセンシーが契約通りにライセンサーから提供された技術を使用したことにより,他人の合法権益を侵害したときは,ライセンサーがその責任を負う。」(24条3項),「技術輸出入契約の譲渡人は提供した技術の完全性,誤りがないこと,有効性および約定された技術目標を達成し得るものであることを保証しなければならない。」(25条)といった規制がある [B4.6]。

ひな形作成にあたっては,これらの点をクリアできる内容にする,特定の国ごとに一部記載内容を変えられるものを用意する,といった対応が必要となる。

3 組織法・手続法的な視点

(1) 「契約書なら法務部だけで作成できる」か

以上の内容はポイントの一部にすぎないが,これを法務部員が頭の中だけで考えて(もちろん文献その他の調査も行ったとして),契約書ひな形は出来上がるだろうか [B2.1]。

① 技術と商標

上述のとおり,許諾対象たる技術や商標の範囲は,当該子会社に何をさせるかという事業戦略に基づいて決められるべきなので,事業部が判断すべきである。また,特許や商標の管理に関し,知的財産戦略を所管する部署が法務部の他にあるのであれば,当該部署の見解も反映される必要がある。

② 品質管理

この点も,当該事業部か,あるいは品質管理や生産技術について横断的に所管している部門があればその部門の見解が反映される必要がある。

③ ロイヤルティ

この点も事業戦略の問題だから当該事業部が判断すべきで,その上で,税務上不適切な内容ではないか,税務部門のチェックを経るべきであろう。

④ 独占権

この点も,事業上何が最も有利かを考える必要があるので,事業部が判断すべきである。ただし,事業の推進に主眼を置く事業部に対し,失敗した場合のリスクなどを感知すべき法務部の方から,独占権を付与することの危険性や,

仮に付与する場合のリスクの低減策を十分に指摘・提言すべきである。

(2) 法務部の役割は何か

最後に残った「国ごとの規制」については法務部が調査するとしても，多くの部分を他部門の検討に委ねている。そうすると，法務部の役割は限定的にも思えるが，必ずしもそうではない。上記のとおり，ライセンス契約には数多くの論点があり，関係各部門が主体的に責任を持って対応するように，上手にリードする重要な役割がある(A2.1)。

ライセンス契約に限らず，契約書とは他社との取引条件や関係・繋がり方の定義を定めるものだから，全社的な知見をもってその内容を確定する必要がある。この点，権利関係という実体法的観点，誰がどのような点を検討・判断すべきかという組織法的・手続法的観点から問題点を洗い出し，それらを論理的に調整するのが法務部の役割である。当然ながら，各論点で結論の出た内容を過不足なく正確に文書化する，ということも法務部の重要な仕事である(B1.5)。

4 留意点

(1) 市販のひな形集について—コピペはなぜ問題か？

ライセンス契約のひな形はいくつも公開されている。これを「そのまま自社のひな形としてよいか」と問われれば，「よくない。自社に合わせた内容にする必要がある」と誰しも答えるであろう。では「自社に合わせた内容にする」とは具体的にどういうことであろうか。

例えば，想定される使用局面が異なる場合がある。市販のものがグループ外の会社との契約を想定したものであれば紛争局面を重視した重厚・厳密なものになっているかもしれない。しかし，グループ内で使用するのであれば，なるべく平時のオペレーションに必要な範囲に絞り，シンプルで読みやすいものにするのが望ましい。

また，想定される事業が異なる場合がある。特許が重要なビジネスであれば特許のロイヤルティを高くする，商標に価値がある事業であればそれが毀損されないよう品質管理の規定を充実させる，等の検討を要する。

さらに，グループ内の過去トラブルを確認して，市販のひな形にはない特別

な手当をする，といったことも考えられる。

　なお，自社に合う合わない以前の問題として，市販のひな形にも水準はさまざまなものがあるから，その是非を条項ごとに検証すべきことはいうまでもない(A1.1, A1.3, A1.4)。

(2)　契約書の体裁について―法務の腕の見せ所？

　契約書は作りこめば非常に重厚・厳密になるし，起案者のこだわりが入ることもある。仕事を任された法務部員としては，いきおい，この点を張り切ってしまいがちである。

　しかし，ひな形の使われ方を想像されたい。各社でさまざまであろうが，ひな形化の主眼は省力化にあるところ，ひな形を使用する主体は事業部であり，多数の契約書がひな形に基づいて作成され，数多くの業務が運用される。

　したがって，お飾りに終わるのではなく，業務に際して取り決め内容のチェックやトラブル解決に活用してもらえるように，シンプルで読みやすいものを基本とすべきである(A2.4, A2.5, A2.18, A2.31)。

5　おわりに

　ライセンス契約には諸々の論点があり，多くの部署の関与が必要である。契約書は「もっぱら法務部だけで作成するもの」ではない。

　契約書は，その書面を作成することがゴールなのではなく，それを使って何らかの事業を行うことが目的である（契約書「を」つくるのではなく，契約書「で」何らかの成果をつくり上げるのである）。会社全体で会社の事業を遂行していくために，会社の一部門たる法務部がどのような役割を果たすべきか，という視点が重要である(B1.5, B2.2, B2.1)。

274　第7章　国際事業

事例33　国際展開と贈賄対策
ファシリテーション・ペイメント　　　　　（吹屋響子）

> **事例**　あなたは日系の建設コンサルタント会社A社に勤務する社内弁護士である。A社は、米国や英国等全世界に子会社を有し、グローバルに業務を展開している。事業部門から次のような質問があった場合、社内弁護士としてどのように回答すべきか。
> 　「この度、東南アジアX国での案件が決まり、当社からも技術者を派遣することになった。X国で就労ビザを取得するには、手数料の他に入管職員に"心づけ"を手渡すことが慣例となっている。当社も、優先してスムーズにビザを発行してもらうために"心づけ"を手渡し、作業のスケジュールに支障が出ないようにしたい。確かに外国公務員へ金銭を支払うことになるが、このような目的の少額の支払いであれば、当社の贈収賄防止規程上、問題ないと考えてよいか。」

◆ 事例解説

1　はじめに

　本事例は、海外プロジェクトに従事させる従業員を派遣するにあたり、ビザを発行する職員に手渡すファシリテーション・ペイメント（通常の行政サービスの円滑化のための少額の支払いをいう）に関する問題である。

　海外に従業員を派遣する日本企業にとって、外国の贈収賄規制法令は大いに注意が必要となる。まず、米国のForeign Corrupt Practices Act（以下「FCPA」という）や英国のBribery Act 2010（以下「UKBA」という）では、域外適用が広く認められているため、日本や米国または英国以外の第三国での贈賄行為によりFCPAやUKBAに基づく摘発を受けるおそれがある。さらに、企業にとって贈収賄規制法令違反に対する金銭的・社会的な損失は莫大なものとなる。例えば、大手の建設会社は、他社とともにJVを設立し、ナイジェリアでLNG施設建設を受注したが、受注にあたってナイジェリア政府高官に総額1億8,200万ドルの便宜を図ったとして、FCPA違反の疑いで提訴され、15億ドルの罰金が科された（同社は米国司法省と2億1,880万ドルで和解した）。また、A社と同じ大手建設コンサルタント会社であったB社の役員は、ベトナム等での高速道

路を建設するODA事業のコンサルティング業務の受注に際して、外国公務員に賄賂を供与したとして、不正競争防止法の外国公務員贈賄罪で有罪判決を受け、同社には罰金9,000万円が科された(B3.1, B3.2)。

2 実体法的な視点

A社のようにグローバルに展開する企業の場合、注意をしなければならないのは日本の贈収賄規制法令だけではない。ここでは、主な贈収賄規制法令の内容とその特徴を簡単に確認する(B4.6)。

(1) 日 本

日本で外国公務員に対する不正の利益の供与等を規制する法律は、不正競争防止法18条1項である。

では、ファシリテーション・ペイメントの支払いは同条項違反となるのか。2015年7月30日に改訂された経済産業省の外国公務員贈賄防止指針(以下「経産省指針」という)では、ファシリテーション・ペイメントに関する記載が削除されたが、改訂前の同指針では、ファシリテーション・ペイメントについて、少額であることを理由として処罰を免れることはできないと示されていた[117]。

(2) 米 国

FCPAは、ロッキード事件等を契機として、1977年に成立した。

FCPAの贈賄禁止条項の主体となるのは、発行者、国内関係者または米国内で行為の一部を行った者である[118]。ここで日本企業が注意すべきは、贈賄禁止条項の適用主体のうち、「米国内で行為の一部を行った者」が非常に広く規定されていることである。日本企業に勤める日本在住の日本人による贈賄行為であっても、米国の銀行口座を賄賂の決済で使用したり、贈賄行為に関して米国のサーバーを経由してメールの送受信を行ったりしただけでも「米国内で行為の一部を行った者」と認定され、米国当局に摘発される可能性がある。

---

[117] 経済産業省「外国公務員贈賄防止指針」(2010年9月21日改訂版)14頁。
[118] 15 U.S.C §78dd-1 ないし3。

また，FCPAに特徴的なことは，限定的な場面においてファシリテーション・ペイメントを処罰を免れる抗弁として認めていることである[119]。

(3) 英　国

2010年に施行されたUKBAは，広く域外適用を認めていること，外国公務員だけではなく民間企業の役職員に対する利益の供与までも禁止していること，ファシリテーション・ペイメントに対する例外を認めていないこと等から，世界で最も厳しいともいわれる贈収賄規制法令である。

UKBAの特徴としては，7条の贈賄防止措置懈怠罪が挙げられる。これは，①英国と関連のある団体が，②①の関係者が①のために，禁止される贈賄行為を行った場合に，③①が②を防止するための適正な手続きを講じなかった場合に成立する。ここで，①については，英国に子会社があるだけでは要件を満たさないものの，当該子会社や自社を通じて英国で事業を行っている実態があればこれに該当すると解されているため[120]，A社の日本人従業員が日本・英国以外の第三国で外国公務員に対してファシリテーション・ペイメントを支払った場合でも，A社に十分な贈賄行為を防止するための措置が取られていなかった場合（③の充足）は，UKBA違反を問われる可能性があるのである。

3　組織法・手続法的な視点
(1) コンプライアンス・プログラムの構築

以上のように，A社の従業員によるX国の公務員への金銭の供与は，不正競争防止法だけでなく，FCPAやUKBA，現地の贈収賄規制法令上も違法となる可能性があるのである。では，A社としてはどのような贈収賄防止体制を構築し，その中でファシリテーション・ペイメントはどのように扱うべきか。

経産省指針では，贈賄防止体制の構築および運用にあたっての特に重要な視点として，①経営トップの姿勢・メッセージの重要性，②リスクベース・アプ

---

[119] A Resource Guide to the U.S. Foreign Corrupt Practices Act（以下「FCPAガイドライン」）25頁。
[120] The Bribery Act 2010 Guidance（以下「UKBAガイダンス」）16頁。

ローチ，および，③贈賄リスクを踏まえた子会社における対応の必要性を挙げる[121]。ところで，UKBA7条の贈賄防止措置懈怠罪について，UKBAガイダンスでは，適正な措置を講じたと判断するための6つの原則を定めている[122]が，その中でも，①や②と同趣旨の原則が定められている。社長の名前で贈収賄防止に対する基本方針を公表（経営トップのメッセージ）したり，企業が事業を展開する国・地域の贈賄リスクを適切に評価（リスクベース・アプローチ）したりすることが世界的な傾向として求められているといえよう。

さらに，経産省指針では，防止体制の基本的内容として，①基本方針の策定・公表，②社内規程の策定（社交行為や代理店の起用など高リスク行為に関する承認ルールや，懲戒処分に関するルール等），③組織体制の整備，④社内における教育活動の実施，⑤監査，⑥経営者等による見直しを挙げる[123]。これは，FCPAガイドラインが効果的なコンプライアンス・プログラムの特徴として挙げる内容とも趣旨を同じくする。すなわち，経産省指針の要求するコンプライアンス・プログラムを構築することにより，FCPAにおいて望ましいとされる体制を整備できるとともに，UKBAとの関係では，たとえ従業員や下請業者による贈賄行為があった場合でも，このような体制を整備していることが抗弁になるのである。

以上により，社内規程には，基本方針，外国公務員（および民間企業の役職員）に対する利益の供与の承認プロセス，リスク評価・監査の仕組み，贈収賄防止のための体制，教育・研修，相談・通報窓口，違反した場合の懲戒処分等の項目を盛り込むことが考えられる（A2.10, A2.11, B2.3）。

(2) 部門間の連携

贈収賄防止体制を整備したら，それをどのように運用するかを検討しなければならない。承認プロセス，リスク評価，監査，研修，相談・通報窓口について社内の各部門または組織間でどのように役割分担して連携していくか，特に

---

121 「経産省指針」7頁。
122 「UKBAガイダンス」20頁。
123 「経産省指針」11頁。

工夫を要するであろう。基本的には社内における贈収賄防止体制以外のコンプライアンス・プログラムと平仄を合わせることになるだろうが，例えば，法務部においては，関係する贈収賄規制法令の内容や摘発事例について調査を重ね，他の部門への情報提供や研修プログラムの企画・運営等において重要な役割を担うと考えられる(B2.3)。

(3) ファシリテーション・ペイメントの取扱い

それでは，本事例で取り上げるファシリテーション・ペイメントについては，社内規程においてどのように扱われるべきか。

前述したように，経産省指針からはファシリテーション・ペイメントに関する記載が削除された。しかし，日本弁護士連合会が2016年7月15日に公表した「海外贈賄防止ガイダンス（手引）」（以下「日弁連ガイダンス」という）では，「企業の実務や相談ではいまだその取扱いが問題となることが多い」として，ファシリテーション・ペイメントに関する指標を示している。その中では，ファシリテーション・ペイメントの禁止を明示し，ファシリテーション・ペイメントの支払実態が判明した場合は，解消に向けた取組みとして，ファシリテーション・ペイメントを断る方法を含む実務的な贈賄防止のためのトレーニングを実施したり，ファシリテーション・ペイメントの支払いの実態を定期的にモニタリングし日本大使館や外務省等とともにファシリテーション・ペイメントを解消する方法を検討したりするようにと記載されている[124]。

A社としても，この日弁連ガイダンスに従い，社内規程にファシリテーション・ペイメントを禁止する旨を明示し，相談をしてきた従業員に対しても，相手方には当社の姿勢を明確に伝え，金銭を渡さないようにと助言することになるだろう。UKBAにおいてファシリテーション・ペイメントが除外されないことのみならず，世界的傾向がこれを許容しない方向に進んでいるためである。

ファシリテーション・ペイメントといえども外国公務員に対する利益の供与を拒絶する姿勢を教育・普及していくことも法務部の重要な任務である。外務省とJICAは，ODA事業での不正腐敗防止のために，企業のコンプライアンス

---

[124] 「日弁連ガイダンス」11頁。

強化の一環として，不正な要求を受けた場合等に提示するための携行用カード「Anti-Corruption Policy Guide（不正腐敗防止ポリシーガイド）」を7か国語で作成し，公表している。案件によってはこのような国の関係機関と連携したり，これらのリソースを普及したりすることも有効であろう。

4 留意点

A社のように子会社として海外現地法人を有する場合，グループとしてどのような贈収賄防止のためのコンプライアンス・プログラムを設けるかが問題となる。とくにUKBAは，A社の日本・英国以外のグループ会社の従業員や下請業者による贈賄行為により，A社自身が贈賄防止措置懈怠罪に問われる可能性もあり，注意が必要である。それではA社の贈収賄防止規程を全グループ会社に適用すればよいのかというと，そう一概にいい切ることができるものでもない。現地の贈収賄規制法令の内容や，商慣習，腐敗レベル，A社との事業・経営におけるつながりの強さ（どの程度コンプライアンス体制構築やリスク管理を任せているのかという点や当該子会社の子会社化の経緯等も含む）によって，柔軟に対応すべきである。A社の贈収賄防止規程をグループ間で共有し子会社自身の贈収賄防止体制構築を支援したり，相談・通報の窓口を日本の親会社に一本化したりすることも方法のひとつであろう(B1.6)。

5 おわりに

A社のような建設コンサルタント業界は，外国公務員とのやり取りも比較的多い業界といえよう[125]。業界の贈賄リスクや事業を行う国の腐敗レベルを把握し，従業員に対する贈収賄防止体制の周知・徹底を行うことが非常に重要である。

---

[125] 「日弁連ガイダンス」6頁においても，「商社，防衛，製薬，医療機器，資源，建設，不動産，運輸，金融は一般に贈賄リスクが高い」とされている。

第7章　演習問題

30.1
　事例②に関し，運送保険の費用を当社が負担する場合と，韓国企業が負担する場合の違いは何か。

30.2
　事例①に関し，実際に客先と交渉する会議が設定され，先方に出向いて交渉が行われることとなった。この会議に参加するメンバーと，それぞれの上司や担当役員の間で，会議の内容を事前に検討する会議が開かれることになったが，その会議の法的な検討資料を，Ａ４用紙一枚で作成せよ。

31.1
　事例①のような事態を避けるために，どのような工夫が考えられるか。

31.2
　事例①のような事態を避けるための契約書ひな形作成の必要性をまとめた資料を，Ａ４用紙一枚で作成せよ。

32.1
　事業部門がみずから積極的にライセンス契約の内容を検討するように促すために，どのような方法が考えられるか。

32.2
　会社が，ヨーロッパの某国で新たに事業を開始するにあたり，現地の有力企業と業務提携することとなった。業務提携全般の検討の中で，ライセンス契約の内容を検討する部会が設けられ，法務部がこれを取り仕切ることとなった。なお，ライセンス契約については，自社側が技術や商標を完全にコントロールすることを想定したグループ会社内でのライセンス契約のひな形はあるものの，

現地パートナーと共同で現地子会社の技術・商標の管理・使用許諾をする場合を想定したひな形は準備しておらず，諸条件の検討と契約書面化の作業が必要である。

そこで，ライセンス契約の検討部会の第1回の会合を招集する社内メールを，A4用紙一枚で起案せよ。

33.1

現場担当者が，ファシリテーション・ペイメント禁止のルールを遵守するように，どのような対策が考えられるか。

33.2

ファシリテーション・ペイメント禁止のルールの趣旨を，現場担当者に説明するための資料を，A4用紙一枚で作成せよ。

ヒント

30.1

　実際に問題になるのは，輸送中に事故が起こり，製品が壊れた場合である。

　保険料は，取引条件の交渉の中で付随的な問題であり，保険料を先方に負担させれば成功と思われるのが通常であろう。すなわち，事例②で韓国企業に保険料を負担させれば，経費削減につながる，というメリットが理解できる。

　しかし，韓国側で保険会社を手配し，実際に事故が発生した場合，例えば，今まで一度も壊れなかった運送方法だといってもなかなか通じないなど，当社の取引の実情を知らない保険会社を相手に保険金を請求することに伴う困難が発生し得る。実際，保険がなかなか下りないため，代替品と修補SVの派遣で高額のコストがかかった事例も存在する（A1.1）。

　事例8も参考に，どのような保険や保険会社を選択するのか，そのために費用の負担をどのようにすべきか，という点も，付随的な問題として片づけるのではなく，慎重に検討したい（A1.1 A1.9）。

30.2

　本文で検討した問題点の整理も重要だが，状況に応じた議論やプロセスの展開，最終的に想定される落としどころ，等の交渉過程の具体的なシナリオをいくつか示してイメージを共有することがポイントとなる（A1.18）。

　これは，上司や担当役員に広めの権限をもらい，交渉現場で柔軟に判断対応できるようにするためである。すなわち，極端な事態をさまざまにイメージし，どのような場合には持ち帰って検討し，どのような場合には交渉現場の判断で決断できるのかを，上司や担当役員と握っておくことで，交渉現場でできることとできないことが明確になり，交渉がやり易くなるのである。

31.1

　最終的には，人事担当部門や各事業部門が，外国人を採用する場合にチェックし，従うべきルールを定め，その運用を徹底させることにある。

　実際には，特に海外事業での人材採用について，人事担当部門よりも各事業部門

の方に権限や予算が割り当てられており，人事担当部門もコントロールできていない場合や，これまで自由にやらせてもらっていた人材採用に規制がかかることに対する反感がある場合も想定され，かかるルールの導入が容易でないこともあり得る。

そのような場合は，事例①を教訓にし，人事担当部門や各事業部門に，ルールの必要性を理解させることや(A1.1, A1.3)，26.1で検討したように，関係部門で定期的に実態調査を行いながら，一緒に適切なルールを作成していく(A1.4)，という腰を落ち着けた方法が有効であろう。

また，実体法的なルールだけでなく，手続法的なルールも検討すべきである。

例えば，事例①で，契約書を当方から一方的に提示する前に，Bから要望事項を予め聞く機会が設けられていれば，イギリス法での保護がなくなってしまう，というBの根本的な誤解を回避できたり，その後のBの主張に対するヒントが得られたりした可能性もある。契約交渉と括ってしまうと同じに見えるかもしれないが，雇用条件の交渉は，ビジネス上の取引相手との交渉と異なり，自分たちの仲間としての信頼関係を構築する過程でもあり，相手からどれだけ好条件を引き出すか，という視点よりも，どれだけ信頼関係を構築すべきか，という視点で交渉に臨むべきである。すなわち，取引先であればみずからの手の内をさらけ出すようなことは当然許されないが，事例①のような場合には，むしろ丁寧なコミュニケーションを重ね，両者が本音で話し合うことで，両者が納得でき，信頼を高め合える合意に至るべきなのである(B4.3)。

このように，ビジネスとは異なる視点でのひな形（実体法的なルール）や，交渉プロセス（手続法的なルール）を準備しておくことが，外国人を採用し，使いこなす上で考慮すべきポイントの1つとなる(B5.1, B5.2, B5.3)。

31.2

本文の，実体法的視点で検討された点を中心に，適切に整理すれば良い。31.1のように，事例①を教訓に参照しても良い。

32.1

会議の場など，業務を進める過程で，現場の意識を高める工夫もいくつか考えられる。例えば，「文殊の知恵／知恵出し」により，現地子会社を単に製造拠点とする

だけでなく将来的に現地のニーズに合わせた改良品を開発する拠点としても活用するという案を出し，それを踏まえて発明が生まれた場合の取扱いをどうするか等も検討させる，といったことが考えられる(A1.4)。また「最悪シナリオ」を議論し，担当部門としてどのような事態まで想定しているのかを考えさせ(A1.1)，「怒る人テスト」によって役員や管理部門からのダメ出しの矢面に自分が立たされる事態をイメージさせるなど，担当部門でなければ答えられない事項を問いかけることで，自分の問題として考えるきっかけを与えることができる(A1.3, A1.8, A1.9)。

さらに，より組織的にこれを促すために，まず会社のガバナンス上，当該部門が決断すべき権限と責任を負うことの確認が必要である。そのためには，社内ルールの整備や社内政治などが必要な事態もあり得よう(A2.10, A2.23, A2.21, A2.27)。また，事業推進の側面はもちろんであるが，リスクについても法務がその全てをコントロールできるものではなく，むしろ各部門各担当者こそが，会社を人間に例えた場合の神経や筋肉として，リスクに気づき，リスクをコントロールする必要があることを，会社全体の認識として徹底することも必要となろう(A2.4, A2.5, A2.6)。

32.2

文書を作成する際に検討すべき主なポイントは以下のとおり。

① 対象部門と対象者

32.1のように，本来責任を持って判断すべき部門が，対象部門から外れるわけにはいかない。関係部門に委ねる場合があり得るが，プロジェクト全体について責任を負う部門が，ライセンス契約の検討状況を知らないことはあり得ないので，代理出席や議事録回付（欠席）の場合でも，会議開催の連絡は必要である。

対象者の選定は，各部門に決めてもらうのが原則であり，そのため各部門には会議の趣旨の説明や参加への同意取得などとともに，参加者の氏名確認を，事前に行う必要がある(B4.2)。

② 議　事

何を議論するのかを明確にするのは，会議招集の基本的な要素である。

さらに，①の根回しが上手くできれば，各部門に，予め課題を与えておくことも可能であり，その場合には，各議題ごとに報告部門を明示することも可能である。事前の準備ができていることを参加者に知らしめ，各自の事前準備を促し，議事を

促進することが期待できる。

　③　会議の目的

　初回でもあり，会議の目的を明確にすることも合理的である。特に，プロジェクト全体の目的や方向性が決まっている会議であって，会議の場で目的から議論する必要はない（もちろん，各論レベル（戦術レベル）での議論は必要）ことから，この点の時間節約にもなる。

　④　事務局担当者の明示

　上記①～③の担当者を明示しておくことで，事前準備の効率化や，会議の決定事項の実行の効率化が期待される。

33.1

- 教育や研修を定期的に行い，例えば毎年1回，必ず受講させるプログラムを設ける。
- 贈収賄・ファシリテーション・ペイメントの基礎的知識だけでなく，顧客との関係における接待や経費の負担についての承認プロセスや，支払いの記録化・保管を周知徹底する(A2.6)。
- 定期的に担当者に対しアンケート（匿名または記名）を実施し，ファシリテーション・ペイメントの支払実態の有無を確認する(A2.19)。
- 個別事案ごとに相談でき，実践的で役立つサポートをする窓口を設置する。
- 本文記載のように，携帯用カードを作成して配布したり，各国の実態について最新の情報を共有するなど，現場での活動を支援する(B3.2)。

33.2

本文で検討した内容と33.1の内容から，会社の実態に即した内容を中心に，適切に整理すれば良い。

● おまけ小説　法務の小枝ちゃん ●

第7章　国際業務

　シンガポールスリング，この星空で飲むとおいしいね。桜子，私たち，これから毎月ここにシンガポールスリング飲みに来ようね。
　法務がそんなに出張する理由なんかないだろう，小枝。
　あなたこそ，新素材チームのリーダーなんだから，日本に腰を落ち着けてしっかりと陣頭指揮を取らなきゃダメじゃない，杉田茂。
　2人とも，せっかくのラッフルズホテルの中庭よ。少し雰囲気を楽しみましょう。
　皆を宥めてまとめたのは，桜子。

　話はこうだ。
　新素材が売れるという手ごたえを感じた経営陣は，新素材の生産能力を高めるため，当社主力商品である「旧素材」について，東南アジアでの開発に切り替える実験を始めた。以前から「旧素材」の共同生産を申し入れていたシンガポールの会社に，実験的にライセンスを与えて生産してもらうことに決めたのだ。実験が上手くいけば，いよいよ本格的な投資も考えているようだ。どうりで，最近財務部や社長がケチで，宗方部長，藤堂次長，杉田茂が陰で何か企んでいるな，と感じたわけだ。
　技術面や製造面での打ち合わせが精力的に行われてきたが，いよいよ条件面での交渉も詰まってきた。そのため，営業企画だけでなく，法務や財務も担当者を送り込んできたのだ。
　先方も埼玉に何度か足を運んでくれているが，いくら立場が強いからといって，我々も現地を見ないわけにはいかない。
　それに，現地での対応や相談をお願いする法律事務所の弁護士にも会っておきたい。日本の事務所のオフィスが出ているので，そこにお願いするのだが，そこを通して結局は現地の法律事務所にお願いすることになるから，日本の事務所の先生にお願いして，提携先の現地の法律事務所を表敬訪問したのだ^(B1.7, B2.4)。
　今回の収穫は，愛嬌で英語が通じることと^(B6.2, B5.5, B5.6)，相手の英語も大

したことがないこと⁽ᴮ⁶·³⁾を，実感できたことだ。聞き取りにくい電話会議も，きちんと議事録を共有すれば，英会話の能力不足分も補えるしさ，というアドバイス⁽ᴮ³·⁴⁾については，まだ実践していないが，たしかにそのとおりだと実感できたことが大きい。

　現地の若手の弁護士は私と同世代の女性弁護士で，日本でも仕事をしたいから，と少し日本語も喋れる。なによりも，同じ女性同士，食べ物のこととか，いろいろと話が合うので，今後がとても楽しみだ。日本に来るときには会おうと約束したところだ。

　桜子は，財務として先方と取り決めることが多いらしい。公認会計士に会ったりしたのだろうか。後で聞いてみよう。

　杉田茂は，それまで新素材と旧素材の両方を見ていたのに，今後は新素材専属となるが，その前に旧素材の業務の引継ぎも兼ねての出張だ。しかし，こいつについては「ご褒美」の臭いがプンプンする。今日は，旧市街地を観光した，とかいってた。たしかに，新素材交渉で忙しいときに誰よりも残業していたことは認めてあげよう。

　ニコニコと藤堂先輩が近づいてきた。
　いやあ，御三方，今回は本当にありがとう。また，旧素材のスムーズな移管作業も，サポートよろしくね。
　いえいえ，葭原課長が現地で陣頭指揮をとるから心配いらないですよ。
　そうだな。けど，葭原課長にはもっとやる気を出してもらいたいし，社内でも正当に評価してもらいたいから⁽ᴬ²·¹⁸⁾，何か「旧素材」に替わるいい名前，ないかな。
　藤堂先輩，「レジェンド」ってどうです？　ありきたりだけど，悪い意味ではないし，力強さも感じるし。
　お，小枝，またキャッチフレーズだな，悪だくみとキャッチフレーズだな，お前。
　ありがとうございます，お褒めの言葉と受け止めさせていただきます。
　桜子が笑ってる。杉田茂もニヤリとしている。
　風で木が揺れ，影が揺れた。南国の夜風は生ぬるく，冷えたシンガポールスリングが一層美味しい。

そのころ，私たちの様子を眺めながら，青木部長と宗方部長が話し込んでいた。
あの3人が今後この会社のコアになりますね。
そうかね，宗方君はなぜそう思う？
まず杉田君ですが，社長の帝王学が見事にハマってます。今回も経営判断のための立派なお膳立てでした (A2.6, A2.27)。
つぎに桜子君ですが，数字から現場を思い描けるところが凄いです。彼女がキャッシュフローに注目してくれたおかげで，契約交渉も厚みが増しましたから。
そして小枝君です。先日，杉田社長はうまくごまかして説明していましたが，彼女は青木部長の悪だくみのコツ (A2.23, A2.20, A2.21, A2.25) を掴んで，使いこなしています。これは，特に馬鹿正直な技術屋の多い当社では，とても貴重です。粘り強さにしぶとさが加わるといえばいいでしょうか。
青木部長はニヤニヤしながら，小枝に関するコメントの当否はともかくとして，3人の重要性についての君の考えは面白かった。なるほど，もっとあの3人に仕事をしてもらおうか。杉田はしたたかで，桜子はしぶとくて，小枝は頑丈だからな。
ははは，そういう見方もできますね，その切り口が青木部長なんですよ (A2.7)。楽しいな，今日は。

宗方部長，私も楽しいです。また，何度でもシンガポールに来ます。
だから，今後は青木部長相手に，出張をどのように認めさせるかという勝負になりますね (A3.3)。より一層精進したいと思います。

■編著者紹介

芦原　一郎（あしはら　いちろう）
チューリッヒ保険／チューリッヒ生命　ジェネラルカウンセル

〈学歴・資格〉
早稲田大学法学部（1991年）とボストン大学ロースクール（2003年）を卒業。日本（1995年，47期）と米ニューヨーク州（2006年）で弁護士登録，証券アナリスト登録（CMA®, 2013年）。

〈職歴〉
森綜合法律事務所（現：森・濱田松本法律事務所，1995年～），アフラック（1999年～），日本GE（2009年），みずほ証券（2009年～）を経て，2013年からチューリッヒ保険／チューリッヒ生命でジェネラルカウンセルとして勤務。
東京弁護士会で民暴委員会（1995年～）や労働法委員会（2006年～，副委員長2016年～）などに所属，日本組織内弁護士協会で理事（2012年～），大宮法科大学院で非常勤講師（2009～2010年）なども歴任。

〈主な論文〉
「反社会的勢力を利用した経営介入を理由とする懲戒解雇が有効とされた事例（批判，東京地判平8.7.2労判698.11）」（東京弁護士会　民事暴力対策特別委員会編『反社会的勢力を巡る判例の分析と展開』／経済法令研究会，2014年）
「社内弁護士による労働問題への関わり」（東京弁護士会編『弁護士専門研修講座　労働法の理論と実務』／ぎょうせい，2010年）
「法務部の機能論と組織論」①～⑦（NBL926号以下／商事法務，2010年）
「第三分野の保険」（落合誠一・山下典孝編著『新しい保険法の理論と実務』／経済法令研究会，2008年）
「法務部とガバナンス　—『定期便プロジェクト』の試み」（奥島孝康編著『企業の統治と社会的責任』／きんざい，2007年）
「精神障害による自殺（判批，大分地判平17.9.8判時1935.158）」（保険事例研究会レポート215／生命保険文化センター，2007年）

〈主な著書〉
『国際法務の技法』（共著，中央経済社，2016年）
『法務の技法』（中央経済社，2014年）
『事例でわかる問題社員への対応アドバイス』（共編著（日本組織内弁護士協会監修），新日本法規出版，2013年）
『ビジネスマンのための法務力』（朝日新聞出版，2009年）
『社内弁護士という選択』（商事法務，2008年）
『企業による暴力団排除の実践』（共著（東京弁護士会　民事介入暴力対策特別委員会編），商事法務，2013年）
『反社会的勢力リスク管理の実務』（共著（東京弁護士会　民事介入暴力対策特別委員会編），商事法務，2009年）
『新労働事件実務マニュアル（第2版・初版）』（いずれも共著（東京弁護士会　労働法制特別委員会編），ぎょうせい，2010年・2008年）

■著者紹介（執筆順）

【第1章】
上野　陽子（うえの　ようこ）――――事例1
2013年弁護士登録（第一東京弁護士会）。一橋大学経済学部卒業。大手通信企業の金融機関向けのシステム構築等に従事後，一橋大学法科大学院法学研究科修了。総務省総合通信基盤局移動通信課にて任期付公務員としてモバイル通信に関する法制度運用や電波の許認可業務を担当（同期間に一橋大学法曹倫理教育プロジェクトの研究職を兼任）。現在，株式会社ジャックスにて割賦販売法，資金決済法，貸金業法等の法規制対応の他，法務・コンプライアンス業務に従事。日弁連弁護士業務改革委員会企業内弁護士小委員会，第一東京弁護士会組織内法務研究部会（副部会長）所属。

貝原　怜太（かいはら　りょうた）――――事例2
2015年弁護士登録，日本ビジネスシステムズ株式会社入社。法務部，経営企画室，監査役スタッフを兼務し，契約書審査，ITサービス企画，コーポレートガバナンス等の企業法務全般を担当。

柳　由香里（やなぎ　ゆかり）――――事例3，事例13
2008年弁護士登録。2008年，弁護士法人大江橋法律事務所（東京）入所。2014年，ヤフー株式会社入社。法務部門として，M&Aの他，eコマース，インターネット広告など，幅広いインターネットビジネス関連の法律相談，契約審査などを担当。現在，法務部門マネージャー。著書・論文に「取引先の相続管理と企業法務〜相続関係の重要判例から企業法務を考える〜」法の支配第163号（2011年10月号）など。

松谷　亮（まつたに　りょう）――――事例4
2015年弁護士登録（第二東京弁護士会），ヤフー株式会社入社。（現職）2016年〜日東電工株式会社（事業法務部）。

齊藤　玲子（さいとう　れいこ）――――事例5，事例19
2013年弁護士登録（第二東京弁護士会）。論文に「特定の財産権の譲渡に伴う場合の契約上の地位の移転―賃貸借契約とライセンス契約を素材として―」東京大学法科大学院ローレビュー第4巻等。

【第2章】
石原　一樹（いしはら　かずき）――――事例6
2012年弁護士登録後，ヤフー株式会社の法務部門において勤務。インターネットビジネスに関する法令調査，契約書の作成，子会社管理，経営会議事務局等の業務に従事。2015年に外資系法律事務所を経て現在の事務所（窪田法律事務所）に勤務。知的財産に関する案件の他，各種企業法務に関わる案件に従事する。

寺尾　博行（てらお　ひろゆき）――――事例7
2010年弁護士登録。法律事務所勤務を経て，2013年11月アズワン株式会社（現職）。大阪弁護士会所属。各種契約審査，法律相談，取締役会事務，株主総会事務，社内規程管理，法務研修その他企業法務全般を担当。

芦原　一郎（あしはら　いちろう）――――事例8，おまけ小説　法務の小枝ちゃん
編著者紹介参照。

吉田　重規（よしだ　しげき）――――事例9
2009年神戸大学法科大学院修了。2011年株式会社アシックス入社（現職）。兵庫県弁護士会所属。

片柳　真紀（かたやなぎ　まき）――――事例10
弁護士。医薬品メーカー所属。唯一の組織内弁護士として，研究開発から，製造，販売，市販後調査にいたるまで，製薬業界に関するあらゆる契約審査を担当する。また，知的財産，人事労務，コンプライアンス等の法律相談，社内研修，社員総会・理事会運営など法務分野全般を担う。その他，戦略，広報分野に携わりながら，研究分野においては，「人を対象とする医学系研究に関する倫理指針」に基づき組織される「ヒト組織研究倫理審査委員会」の委員を務める（以上，2017年3月現在）。

鳥越　雅文（とりごえ　まさふみ）――――事例11
弁護士（2005年登録，東京弁護士会），ビジネス法務エグゼクティブ®，日本証券アナリスト協会検定会員，CFP®認定者，1級ファイナンシャル・プランニング技能士。1997年東京大学法学部卒業，1999年東京大学大学院法学政治学研究科修了。1999～2004年三菱信託銀行株式会社（現　三菱UFJ信託銀行株式会社）勤務，2002～2004年日本マスタートラスト信託銀行株式会社出向，2004～2005年司法修習生，2005～2012年柳田野村法律事務所（現　柳田国際法律事務所および野村綜合法律事務所）勤務，2009～2012年株式会社大和証券グループ本社および大和証券株式会社兼務出向，2012～2016年日本郵政株式会社勤務，2016年株式会社ゆうちょ銀行出向，2017年～レオス・キャピタルワークス株式会社勤務。企業法務および金融法務の他，法人営業，信託財産管理（バックオフィス），投資信託のコンプライアンスなど，多様な業務を経験。著作として，「6月総会目前！　最終点検　総会当日の決議取消事由」ビジネス法務2009年7月号68頁（共著），『契約用語使い分け辞典』（共著，新日本法規，2011年），『業界別・場面別　役員が知っておきたい法的責任』（共著，経済法令研究会，2014年），『アウトライン会社法』（共著，清文社，2014年）など。

【第3章】
西原　以久美（にしはら　いくみ）――――事例12
2013年弁護士登録。2014年～協和発酵キリン株式会社に勤務。主に，ライセンス契約をはじめ，医薬事業に関する契約書審査，業界規制等に関する法務相談，稟議書の審査，商業登記手続等を担当。著書に，『ベーシック企業法務事典―ビジネスを推進する実務ナビ―』（共著，日本加除出版，2016年）。

金子　裕子（かねこ　ゆうこ）――――事例14
2000年弁護士登録。2000～2010年西村あさひ法律事務所，2010～2015年日本オーチス・エレベータ株式会社（法務室長），2016年～アルコニックス株式会社（経営企画本部 法務担当部長）現職。弁護士（第一東京弁護士会）。

永盛　雅子（ながもり　まさこ）――――事例15
株式会社リクルート（現株式会社リクルートホールディングス），株式会社リクルートコスモス（現株式会社コスモスイニシア），株式会社ノエル勤務後，2015年弁護士登録（第二東京弁護士会）。現在株式会社ザイマックス法務部に所属。主に商業用不動産の投資，運営，開発，仲介，コンサルタント，AM，PM，BM等に加え，ホテル運営，旅行業，貸切バス運送事業等幅広く手掛ける同社事業全般に関わる。

森　正弘（もり　まさひろ）――――事例16
2015年弁護士登録（東京弁護士会）。マークテック株式会社経営企画部（法務担当）現職。契約書・社外文書審査，各種法務相談，契約交渉立会い，コンプライアンス活動，その他内部監査（業務監査）などを担当。

【第4章】
笹川　豪介（ささかわ　ごうすけ）――――事例17
2004年慶應義塾大学卒業，中央三井信託銀行（現三井住友信託銀行）入社（現職）。2011年弁護士登録，2012年より筑波大学法科大学院非常勤講師（現職），2014～2016年岩田合同法律事務所。著書・論文に，「実務に届く　相続の基礎と実践」（金融法務事情・連載），『銀行窓口の法務対策4500講』（共著，金融財政事情研究会，2013年），『企業法務のための訴訟マネジメント』（編著，中央経済社，2016年）他多数。

西川　正樹（にしかわ　まさき）――――事例18
2014年司法修習修了(第67期)。2015年4月株式会社シマノ入社。コンプライアンス推進活動，契約書審査，与信管理および人事労務を含む各種法律相談等企業法務全般を担当。

明石　幸大（あかし　ゆきひろ）――――事例20
群馬弁護士会所属。2011年より企業内弁護士として勤務し，法務・コンプライアンス業務全般に従事。

河井　耕治（かわい　こうじ）――――事例21
1990年早稲田大学政治経済学部卒業，1998年司法修習修了（第50期）・弁護士登録（長崎県弁護士会）。河井耕治法律事務所（1998～2008年）を経て，2008年より野村不動産株式会社に勤務（野村不動産投信株式会社，野村不動産投資顧問株式会社，野村不動産株式会社住宅事業本部を経て，現在，野村不動産ホールディングス株式会社兼務）。「景表法改正―不動産業界への影響」（ビジネス法務2015年2月号）他多数執筆。日本弁護士連合会「企業内弁護士最前線」（2016年9月）他講演多数。

丸山　修平（まるやま　しゅうへい）――――事例22，事例28
第一東京弁護士会所属。株式会社NTTドコモ勤務。法務部では主に新サービス法人間，販売に関する業務委託契約，ライセンス契約，協業契約，出資契約の作成や法務相談，利用規約等の作成を担当。総務部所属時には株主総会，取締役会の事務局として，招集通知（事業報告）やコーポレート・ガバナンス・コードへの対応も扱う。

【第5章】

岩田　浩（いわた　ひろし）――――事例23
2010年弁護士登録（第二東京弁護士会）。三菱電機株式会社のグループ会社である株式会社メルフィスに勤務。三菱電機グループ会社の法務支援（契約，労働法，会社法，建設業法，不正競争防止法，独占禁止法，下請法等，企業法務全般）を担当。債権回収，契約問題，パワハラ，労働法規・判例等に関する講演も行っている。著作として『事例でわかる問題社員への対応アドバイス』（共著，新日本法規出版，2013年），『住環境トラブル解決実務マニュアル』（共著，東京弁護士会　第一東京弁護士会　第二東京弁護士会，2016年）など。

国本　聡子（くにもと　さとこ）――――事例24
大阪弁護士会所属弁護士。近畿大学の組織内弁護士として法務部に所属。学園内（大学・医学部・附属高校・研究所等）の訴訟代理人業務，示談交渉業務，契約審査・交渉業務，ハラスメントに関する調査調停委員，治験審査委員等学園内の予防法務および訴訟対応の多岐にわたる法律業務を取り扱う。所属委員会：医療委員会第3部会（研究・研修部会）／「攻撃防御方法からみた医療判例評釈」（大阪弁護士会医療委員会第3部会編）。

美馬　耕平（みま　こうへい）――――事例25
2015年1月，ネスレ日本株式会社入社。同年10月，同社法務部長就任（現職）。2016年2月からは，ネスレネスプレッソ株式会社の監査役も兼務。2013年弁護士登録。

【第6章】

山本　晴美（やまもと　はるみ）――――事例26
2015年弁護士登録，有限責任監査法人　トーマツ入所。契約書審査，会計監査等に関する法律相談，人事・労務対応など企業法務全般を担当。日本組織内弁護士協会では事務次長補佐として会報誌の編集に携わる。

池谷　明浩（いけたに　あきひろ）――――事例27
2014年弁護士登録（第二東京弁護士会）。機械メーカー勤務を経て，2014年に株式会社明電舎に入社し，現在，同社法務部法務第一課長。現職では，契約支援，各種法務相談，コンプライアンス推進などに従事。

重富　智雄（しげとみ　ともお）――――事例29
2011年中央大学法科大学院修了，2012年弁護士登録（東京弁護士会）。HOYAサービス株式会社（2013～2015年）を経て，2016年より丸の内中央法律事務所にて勤務（現職）。著作として，『こんなところでつまずかない！　弁護士21のルール』（共著，第一法規，2015年），『取引先とのトラブル対応』（ビジネス法務2015年10月号）など。

【第7章】

柴田　睦月（しばた　むつき）────事例30，事例31

2014年弁護士登録（第一東京弁護士会）。日本企業（メーカー）入社後，審査部門で与信管理を担当。その後，異動により，海外部門の法務担当として，個別案件の契約審査，交渉立会い，戦略立案，国内外の子会社管理（各国の労働法，会社法，建設業法，不正競争防止法，独占禁止法，下請法等），および輸出入管理業務を行う。日本組織内弁護士協会JILA会報誌第3号に寄稿，2016年には私立桐蔭学園フロンティアセミナーにて，高校生を対象にインハウスローヤーという働き方を題材とした講演を行う。同年，日弁連よりAIJAのHalf Year November Conferenceに派遣。2017年より，のぞみ総合法律事務所にて勤務（現職）。

出橋　徹也（ではし　てつや）────事例32

2013年より株式会社GSユアサ，2016年よりダイキン工業株式会社勤務（現職）。大阪弁護士会所属。

吹屋　響子（ふきや　きょうこ）────事例33

2014年弁護士登録（第66期，第二東京弁護士会）。日本工営株式会社勤務。国内外の案件に関する法務相談・契約審査の他，コーポレート・ガバナンスコードや株主総会，社内規程整備，法務研修なども担当する。

法務の技法【OJT編】

2017年5月10日　第1版第1刷発行

編著者　芦　原　一　郎
発行者　山　本　　　継
発行所　㈱中央経済社
発売元　㈱中央経済グループ
　　　　パブリッシング

〒101-0051　東京都千代田区神田神保町1-31-2
　　　　　　電話　03 (3293) 3371 (編集代表)
　　　　　　　　　03 (3293) 3381 (営業代表)
　　　　　　http://www.chuokeizai.co.jp/
　　　　　　印刷／三英印刷㈱
　　　　　　製本／誠製本㈱

Ⓒ 2017
Printed in Japan

＊頁の「欠落」や「順序違い」などがありましたらお取り替えいたしますので発売元までご送付ください。(送料小社負担)
ISBN978-4-502-22561-1　C3032

JCOPY〈出版者著作権管理機構委託出版物〉本書を無断で複写複製(コピー)することは，著作権法上の例外を除き，禁じられています。本書をコピーされる場合は事前に出版者著作権管理機構(JCOPY)の許諾を受けてください。
JCOPY〈http://www.jcopy.or.jp　e メール：info@jcopy.or.jp　電話：03-3513-6969〉

シリーズのご案内

『法務の技法』

芦原一郎［著］　Ａ５判／304頁

　社内弁護士として長年活躍してきた著者の経験やノウハウを親しみやすい文章に結晶化した，ありそうでなかったビジネス実践書。上司・同僚や他部署との調整，取引先とのトラブル，自身の働き方など，どの組織にもある身近な問題を出発点として，考え方と解決策がユニークな切り口でまとめられています。
　法務のみならず，ビジネスパーソンの座右の書ともなり得る一冊。

『国際法務の技法』

芦原一郎，名取勝也，松下　正［著］　Ａ５判／240頁

　既存の法律書籍と一線を画す内容でセンセーションを巻き起こした『法務の技法』の第２弾！　長年前線で活躍する著者の経験に基づく，現場で使えるノウハウや小技（こわざ）が満載。
　組織力・経営力・防衛力・行動力・コミュニケーション力・英語力に分け，国際法務遂行の考え方とテクニックを余すところなく伝授。著者３名が各々の知見を縦横に語る座談会も特別収録。

『法務の技法〈OJT編〉』

芦原一郎［編著］　Ａ５判／306頁

　日本組織内弁護士協会（JILA）に所属する弁護士29名による，ノウハウ満載の内容。現場で起こり得る事例をもとに，社内弁護士としての法務対応をさまざまな角度から検証。各種演習問題や法務小説など豊富なコンテンツとともに，楽しく読みながらしっかりとスキルが身に着く。まるで，部署内で先輩から直接教わっているかのようなリアルな実践書。

『法務の技法〈基礎編〉』，『法務の技法〈労務編〉』(それぞれ仮題）など，今後も続々とシリーズ展開予定。お楽しみに！